普通高等学校“互联网+”立体化教材

# 大学体育运动实践教程

总主编　赵　全

主　编　陈　进

北京体育大学出版社

策划编辑：吕常峰
责任编辑：周学政
责任校对：刘颂歌
版式设计：沈小峰

图书在版编目（CIP）数据

大学体育运动实践教程 / 赵全等主编 . -- 北京：北京体育大学出版社，2017.6（2021.8 重印）
ISBN 978-7-5644-2625-5

Ⅰ . ①大… Ⅱ . ①赵… Ⅲ . ①体育－高等学校－教材 Ⅳ . ① G807.4

中国版本图书馆 CIP 数据核字 (2017) 第 155481 号

大学体育运动实践教程　　赵全　等　主编

出版发行：北京体育大学出版社
地　　址：北京市海淀区农大南路 1 号院 2 号楼 2 层办公 B-212
邮　　编：100084
网　　址：http://cbs.bsu.edu.cn
发 行 部：010-62989320
邮 购 部：北京体育大学出版社读者服务部 010-62989432
印　　刷：北京荣泰印刷有限公司
开　　本：787mm × 1092mm　1/16
成品尺寸：185mm × 260mm
印　　张：15.5
字　　数：357 千字
版　　次：2017 年 6 月第 1 版
印　　次：2021 年 8 月第 5 次印刷
定　　价：36.00 元

# 《大学体育运动实践教程》编审委员会


**主　审**　任晋军

**总主编**　赵　全

**主　编**　陈　进

**副主编**　潘荣远　李逸涛

**编　委**（以姓氏笔画为序）

牛梓淞　包丽华　孙吴莹　刘　明

沈　放　陈丹丹　张成功　张　恒

肖　卫　吴伟峰　张维达　郑景东

胡英姿　胡古月　廖国君

# 前　言

《中共中央关于全面深化改革若干重大问题的决定》对学校体育工作作出重要部署，明确提出“强化体育课和课外锻炼，促进青少年身心健康、体魄强健”，这是继《中共中央国务院关于加强青少年体育增强青少年体质的意见》颁布以来，党中央对学校体育工作提出的重要而明确的要求。做好学校体育工作，加快高校体育发展的步伐，是我国高校体育工作者义不容辞的责任。

大学体育是学生最后的体育教育阶段，肩负着培养大学生运动技能、锻炼习惯、健康生活方式的光荣使命。大学体育要坚持“以人为本，健康第一，素质教育”的指导思想，遵循“完善人格，强健体魄”的新理念，不断挖掘与创新、整合与拓展教学资源。根据以上文件精神和《全国普通高等学校体育课程教学指导纲要》的要求，针对高校公共体育的教学特点，认真总结目前普通高校体育教学现状，遵循体育课程建设的客观规律，广泛参阅了众多优秀教材，编写了这本《大学体育运动实践教程》。

本教材共分为十二章，不但介绍了足球、篮球、排球、乒乓球、羽毛球、网球、跆拳道这些常规的体育运动项目，而且涵盖了武术等传统体育项目，同时还增加了健美操运动、健美运动、游泳运动和户外运动等现代休闲体育运动项目，大大拓宽了学生的视野，提升了学生的技术知识，激发了学生的学习兴趣。本教材力求培养学生的终身体育锻炼习惯和能力，使学生的体育锻炼经历一个“被动接受—主动接受—自觉锻炼”的过程，在增强体质的同时，养成终身体育的良好习惯，为自己以后的工作与生活打下坚实的基础。

由于编写人员水平所限，本教材中若有不妥之处，恳请广大读者给予批评与指正，以便我们对本教材进行修订和完善。

书中部分图片或视频来源于网络，如有版权问题，请联系作者。联系电话：010-62979336。

# 目 录

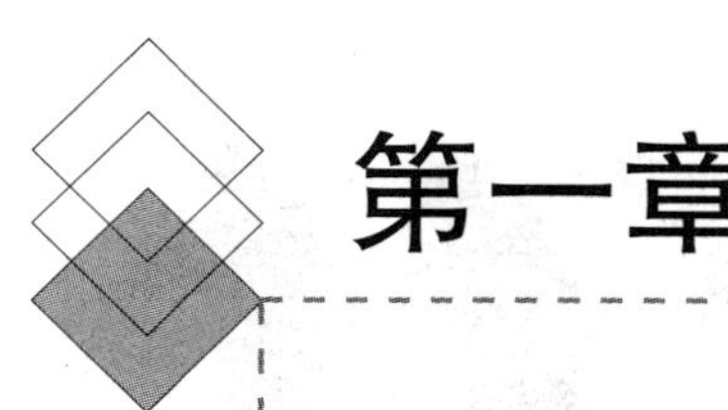

# 第一章 足球运动

## 第一节　足球运动的基本技术

足球技术是指运动员在足球比赛中所采用的合理行动和动作方法的总和。其主要包括踢球、运球、停球、头顶球、抢截球、假动作、掷界外球和守门员技术。

### 一、踢球

踢球动作一般由助跑、支撑脚站位、踢球腿的摆动、踢球脚的触球部位和踢球后的随摆等动作组成。

#### （一）脚内侧踢球

脚内侧踢球技术

脚内侧踢球常用于踢定位球，直接踢各方向来的地滚球和空中球，也可用脚内侧蹭球。

动作要领（定位球）：直线助跑，支撑脚落在球的侧后方15厘米处左右，膝微屈，踢球腿以髋关节为轴，膝外转约90°，脚尖翘起与地面平行，同时踢球脚不得高于球，由后向前摆动，用脚内侧（三角面）触球的后中部。踢空中来球时，大腿抬起，小腿拖后，脚内侧对准出球方向，利用小腿的向前摆动平击球的后中部。（图1–1–1）

#### （二）脚背正面踢球

脚背正面踢球技术

脚背正面踢球常用于踢定位球、反弹球、空中球及倒勾球。

（1）踢定位球的动作要领：踢定位球时，直线助跑，最后一步稍大并积极踏地，支撑脚在球的侧后方10～15厘米处，脚尖正对出球方向，膝微屈；同时踢球腿向后摆起，膝微屈。在支撑脚着地的同时，以髋关节为轴，大腿带动小腿由后向前摆。在膝盖摆至球正上方的一刹那，小腿加速前摆，脚背绷直，脚趾扣紧，以脚背正面击球的后中部。踢球后腿继续前摆。（图1–1–2）

图 1–1–1　　图 1–1–2

（2）踢反弹球的动作要领：踢反弹球时，要准确判断球的落点、时间及反弹路线。支撑脚踏在球的侧方，脚尖与身体都对准出球方向，在球刚落地的一刹那，踢球腿的小腿迅速前摆，当球即将反弹离地时，以脚背正面踢球的后中部。

（3）踢侧身空中球的动作要领：踢侧身空中球时，首先要判断好球的路线和确定好击球点，身体侧对出球方向，支撑脚跨上一步，脚尖转向击球方向，身体向支撑脚一侧倾斜，踢球脚的大腿高抬至近乎与地面平行，然后大腿带动小腿迅速向出球方向摆动，用脚背的正面击球的后中部，在挥腿踢球的过程中向出球方向转体，出球后面对出球方向。

（三）脚背内侧踢球

脚背内侧踢球用于踢定位球、过顶球、远距离传射和转身踢球。

动作要领（定位球）：助跑与出球方向成90° 角。支撑脚的脚掌外沿积极踏在球的侧后方25～30厘米处，膝弯曲，支撑脚的脚尖指向出球方向，并踏在球的横轴（与出球方向成垂直的轴）的延长线上，身体向支撑脚一侧稍倾斜。在支撑脚着地的同时，踢球腿以髋关节为轴，以大腿带动小腿由后向前挥摆。当身体转向出球方向、膝大约摆至球的正上方时，小腿加速前摆，脚尖稍外转并下压，以脚背的内侧踢球的后中部。踢球后，摆动腿继续向出球方向摆动。（图1–1–3）

脚背内侧踢球技术

图 1–1–3

（四）脚背外侧踢球

脚背外侧踢球技术

脚背外侧踢球用于踢定位球、弧线球、弹拨球等。

动作要领（定位球）：助跑、支撑脚的位置和踢球脚的摆动，基本上与脚背正面踢球相同，只是用脚背外侧触球。在踢球腿膝盖大约摆至球的正上方时，小腿加速前摆的一刹那，膝盖与脚尖内转，脚面绷直，脚趾扣紧，以脚背外侧踢球的后中部。踢球后腿继续前摆。（图1–1–4）

踢球的方法还有脚尖、脚跟踢球等，这些踢球方法常用于短传与射门。

## 二、运球

脚背正面运球技术

脚背外侧运球技术

（一）脚背正面运球

脚背正面运球常用于快速前进。

动作要领：跑动时，身体自然放松，上体稍前倾，两臂自然摆动，步幅不宜过大。运球脚跟提起，趾尖下压，用脚背正面推拨球前进。（图1–1–5）

图 1–1–4

图 1–1–5

（二）脚背外侧运球

脚背外侧运球用于快速奔跑和向外改变方向。

动作要领：与脚背正面运球相似，不同的是运球脚的脚尖稍内转，用脚背外侧触球。

（三）脚背内侧运球

脚背内侧运球用于变向和用身体掩护球。

动作要领：助跑时，身体自然放松，步幅不宜过大，上体稍前倾并向运球方向转动。运球脚提起时，膝微屈，脚跟提起，脚尖稍外转。在运球脚迈步前伸着地前，用脚背内侧推拨球。

（四）脚内侧运球

脚内侧运球技术

脚内侧运球是运球技术中最慢的一种运球方法，常结合身体掩护球使用。

动作要领：运球时，支撑脚向前跨出一步，踏在球的前侧方，膝微屈，上体稍前倾并向里转。随着身体向前移动，运球脚提起，用脚内侧推球的后中部。

## 三、停球

停球是指队员有目的地用身体的合理部位，把运行中的球停或接到所需要的控制范围内。停球不是目的，而是为了更好地理顺球，使之为传、运、过人和射门服务。停球的好坏直接影响着下一个动作的顺利完成，因此，每个运动员必须熟练地掌握停球技术。停球动作力求简练、快速和多变，并能与下一个动作紧密地衔接起来。

### （一）脚内侧停球

脚内侧停球易掌握，触球的面积大，易停稳，便于变向和结合下一个动作，多用于停地滚球、空中球和反弹球。

（1）停地滚球的动作要领：支撑脚对正来球，膝微屈，停球脚膝外转并前迎，在球与脚接触前的一刹那开始后撤，在后撤过程中用脚内侧触球，把球停在需要的位置上。（图1–1–6）

（2）停反弹球的动作要领：支撑脚踏在球的落点的侧前方，膝微屈，上体稍前倾并向停球脚方向微转，同时停球脚提起，并放松，用脚内侧对准球的反弹路线。当球落地反弹刚离地时，用脚内侧触球的中上部。（图1–1–7）

图 1–1–6　　图 1–1–7

（3）停空中球的动作要领：一种方法是根据来球的高度，将停球脚提起，脚内侧对准来球路线，在脚与球接触前的一刹那开始后撤。在后撤过程中用脚内侧触球，把球控制在下个动作需要的地方（图1–1–8）；另一种方法是将脚提起稍高于选择的停球点，在脚与球接触前的一刹那用脚内侧切球的侧上部，把球停在地面。用切压法停球往往不稳，需要及时调整。

图 1–1–8

（二）脚底停球

脚底停球用于停地滚球和反弹球。

停地滚球的动作要领：支撑脚站在球的侧后方，膝微屈，脚尖对正来球，同时将停球脚提起，膝关节自然弯曲，脚尖翘起，脚跟不得高于球，踝关节放松，用前脚掌触球的中上部。（图1–1–9）

停反弹球时，支撑脚踏在球落点的侧后方。在球着地的一刹那，用前脚掌对准球的反弹路线，触球的中上部。

图 1–1–9

（三）脚背外侧停球

脚背外侧停球常与假动作结合起来做，具有较大的隐蔽性，但重心移动较大，不易掌握。脚背外侧停球常用于停地滚球和反弹球。

停地滚球的动作要领：停球脚稍提起，膝和脚内转，以脚外侧对准来球，在支撑脚前侧接触球的侧后方（偏支撑脚一侧）。接球时，要向停球脚一侧轻拨，把球停在侧方或侧后方。（图1–1–10）

停反弹球时，身体侧对来球，支撑腿的膝关节微屈。停球脚在支撑脚前方稍提起，脚内翻，使停球脚的小腿与地面成一定角度，并放松。当球刚反弹离地时，用脚背外侧触球的侧上部，将球停在体侧。

图 1–1–10

（四）脚背正面停球

脚背正面停球易掌握，常用于停空中下落球。

动作要领：停球脚提起迎球，以脚背正面对准下落的球，在脚背与球接触前的一刹那开始下撤，下撤的过程中用脚背正面触球的底部，同时小腿和脚腕放松，使球停在体前。

（五）胸部停球

胸部面积较大，有弹性，位置高，能停高球和空中平球。胸部停球有收胸式和挺胸式两种。

胸部停球技术

（1）收胸式停球的动作要领：一般用来停胸部高度的平直球。停球时，面对来球，两脚开立，两臂自然张开，挺胸迎球。当球运行到与胸部接触前的一刹那，迅速收胸、耸肩、收腹，缓冲来球力量，将球停在身前。如果要把球停向左（右）侧时，则在接触球的同时向左（右）侧转体，并用同侧肌肉触球。（图1-1-11）

（2）挺胸式停球的动作要领：一般用于停高于胸部的下落球。停球时，面对来球，两脚开立，两膝微屈，正对来球，在球与胸部接触前的刹那，收下颌，挺胸，上体后仰呈弓形，以缓冲来球力量，使球弹起再落于身前。（图1-1-12）

图 1-1-11　　图 1-1-12

## 四、头顶球

头顶球是争取时间和取得空中优势的主要技术，在攻防中都起着重要作用。头顶球可分为前额正面顶球和前额侧面（额侧）顶球两种。这两种都可以原地、跳起和鱼跃顶球。

### （一）前额正面顶球

（1）前额正面顶球（原地）的动作要领：身体正对来球，两侧开立，膝关节微屈，上体后仰，两臂自然分开，两眼注视来球。在球运行到身体垂直部位前的一刹那，脚用力蹬地，收腹，身体迅速前摆。当球运行到身体垂直部位顶球时，颈紧张，收颌甩头，用前额正面顶球的后中部，然后上体随球继续前摆。（图1-1-13）

（2）前额正面顶球（跳起）的动作要领：原地起跳时，两腿先弯曲，重心下降，然后两脚用力蹬地跳起，同时两臂屈肘上摆，在起跳上升过程中，上体后仰呈弓形，两臂自然分开，两眼注视来球。在球运行到身体垂直部位前的一刹那，收腹，上体迅速前屈，甩头，用前额正面将球顶出。顶球后，两腿自然屈膝，缓冲落地。（图1-1-14）

单脚起跳时，起跳前可做三五步助跑，最后一步要稍大些并用力蹬地，同时另一只腿屈膝、上摆，两臂自然上提，使身体向上跳起。跳起在空中要呈弓形，其他动作与原地跳起顶球相同。

图 1–1–13　　图 1–1–14

### （二）前额侧面顶球

（1）前额侧面（原地）顶球的动作要领：两脚前后开立，两膝微屈，上体和头部稍向出球方向异侧转动，身体重心放在后脚上，两臂自然张开，双眼注视来球，头部触球时，后脚用力蹬地，上体迅速向出球方向扭转，同时甩头。当球运行到与出球方向同侧肩的前上方时，用额侧部位击球的后中部。

（2）前额侧面（跳起）顶球的动作要领：一般用单脚起跳，跳起动作与前额正面顶球的单脚起跳的动作相同。在跳起上升过程中，上体侧屈，侧对来球。在跳到最高点顶球时，急速转体、甩头，用额侧面将球顶出。顶球后，两腿微屈以缓冲落地力量。

## 五、抢截球

抢球指把对方控制的或将要控制的球夺过来或破坏掉。截球指将对方队员传出的球堵截住或破坏掉。

### （一）正面抢截球

正面抢截球有正面跨步抢截球和正面铲球。

（1）正面跨步抢截球的动作要领：两脚前后开立，双膝微屈，身体重心下降，重心平均落在两只脚上，面向对手。对手运球前进，当脚触球即将着地或刚着地时，一脚用力蹬地，抢球脚以脚内侧对正球并向球跨出一步，膝关节弯曲，上体前倾，身体重心移至抢球脚上，另一只脚立即前跨成支撑脚。如双方的脚同时触球，则要顺势向上提拉，使球从对方的脚背滚过。身体要迅速跟上，把球控制住。（图1–1–15）

图 1–1–15

（2）正面铲球的动作要领：两脚前后开立，两膝微屈，身体重心下降，重心落在两脚之间，面向对手。对手运球前进，在脚触球的一刹那，一脚用力后蹬，另一脚前伸，然后将球踢出。

### （二）侧后铲球

铲球是抢截球技术中难度较大的技术动作。侧后铲球有同侧脚铲球和异侧脚铲球。

（1）同侧脚铲球的动作要领：在控球者拨出球的一刹那，抢球者的后脚（异侧脚）用力后蹬成跨步，前脚（同侧脚）以脚外侧沿地面向前外侧滑出，用脚背或脚尖将球踢或捅出。小腿外侧、大腿外侧和臀部依次着地。

（2）异侧脚铲球的动作要领：在控球者拨出球的一刹那，抢球者后脚（同侧脚）用力后蹬成跨步，前脚（异侧脚）以脚外侧沿地面向前内侧滑出，用脚底将球蹬出去。小腿外侧、大腿外侧和臀部依次着地。

## 六、假动作

假动作是为摆脱对手的阻挠、突破对方的防守和抢截对方控制的球而采取的动作。

### （一）无球假动作

（1）改变速度假动作：为了摆脱对手紧逼，在跑向空位接球时，可先慢跑诱使对手放慢跑动速度，然后突然快跑摆脱对手。

（2）改变方向假动作：为了跑到空位接球，可用声东击西的办法摆脱对方紧逼。

（3）抢截假动作：当对方迎面运球时，抢球者可先向右侧做抢球假动作，诱使对方向左侧运球。当对方已经向左方运球时，再突然向左抢球，使对方措手不及。

### （二）有球假动作

（1）传球假动作：队员正要传球，如对方迎面跑来抢球时，可先做假踢动作，使对方堵截传球路线，然后改变方向传球。例如，先摆动右腿向右假踢，使对方向右方堵截，再突然改用其他脚法将球从左前方传出或运球。（图1–1–16）

图 1–1–16

（2）停球假动作：在对方紧逼下停球时，可先假装向左方停球，再突然改变方向。（图1–1–17）

图 1–1–17

（3）顶球改停球假动作：在停高球时，可先做假顶的动作，再突然改变胸部停球。

（4）过人假动作：背靠对方停球时，先向左侧做虚晃动作，使对方向左移动，然后用右脚的外脚背把球向右轻拨并转身过人。

（5）运球过人假动作（方法颇多，只举几例）：对方迎面抢截时，可以采用左右虚晃动作，使对方捉摸不定，从而越过对方；开始用右脚外脚背假做向右踢球，等对方重心移向右侧堵截时，突然改用左脚外脚背拨球，并在越过对方后运球前进；也可用身体左晃的动作诱使对方左移，而后突然向右运球前进。

（6）停球改顶球假动作：先做挺胸停球假动作，再突然改为用头顶球。

## 七、掷界外球

掷界外球不受越位限制，是组织进攻的机会。如果掷球既远又准，就能加快进攻速度。

### (一) 原地掷界外球

动作要领：面对出球方向两脚前后（左右）开立，膝弯曲，上体后仰成背弓，重心移到后脚上（左右开立时，重心在两脚间），两手自然张开，拇指相对，八字形，持球侧后部，屈肘将球置于头后。掷球时，后脚用力蹬地，两腿迅速伸直，身体重心由后脚移到前脚，收腹屈体，同时两臂急速前摆，当摆到头上时用力甩腕将球掷入场内。掷球时，后脚可沿地面滑动向前，两脚均不可离地或踏入场内（但允许踏在线上）。（图1–1–18）

图 1–1–18

（二）助跑掷界外球

动作要领：双手持球于胸前，在助跑迈出最后一步时，上体后仰成背弓，同时将球举至头后，掷球时的动作与原地掷球相同。

## 八、守门员技术

守门员技术包括位置选择、移动、扑接球、拳击球、托球、掷球和抛踢球等。

（一）准备姿势

两脚左右开立，与肩同宽，两膝自然弯曲并稍内扣，脚跟稍提起，身体重心落在前脚掌上，上体稍前倾。两臂于体侧自然伸展，双手五指自然张开，掌心向前，两眼注视来球。（图1–1–19）

图 1–1–19

（二）移动

（1）侧滑步：当对方向球门两侧射低平球时，可采用侧滑步移动，使身体正对来球。向左（右）侧滑步时，先用右（左）脚用力蹬地，左（右）脚稍离地面并向左（右）滑步，右（左）脚快速跟上。两眼注视来球。

（2）交叉步：一般在接两侧高球或扑接球时，为了便于蹬地跃起，多采用交叉步。例如，向左（右）侧做交叉步移动时，身体先向左（右）侧倾斜，同时右（左）脚用力蹬

地，并快速向左（右）前方跨出一小步，成交叉步，然后左（右）脚向左（右）侧移动，右（左）脚和左（右）脚依次快速移动，并蹬地跃出。

### （三）接球

（1）直腿式接球：两腿自然开立，脚尖对正来球，上体前倾，两臂自然下垂，两手小指靠近，手掌对球稍前迎。手在球触的一刹那，立即后引，屈肘、屈腕，两臂靠近，将球抱于胸前。（图1–1–20）

图 1–1–20

（2）单腿跪撑式接球：身体对正来球，两腿前后开立，前腿弯曲，后腿跪立，膝盖接近地面并靠近前腿脚踵，上体前倾，手臂下垂，手掌对准来球，稍向前迎，两手接球后底部。在手触球的一刹那，两手后引，屈肘、屈腕，两臂靠近将球抱于胸前，然后站起。

（3）接平直球（低于胸部和与胸部齐高球）：接低于胸部的平直球时，身体对准来球，上体稍前倾，两臂下垂并屈肘前迎，两手小指相靠，手掌对球。当球触手的一刹那，两臂后引并屈肘，顺势将球抱于胸前。

（4）接高球：当判断好球在空中的运行路线和确定接球点后，迅速移动并跳起，两臂上伸迎球，两手拇指相靠，手掌对球。当手触球时，手腕和手指适当用力将球接住，同时屈肘、回缩并下引，顺势翻掌将球抱于胸前。（图1–1–21）

### （四）掷球和抛踢球

单手肩上和勾手掷球常用于远距离，而单手低手掷球则多用于近距离掷球（图1–1–22）。抛踢球是踢自抛下落空中球和反弹球。

图 1–1–21　　图 1–1–22

# 第二节 足球运动的基本战术

## 一、进攻战术

### （一）局部进攻战术

局部进攻战术是指两人以上的战术配合行动。此战术可以丰富和完善全队的进攻战术，是实施全队战术的基础。常用的有斜传直插二过一、直传斜插二过一、反切二过一等进攻配合。

**1. 斜传直插二过一**

⑦横传球给⑨，⑨斜线传球，⑦直线插入接球；⑥斜线传球给⑩，⑩斜线传球，⑥直线插入接球。（图1–2–1）

**2. 直传斜插二过一**

⑦横传球给⑨，⑦立即斜线插上接⑨的直传；⑩运球过人后传给⑧，然后立即斜线插上接⑧的直传。（图1–2–2）

**3. 反切二过一**

⑦回撤接⑨传球，如防守跟上紧逼时，⑦回传给⑨并转身切入，接⑨传至对手身后空当的球。（图1–2–3）

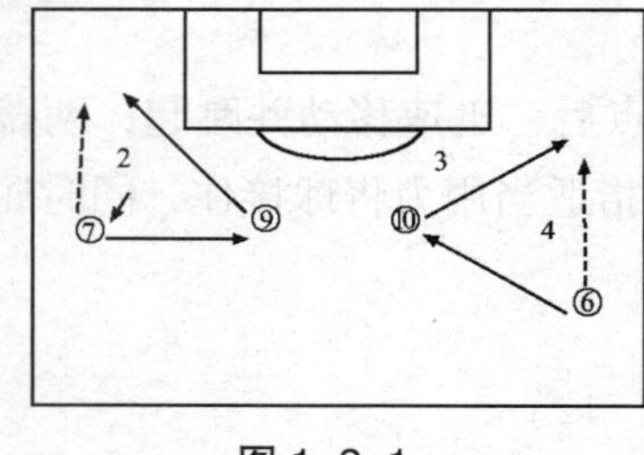

图 1–2–1

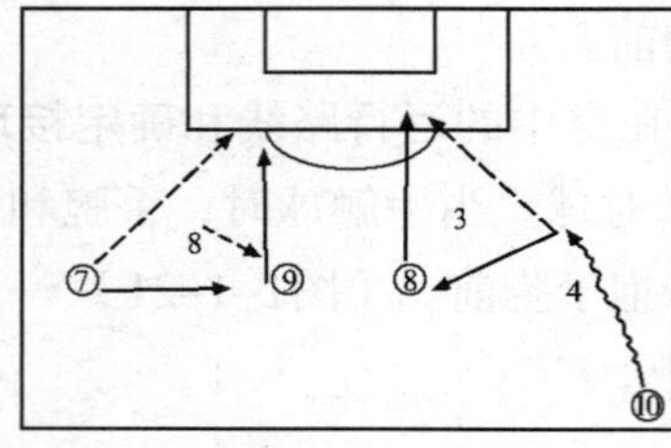

图 1–2–2

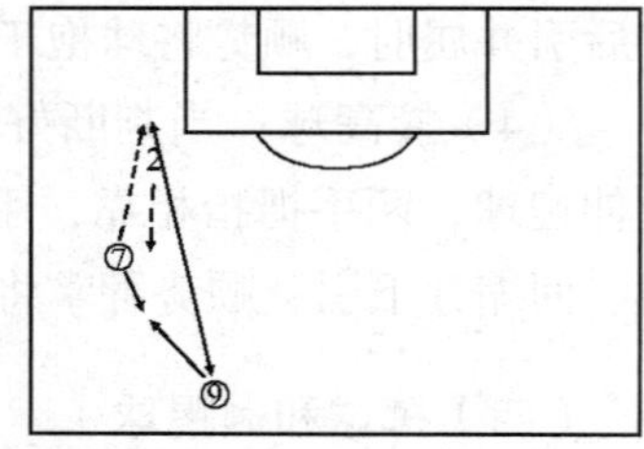

图 1–2–3

### （二）全队进攻战术

全队进攻战术由个人战术和局部战术组成。整体性战术的具体打法千变万化，大致可归纳为两类，即边路进攻和中路进攻。一次完整的进攻都由发动、发展和结束三个阶段组成。

发动阶段：有两种方式发动进攻。一种是快速反击，另一种是逐步推进。

发展阶段：一般指中场附近到对方罚球区附近的进攻。进攻队员通过中场要快，即发展阶段不要过多地横传、回传。通过前方队员交叉跑动制造出的空当时，进攻队员应立即将球传向空位，或自己快速运球突破，把球推向对方球门前。

结束阶段：一般指在对方球门30米左右的进攻，这阶段的进攻拼抢激烈，防守人数众多，逼得又紧。因此，结束阶段的进攻要有快速突然的特点，并要有一点冒险精神。

1. **边路进攻**

在对方半场两侧地带发展的进攻称边路进攻。一般是快速下底传中或回扣传中，中间包抄射门或跟进射门。（图1–2–4）

2. **中路进攻**

在对方半场中间地带发展的进攻称中路进攻。罚球区外的远射是破密集防守的最好方法。（图1–2–5）

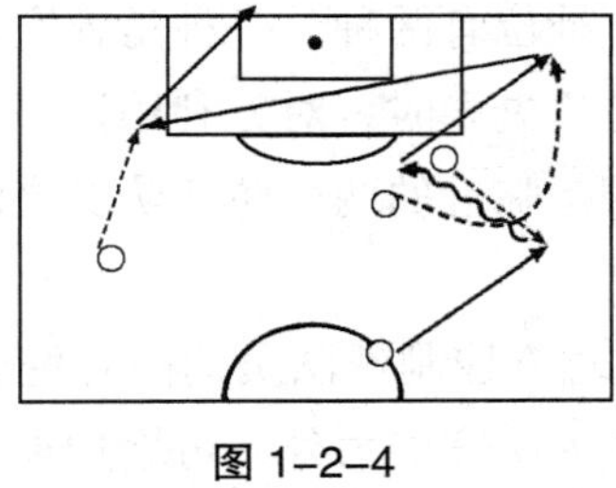

图 1–2–4

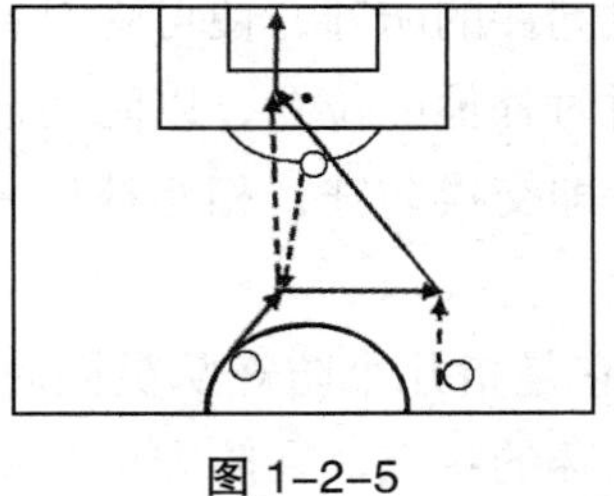

图 1–2–5

（三）定位球进攻战术

定位球可分为角球、球门球、点球、直接任意球、间接任意球、中圈开球和掷界外球等。进攻战术如下。

1. **直接射门**

罚直接任意球时，如距球门较近，防守组织的“人墙”有漏洞或守门员位置不当时，可采用直接射门的方法。（图1–2–6）

2. **配合射门**

踢球队员把球传过“人墙”，同队队员快速插上射门。（图1–2–7）

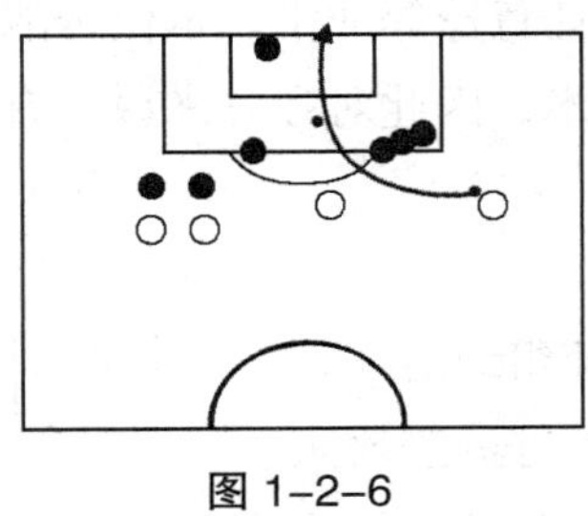

图 1–2–6

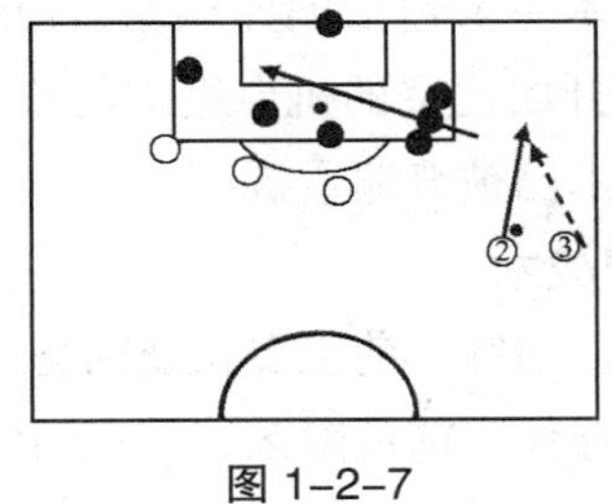


图 1–2–7

## 二、防守战术

（一）选位与盯人

选位是指防守队员在防守时占据合理的防守位置。防守队员的位置一般应处于对手与本方球门中心所构成的一条直线上。在回防过程中，防守队员应根据自己的防守范围与对手的情况，迅速选择有利位置，并朝着本方球门后退收缩，以便封锁对方的进攻路线。

盯人是指防守队员在防范与限制进攻队员时所采取的行动。一般情况下，对有球队员及其附近队员应采用紧逼盯人，贴近对手，不给对手从容得球与处理球的机会；对离球远的对手可采用松动盯人的战术。

（二）保护、补位与围抢

（1）保护。它是指在同伴紧逼控球队员时，自己选择有利位置来保护同伴，防止对手突破的配合行动。保护是补位的前提，没有保护也就不可能做到有效的补位防守。在防守中，积极主动地逼抢控球队员是十分重要的，因此，防守队员之间必须进行相互保护。

（2）补位。当距球较近的同伴逼抢对手时，临近的队员应撤到同伴的侧后方进行保护，对手一旦越过同伴的防守，便可随时补位。补位有两种：一种是补空位，如边后卫插上进攻时，同伴应暂时补他的位置，以防在插上进攻失误时，对方利用这一空当进行反击；另一种是相互补位，即交换防守，相互补位一般都是临近的两个防守队员之间互相交换防守，这样能减少漏洞。

（3）围抢。它是指几个防守队员同时围堵对方控制球队员的防守配合。围抢的出现与运用是现代足球比赛的特点。在防守中除提高个人防守能力外，可增加局部区域的人数，以多防少进行围抢来提高防守效果。

（三）全队防守战术

全队防守战术包括盯人防守、区域防守和混合防守。混合防守战术就是盯人防守和区域防守相结合的防守方法。混合防守集中了盯人防守和区域防守两者的优点，在防守中，队员能够根据场上情况进行逼抢、盯人和补位，以达到稳固防守的目的并延缓对方进攻。防守时应快速退守到位，保持防守层次；紧逼盯人，严密封堵球门前30米范围是全队集体防守的关键。

（四）定位球防守战术

定位球防守战术主要包括掷界外球、角球、任意球等战术。定位球战术是利用比赛开始或“死球”后重新开始比赛的机会组织的攻守战术，因此对守方来说，有一定的时间组织防守。目前定位球战术已被普遍重视。

**1. 角球的防守战术**

对方踢角球时，前锋、前卫要快速回防，迅速组织防守。一般以头球好的队员守住门前危险区，重点防守头球好的进攻队，其他防守队员进行盯人防守，防止漏人；守门员的站位应稍靠近远端门柱，以利于观察并随时准备出击；一名后卫站在近端门柱处，以防发向近端门柱的球。一名队员（边锋）应站在端线附近距角球区9.15米处，以防对方采用短传配合或低平传球，并起到对发球队员心理上的扰乱作用。当守门员出击接球时，要有两名队员及时退至球门线补守门员的位置。（图1-2-8）

**2. 任意球的防守战术**

无论是直接任意球还是间接任意球，守方的前锋、前卫应迅速退守。对有可能直接射门的任意球，要筑“人墙”。（图1-2-9）

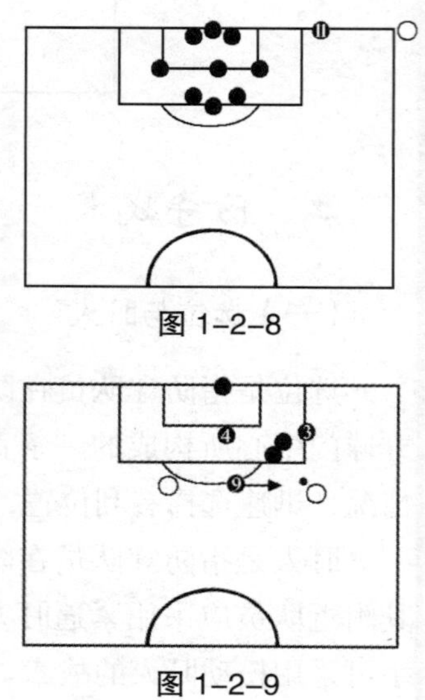

图 1-2-8

图 1-2-9

### 3. 掷界外球的防守战术

当对方队员掷界外球时，防守队员要对离掷球位置较近的进攻队员进行紧逼、干扰，破坏对方完成掷界外球。战术配合中防守队员间要注意互相保护。

## 三、比赛阵型

### （一）比赛阵型发展简介

#### 1. 起初阶段

起初阶段，足球比赛只是往前踢和往前跑，队员多集中在有球之处，只顾进攻不知防守。从苏格兰队第一次在比赛中出现攻守分工开始，比赛阵型中的进攻队员逐渐减少，防守队员逐渐增加，直至“全面型”攻守的出现，这中间经历了100多年。从1863年英国制定第一个统一规则开始，比赛阵型由“九锋一卫制”到出现“一二七”“二二六”“一二三五”（即塔式）阵型，攻守队员人数逐渐向平衡发展。

#### 2. 第二阶段

1930年英国创造的“WM”式阵型，第一次达到了攻守人数排列的平衡，这种阵型较长一段时间内为各国所采用，一直到20世纪50年代。

20世纪50年代初，匈牙利队针对“WM”式阵型的特点，为了加强进攻，突破“三后卫”的防线，创造了“四前锋”式，改变了“WM”式中一个中锋突前的进攻战术。

20世纪50年代后期，巴西队借鉴了匈牙利队进攻战术变革的成功经验，进一步改善了攻守关系，创造了“四二四”阵型。巴西队采用这种阵型于1958年的第6届世界杯比赛中获得了冠军，从而彻底动摇了“WM”式的比赛阵型。“四二四”阵型既保持了“四前锋”的特点，又弥补了“三后卫”防守的缺陷，使攻守人数布局达到相对平衡。“四二四”阵型成为20世纪60年代世界足球的基本阵型，被称为足球运动发展史中的第二次变革。

攻守的矛盾是推动足球技术、战术发展的动力，技术、战术、身体素质的发展提高，促进了阵型的变化。“四前锋”“四二四”阵型使足球比赛中的进攻占了优势。20世纪60年代出现了加强防守的趋势，反映为比赛中中场人数增多，门前30米危险区出现人数众多的密集防守，并出现了“四三三”“四四二”等阵型。

#### 3. 第三阶段

1974年第10届世界杯比赛中，荷兰队采用了以多攻少的“全攻全守”打法，使足球比赛出现了崭新的面貌，体现了现代足球的最高水平，被称为足球运动发展中的第三次变革。

### （二）“全攻全守”打法的阵型特点

“全攻全守”打法通常采用的阵型有“四三三”“四四二”“一三三三”“五三二”及“三五二”等。“全攻全守”打法的出现使人们对比赛阵型的认识和应用发生了很大的变化。在这之前讲攻守平衡主要是指攻守人数在阵型排列上的平衡；而“全攻全守”则要求攻守人数在比赛过程中实际上的平衡，即进攻时队员能上得去，防守时队员能退得回，通过队员的积极活动达到攻守力量的平衡。这种打法大大地加强了进攻的隐蔽性和突然性。

## 第三节　足球运动竞赛规则简介

### 一、比赛场地

足球比赛场地可采用天然草皮或人造草坪。边线外要有大于1.5 米的草皮边缘，在中线的两侧还要各配置一个距边线至少5米的带顶棚的替补席。比赛场地线与广告牌的距离不得小于 4米，离球门线后不少于5米，至角旗处不得少于3米。（图1–3–1）

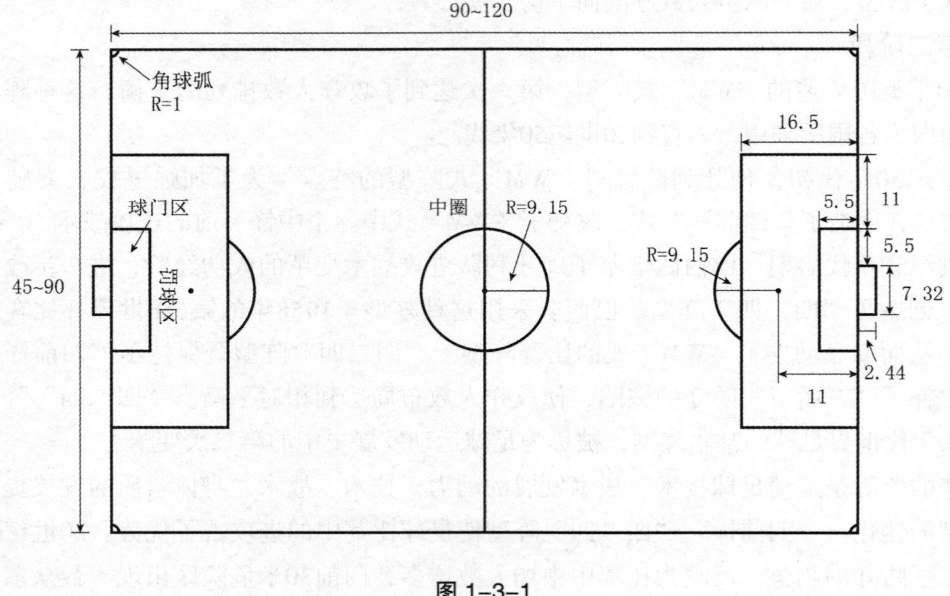


图 1–3–1

### 二、比赛规则简介

（一）比赛时间

正式的国际足球比赛每场为90分钟，分为上、下两个半场，每半场45分钟（竞赛规程对比赛时间另有规定除外），中间休息15分钟。

（二）比赛开始

比赛开场前，用投币的方式来选定场地或开球权。上下半时开始比赛及进一球后继续比赛，都在中圈开球。开球时双方队员应站在本方半场内，裁判员发出信号后由开球队一名队员将球向前踢并移动时，比赛开始。下半时双方互换场地。

（三）比赛进行及死球

出现下列三种情况时比赛仍继续进行：① 球从门柱、横木或角旗杆弹回场内；② 球从当时在场内的裁判员或巡边员的身上弹落于场内；③ 队员似有犯规现象而并未判罚前。

下列情况比赛成死球：① 当球不论在场上或空中全部越过端线或边线时；② 当比赛已被裁判鸣哨停止时。

（四）越　位

越位是指越过球的位置。当进攻队员较球更接近对方端线时，他便处于越位位置（在本方半场内或至少有两名对方队员较其更接近于对方端线除外）。

队员处于越位位置后，当同队队员踢或触及球的一瞬间，裁判员认为队员有下列情况时应判罚越位犯规：① 正在干扰比赛或干扰对方；② 正企图从越位位置获得利益。

当队员仅仅是处在越位位置或直接接球门球、角球、界外球或裁判员的坠球时不应被判越位。

队员被判罚越位后，应由对方队员在越位地点罚间接任意球继续比赛。

（五）犯规与不正当行为

**1. 判罚间接任意球的情况**

队员有危险动作，不合理冲撞、阻挡、回传守门员及守门员违例时，判罚间接任意球。

**2. 判罚直接任意球的情况**

踢或企图踢对方队员；绊摔或企图绊摔对方队员；跳向对方队员；猛烈或带有危险性地冲撞对方队员；从背后冲或铲对方队员；打或企图打对方队员或有不良举动；拉扯或推对方队员；用手或臂部携带、击或推球。

**3. 出示黄牌警告的情况**

队员擅自进出比赛场地；持续违犯规则者；用语言或行动对裁判员的判罚表示不满者；有不正当行为者。

**4. 出示红牌罚令出场的情况**

犯有暴力行为或严重犯规者；用粗言秽语进行辱骂者；经警告后仍坚持其不正当行为者。

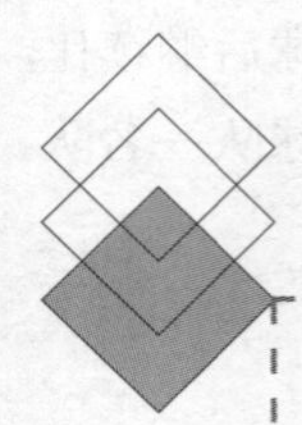

# 第二章 篮球运动

## 第一节 篮球运动的基本技术

### 一、传球与接球

传球与接球是篮球比赛中队员之间有目的地转移球，是组织进攻配合和实现战术的基础。

（一）持球

正确的持球姿势是一切传球技术动作的前提。持球时，双手自然分开，拇指相对，呈八字形，用指根以上部位握住球的两侧后下方，手心空出，两臂弯曲，肘关节下垂，持球于胸前。（图2–1–1）

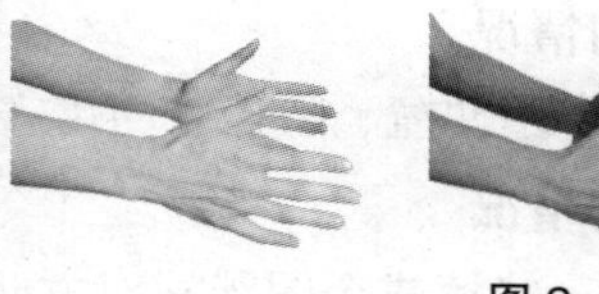

图 2–1–1

（二）双手胸前传球

双手胸前传球

动作要领：手臂伸向传球方向，后脚蹬地，身体重心前移，两手腕下压、外翻，快速地抖腕、拨指将球传出。出球后，手心和拇指向下，其余手指向前。（图2–1–2）

运用：常用于快速传球推进、阵地进攻时外围队员转移球，以及不同距离的传球。双手胸前传球便于同投篮、突破等技术结合运用。

（三）双手头上传球

动作要领：双手握球于头上，前臂稍前摆，利用手腕和手指短促、快速抖动将球传出。

运用：多用于高个队员转移球给中锋或传给切入篮下的队员。在抢到后场篮板球后，为避免对方封堵，可跳起用双手头上传球。

### （四）双手反弹传球

动作要领：与双手胸前传球基本相同，两臂向前下方用力，腕、指快速抖动传球。球的击地点和力量大小要以球反弹后接球队员能顺利接到球为宜。（图2–1–3）

运用：多用于向内线传球，突破分球，快攻一传和结束段的传球。

图 2–1–2　　图 2–1–3

### （五）单手肩上传球

单手肩上传球

动作要领：以右手传球为例。传球前，左脚向前跨半步，向右转体将球引至右肩侧上方。传球时，上体向左转动并带动肩肘，前臂快速前摆，扣腕，手指用力将球传出。（图2–1–4）

运用：多用于中、远距离传球。在抢到防守篮板球后快攻第一传和接应队员把球传给跑向篮下的队员时，经常运用单手肩上传球。

### （六）单手胸前传球

动作要领：持球方法与双手胸前传球相同。传球时，传球手的前臂快速前伸，手腕急促前扣，手腕、手指用力将球传出。（图2–1–5）

运用：用于近距离和快速传球。如果与防守队员较近，可以突然将球从防守队员头顶或耳旁传过。单手胸前传球便于和双手胸前投篮、运球突破结合运用。

图 2–1–4　　图 2–1–5

（七）单手反弹传球

动作要领：单手反弹传球的手法与单手胸前传球基本相同，只是手臂向前下方用力，球击地后，反弹给同伴。

运用：这是小个子队员对付高大队员的传球方法。向内线队员和向空切篮下队员传球时，也多用此种传球方式。

## 二、投篮

投篮是篮球运动中一项关键技术，是唯一的得分手段。队员多在移动中接球，利用假动作、时间差，或改变方向，或紧贴对手投篮。投篮应与突破、传球等技术相结合，投篮方式多、变化多、出手点高。

（一）原地双手胸前投篮

原地双手胸前投篮

动作要领：双手持球于胸前，肘关节自然下垂，上体稍前倾，两腿微屈。投篮时，两脚蹬地，腰腹伸展，两臂向前方伸出，手腕同时外翻，最后用拇指、食指和中指将球投出。

运用：此投篮方法能够充分发挥身体和臂部力量，适用于远距离投篮，女生运用较多，罚球时也常用此方法。其特点是握球牢，便于与突破、传球相结合。

（二）原地单手肩上投篮

原地单手肩上投篮

动作要领：以右手投篮为例，右手五指自然分开，向后屈腕、屈肘，持球于肩上；左手扶球，右脚在前，左脚在后，重心放在两腿之间，上体稍前倾，两腿微屈。投篮时，两脚用力蹬地，腰腹伸展从下向上发力，同时提肘且手臂向前上方充分伸展，最后通过食指、中指指端将球投出。球出手后，手腕前屈，手指向下。（图2–1–6）

图 2–1–6

运用：适用于中、远距离投篮。其特点是出手点高，变化多，较为灵活。

（三）行进间单手高手投篮

动作要领：以右手投篮为例，接球和运球上篮时，在右脚跨出一大步的同时，双手持球，左脚紧接着跨出一小步，用力蹬地起跳。当身体接近最高点时，右手手指向后，掌心向上，托球的下部向球篮的方向伸臂，用食指、中指以柔和的力量拨球，将球从指端投出。（图2–1–7）

运用：多在快攻和切入篮下时运用。这种投篮的优点在于出手点高，易用身体保护。

图 2–1–7

（四）行进间单手低手上篮

行进间单手低手投篮

动作要领：以右手投篮为例，接球和运球上篮时，在右脚跨出一大步的同时，双手持球，左脚紧接着跨出一小步，用力蹬地起跳，腾空时间要短。当身体接近最高点时，右手手指向前，掌心向上，托球的下部向上伸展。当接近篮筐时，用食指、中指、无名指以柔和力量向上拨球，将球从指端投出。（图2–1–8）

运用：在快攻、突破中已经超越对手时，多用低手上篮。它具有伸展距离长、出手点离篮筐近的特点。

图 2–1–8

（五）原地跳起单手肩上投篮

原地跳起单手肩上投篮

动作要领：以右手投篮为例，投篮时屈膝降低重心，两脚掌用力蹬地向上起跳，同时双手举球至肩上，右手托球，左手扶球的左侧方。当身体接近最高点时，左手离球，右臂向前上方伸展，手腕用力前屈，通过食指、中指力量将球投出。球出手后，指、腕自然前屈。落地时，屈膝缓冲。（图2–1–9）

运用：当防守队员离持球队员较近时，持球队员运用传球、突破等假动作，诱使防守队员失去重心而突然起跳投篮。

（六）急停跳起投篮

接球急停跳起投篮的动作要领：移动中跳起腾空接球后，两脚同时或先后落地，脚尖对

篮筐，两膝弯曲，迅速跳起投篮，投篮出手动作同原地跳起单手肩上投篮。（图2–1–10）

图 2–1–9　　　　图 2–1–10

运球急停跳起投篮的动作要领：运球过程中及时降低重心，用跨步急停或跳步急停，持球屈膝跳起投篮，投篮出手动作同原地跳起单手肩上投篮。（图2–1–11）

运用：进攻队员向篮下移动中接球或运球突破时，利用防守队员向后移动防守的惯性，果断运用急停跳投，可达到良好的效果。

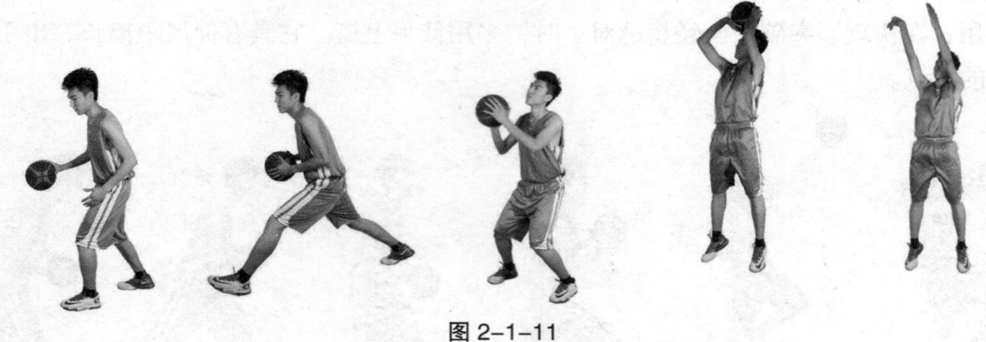

图 2–1–11

## 三、运球

持球队员在原地或移动中用单手连续按拍和迎引从地面反弹起来的球叫运球。运球是篮球比赛中个人控制球、支配球、突破防守的重要手段，是组织全队进攻配合的桥梁。

### （一）高运球

高运球

动作要领：抬头，目视前方，上体稍前倾，以肘关节为轴，手按拍球的后上方，球的落点在身体的侧前方，球反弹高度约在腰胸之间。

运用：多用于快速直线推进，如以后场向前场推进、快攻接应后的快速推进、摆脱防守接球后加速运球上篮等。

### （二）低运球

低运球

动作要领：抬头，目视前方，两膝深屈，身体半蹲，重心下降，上体前倾，

手按拍球的后上部，球的落点在身体侧面，球的反弹高度在膝部以下。

运用：在防守密集、接近防守队员或防守队员抢球时，可运用低运球。

### （三）运球急停急起

运球急停急起

动作要领：快速运球中运用两步急停，同时按拍球的前上方，用臂、身体和腿保护球，目视前方。急起时，后脚（异侧脚）用力蹬地，上体迅速前倾，手按拍球的后上方，快速起动，加速超越对手。（图2–1–12）

运用：当运球队员被防守得很紧时，可利用运球急停—急起—急停的速度变化，摆脱对手。

图 2–1–12

### （四）体前变向换手运球

体前变向换手运球

动作要领：运球队员在防守队员右侧变向时，用右手按拍球的右侧后上方，使球反弹至左手外侧，右脚迅速向左前跨步，向左侧转体探肩，及时换手继续向前运球。（图2–1–13）

运用：当防守队员堵截运球队员进攻路线或运球队员运球接近防守队员时，为了摆脱和突破对手，可体前运球变方向。

图 2–1–13

### （五）后转身运球

后转身运球

动作要领：以右手运球为例，右手后转身运球时，把球运到身体后侧，按拍球的右侧前上方，左脚向前跨一步，以左脚的前脚掌为轴，右脚用力蹬地后撤做后转身动作，同时右手向后拉球，然后换左手运球。（图2–1–14）

运用：当运球队员向防守队员一侧突破被堵截，而且与对手距离较近又无法改用变方向运球时，可用运球后转身从另一侧突破。当运球队员从防守队员右侧突破时，可先主动靠近防守队员左侧，然后用运球后转身突破。

图 2–1–14

（六）运球背后变方向

动作要领：运球队员在防守队员右侧变向，变向前开始运球时，要把球控制于身体右侧后方，左脚前跨，右手按拍球侧后方，球经身后拍到左前方，右脚迅速前跨，换用左手运球继续前进，也可用胯下换手运球。

运用：当防守队员堵截运球队员，而且与运球队员距离较近时，运球队员为了突破对方而主动靠近对手后，可以运用运球背后变方向。

## 四、持球突破

持球突破是持球队员运用脚步动作与运球技术的结合快速超越对手的一项攻击性很强的进攻技术。

（一）交叉步突破

交叉步突破

以左脚为中枢脚，从防守队员右侧突破。两脚左右开立，两膝微屈，持球于腹前，突破前，先做瞄篮或其他假动作。突破时，右脚内侧蹬地，并向左前方迈出一大步，上体左转，右肩向前下压，将球引至左侧，在左脚离地前，用左手推拍球于迈出脚的侧前方。同时，左脚用力蹬地，迅速超越对手。（图2–1–15）

图 2–1–15

### （二）同侧步突破

同侧步突破

以左脚为中枢脚，从防守队员左侧突破。准备姿势与原地持球交叉步突破相同。突破时，左脚向内侧蹬地，右脚迅速向防守队员左侧跨出，上体稍右转，同时探肩，重心前移。在左脚离地前，用右手推拍球于右脚的侧前方。同时，左脚用力蹬地，加速超越对手。

### （三）跳步急停持球突破技术

跳步持球前，应根据自己与防守队员的位置、同伴的传球方向调整好准备姿势，向前或向侧面跳步急停。接球时，要向来球方向伸臂迎球。同时，用一脚蹬地（一般使用移动方向异侧脚），向前或向侧跃出，在空中接球，然后两脚前后或平行落地，两腿微屈，重心落在前脚掌上。根据防守队员情况，用交叉步或同侧步超越。

## 五、抢篮板球

篮球比赛中，抢篮板球是获得控球权的重要手段之一。一个球队对抢篮板球技术掌握得好坏对比赛中的主动与被动、胜利与失败有着很重要的影响。抢篮板球的要点如下。

（1）当对方或同伴投篮时，必须想到可能不中，要积极地抢篮板球。

（2）防守时抢篮板球，必须把对手挡在外面。挡人方法有以下两种。

前转身挡人：当对手与你的距离稍远、动作很快时，用前转身挡人。前转身挡人比后转身快，但占据面积小。

后转身挡人（图2-1-16）：对方离身体较近，为抢占较大面积，多用后转身挡人。后转身挡人时必须贴紧对方，最好用臀部、腰部顶住对方；挡住人以后，稍停1秒，再冲到篮下去抢篮板球，因为中距离投篮时，一般球在空中运行1～2秒；要冲到篮下抢占投篮方向的对面，因为球碰到篮圈后，有70%的概率反弹后落在对面。到篮下立即屈臂，两臂要张开，占据较大空间，腿和腰及全身要用力起跳。技术动作要求力量强，起跳迅速，即使被对方冲撞也不能失去平衡，仍然能跳起来。抢前场篮板球时，只要能挤进一条腿、一只手臂，就要跳起来拼抢。只要手指触到球，就要用力抓紧、下拉，以便控制住球。在空中要转身观察同伴的接应情况，并抓住球，保护好球，将球举到头上，不要拿在胸前。落地的同时要向边线一侧后转身，同时观察接应同伴所处的位置，以最快的速度一传。一传出手后，借后转身的动作把和自己争抢篮板球的对手挡在后面，立即起动快跑跟进，参加快攻。

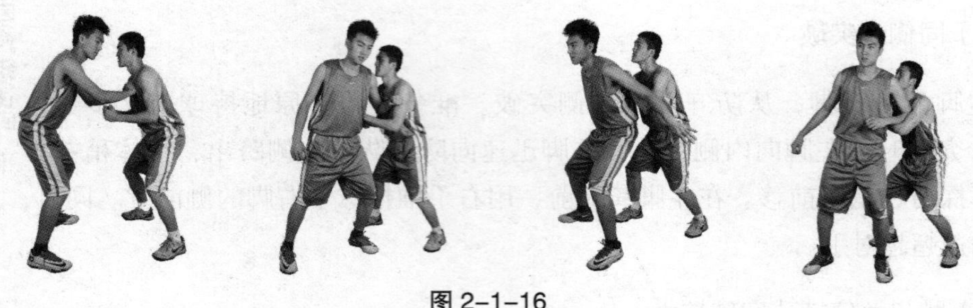

图 2-1-16

# 第二节　篮球运动的基本战术

## 一、进攻战术

### （一）传切配合

传切配合是进攻队员之间利用传球和切入技术组成的简单配合。配合要点是切入队员要善于掌握时机，持球队员要及时准确地将球传出。

示例：④ 传球给 ⑤ 后，立即摆脱对手的防守，向篮下切入，接 ⑤ 的回传球投篮。（图 2-2-1）

### （二）掩护配合

掩护配合是进攻队员有目的地去选择最适当的位置，运用合理的技术动作，用身体挡住同伴防守者的移动路线，使同伴借以摆脱防守的一种配合。（图2-2-2、图2-2-3）

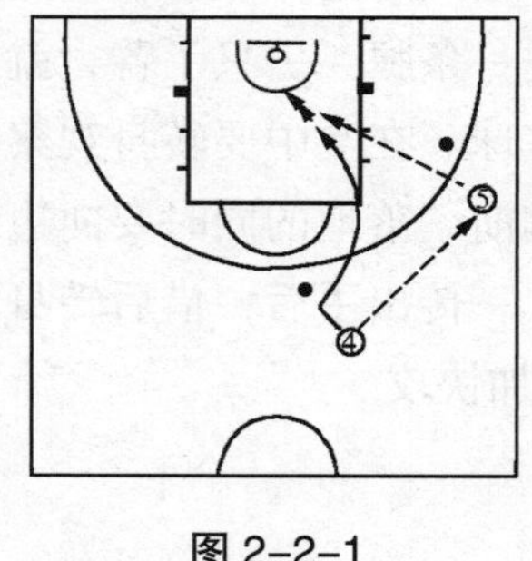

图 2-2-1

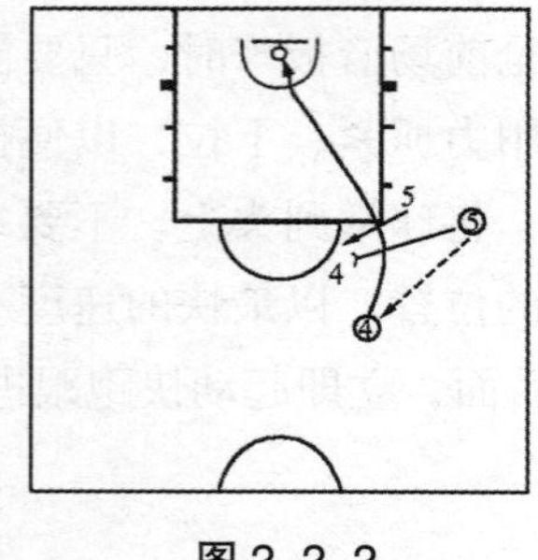

图 2-2-2

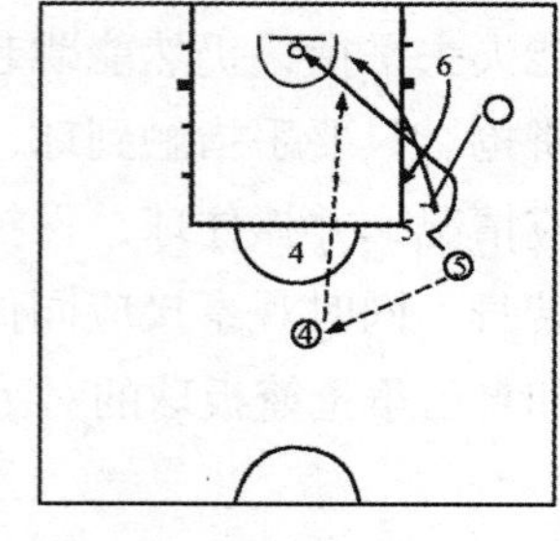

图 2-2-3

### （三）突分配合

突分配合是持球队员运用突破打乱防守部署或吸引防守，并及时将球传给同伴，使同伴

获得进攻机会的配合方法。

示例：⑤从防守者的左侧突破，并吸引7上来和5“关门”防守。此时⑦及时跑到有利的进攻位置上去接⑤传来的球投篮或做其他进攻配合。（图2-2-4）

（四）策应配合

策应配合是指进攻队员背对或侧对篮筐接球后，与同伴相互配合而形成的里应外合的进攻方法。

示例：⑤将球传④后，向底线做切入的假动作，突然摆脱5跑到罚球线后接④的回传球作策应。④传球后摆脱4跑到⑤面前接⑤的传球跳投或上篮。（图2-2-5）

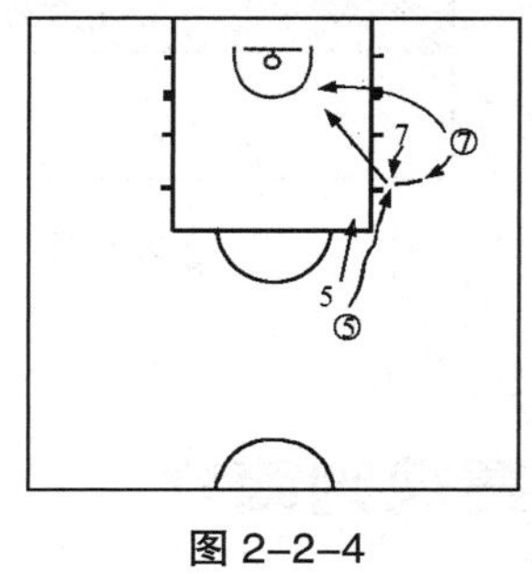

图 2-2-4

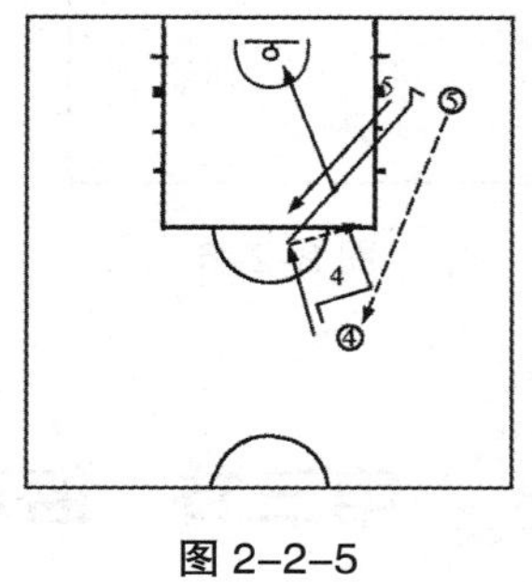

图 2-2-5

## 二、防守战术

（一）半场人盯人防守

半场人盯人防守是由攻转守时，全队有组织地退回后半场，每个防守队员盯住一个进攻队员，同时协助同伴完成集体防守任务的全队防守战术。它的特点是防守任务明确，机动灵活，能有效地控制对方进攻重点，但容易被进攻队在局部击破。防守的基本要求是根据对手、球和篮筐来选位，以盯人为主，近球紧，远球松，积极移动，抢占有利位置，破坏对方的进攻配合，加强防守的集体性。

防持球队员时，要逼近对手，积极干扰对手的投篮、传球和运球，不让对手持球任意行动。防无球队员时，应切断对手的接球路线和防止对手空切篮下，及时调整位置，人、球兼顾，注意协防。

（二）区域联防

区域联防是一种半场防守的全队战术，是由攻转守时，防守队员退回半场，每人分工负责防守一个区域，严密防守进入该区域的球和进攻队员，并与同伴协同防守的集体防守战术。它的基本要求是在分工负责防守区域的基础上，5个队员必须协同一致，积极随球移动，以防球为主，人、球兼顾。

防持球队员时，要按人盯人防守的要求。防无球队员时，离球近的防守队员要抢占有利的防守位置，减少对手在有威胁的区域内接球的机会，同时还要协助同伴进行“关门”“补防”等防守配合。离球远的防守队员要防其“背插”“溜底线”。

“2–1–2”联防是区域联防的基本形式。5个队员的位置分布均匀，移动距离短，便于相互协作。“2–1–2”联防适用于防守外围运球突破和夹击中锋。同时也便于控制后场篮板球发动快攻（图2–2–6）。防守的薄弱环节是防区的衔接处，即图2–2–7中的阴影部分。

图 2–2–6

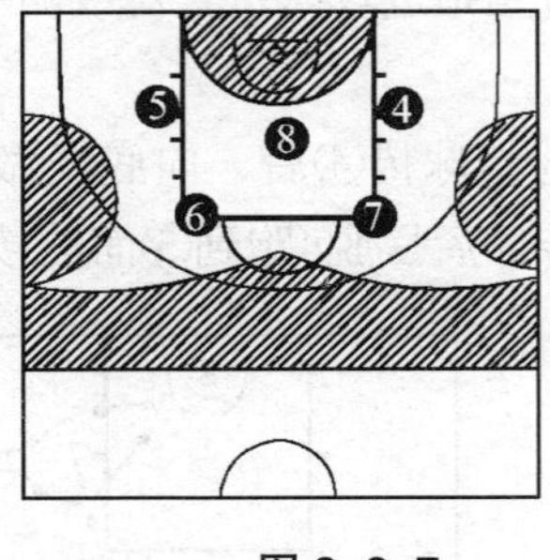

图 2–2–7

## 第三节　篮球运动竞赛规则简介

### 一、比赛场地和器材

#### （一）篮球比赛标准场地的规格

篮球比赛是在一块平坦坚实且无障碍的长28米、宽15米（从界线的内沿丈量）的长方形场地上进行的，详见图2–3–1。

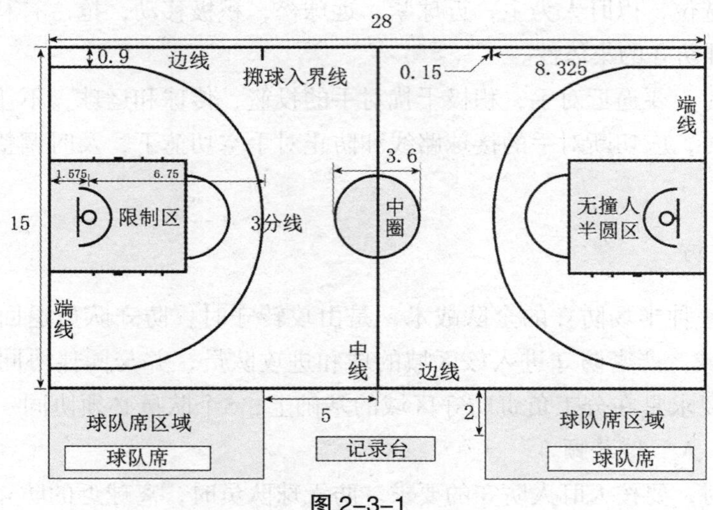

图 2–3–1

（二）国际比赛标准用球

篮球是圆形的，是国际认可的橙色，按惯例应有八瓣成形的镶片。球的外层为皮革、橡胶或合成物。球面的接缝或槽的宽度不得超过0.00635米。成年男子用的球为7号球，其圆周长为0.749～0.780米，重量为567～650克。成年女子用的球为6号球，其圆周长为0.724～0.737米、重量为510～567克。充气后球从1.80米高度（从球的底部量起）落到球场地面上，反弹高度在1.20～1.40米（从球的顶部量起）之间。

## 二、比赛规则简介

（一）比赛通则

（1）比赛由4节组成，每节10分钟，如在第4节比赛时间终了时比分相等，则需要一个5分钟或多个这样的5分钟决胜期来决出比赛的胜负。

（2）第1节从中圈跳球开始比赛。后3节比赛从中线掷球入界开始。球队应交替拥有球权。所有的决胜期球队的进攻方向应与第3、4节相同。

（3）在第1节和第2节（上半时）之间，第3节和第4节（下半时）之间及每一决胜期之前有2分钟的休息时间；两个半时之间的休息时间为15分钟。

（4）在上半时（第1节和第2节）的任何时间每队可准予2次暂停；在下半时（第3节和第4节）的任何时间每队可准予3次暂停，但最后2分钟最多暂停2次；每一决胜期的任何时间可准予1次暂停。

（5）如球队在预定的比赛时间开始后15分钟不到场或不能使5名队员入场准备比赛应判该队弃权而告负，并判给对方以20：0获胜；当比赛中某队场上队员少于2名时，应判该队由于缺少队员而告负。

（二）违例及其罚则

违例是违反规则的行为。其罚则是判发生违例的队失去控制球权，由对方在违例的就近地点掷球入界。

**1. 运球违例**

队员第一次运球后，当队员用双手同时触球或使球在一手或双手中停留的瞬间为运球结束，不得再次运球，否则应判运球违例。

**2. 带球走违例**

下列情况为带球走违例。

（1）当一个持活球队员在传球或投篮过程中，球离手前中枢脚落回地面时。

（2）在运球开始，球离手前中枢脚提起离开地面时。

（3）当一个持活球队员跌倒后持着球、滚动或试图站起来时。

关于中枢脚的确定：静止间双脚着地接球，可用任一只脚作为中枢脚，若一只脚提起则另一只脚为中枢脚；移动中合法接球停步，若双脚同一节拍停步（跳步急停），可用任一只脚为中枢脚，若两只脚先后着地合法停步（跨步急停）则以先着地的脚为中枢脚；若队员接球一只脚落地后，再跳起此脚并双脚同时着地，则两只脚都不是中枢脚。

**3. 3秒违例**

当某队在前场控制活球并且比赛计时钟正在运行时，该队队员不得停留在对方队的限制区内持续超过3秒时间，否则应判3秒违例。以下情况应默许：篮下连续投篮，已试图离开限制区；正在运球投篮或同队队员正在做投篮动作。队员离开限制区时必须是双脚置于限制区外的地面上（限制区的边线也属限制区）。

**4. 被严密防守5秒违例**

当一个队员在场上正持着活球，这时对方处于严密防守状态，距离不超过1米，该队员在5秒内不能传、投或运球时，应判5秒违例。

（三）犯规及其罚则

犯规是违反规则的行为，含有与对方队员的非法身体接触和（或）违反体育运动精神的举止。因身体接触而造成犯规的称为侵人犯规。有违反体育运动精神的举止，不含有身体接触的犯规称为技术犯规。

**1. 处理身体接触的原则**

篮球比赛中，10名队员在有限的场地上进行激烈的对抗，发生身体接触显然是不可避免的，如果队员为了抢球以正常的动作发生身体接触，此接触并没有置对方于不利，则可不必给予处罚；但从背后或侧面去造成身体接触是不正常的动作，而且此接触也导致对方不利，则应给予处罚。在执行有关规则处理身体接触过程中，要依据规则的精神和意图，要坚持比赛完整性的需要，要关注有关队员的能力和他们的态度、行为，要使比赛保持流畅、平衡。

**2. 犯规的性质、种类**

犯规包括侵人犯规（阻挡、撞人、拉人、非法用手、推人、非法掩护等）、双方犯规、技术犯规、违反体育运动精神犯规、取消比赛资格犯规及打架等。

**3.侵人犯规的罚则**

（1）队员发生侵人犯规后均应登记犯规次数，若被侵犯的对方队员未做投篮动作，则判由对方就近掷界外球；若被侵犯对方队员正在做投篮动作，中篮得分有效，再判追加罚球1次，如不中，则根据被侵犯队员投篮地点判给2次或3次罚球。

（2）违反体育运动精神犯规，登记队员犯规次数，并判给被侵犯队员2次罚球，罚球结束后罚球一方仍享有控球权，由该队掷界外球开始比赛（即两罚一掷规则）。

（3）取消比赛资格犯规，其罚则同违反体育运动精神犯规。

**4. 技术犯规种类及其罚则**

技术犯规包括队员技术犯规，教练员、替补队员、其他随从人员技术犯规和比赛休息期

间技术犯规。

技术犯规的罚则：队员出现技术犯规，应给其登记1次技术犯规，作为全队犯规之一计数。教练员、替补队员和随队人员的技术犯规，对每一起都要登记主教练1次技术犯规，但不作为全队犯规之一计数。对技术犯规的处罚是判给对方1 次罚球，立即执行。罚球后，由技术犯规发生时，控制球队或拥有球权队在比赛停止时距离球最近的地点掷球入界。

### (四) 其他一般规定

（1）队员被登记犯规次数累计5次后，他必须立即离开比赛，并在30秒内被替换。

（2）全队犯规：在一节中（任一决胜期应被认为是第4节的继续）某队全队的犯规次数累计达4次时，该队处于全队犯规处罚状态，所有随后发生的对未做投篮动作的队员的侵人犯规应被判2次罚球（但控制球队队员犯规除外）。

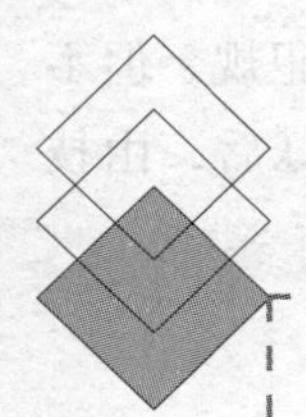

# 第三章 排球运动

## 第一节 排球运动的基本技术

排球

### 一、准备姿势

半蹲　稍蹲　低蹲

图 3–1–1

队员为了完成各种技术动作而采取的合理的身体姿势称为准备姿势。按照身体重心的高低，准备姿势一般可分为半蹲准备姿势、稍蹲准备姿势和低蹲准备姿势三种。（图3–1–1）

#### （一）半蹲准备姿势

【动作方法】两脚左右开立，稍比肩宽，一脚稍前，两脚尖内收，脚跟稍提起。膝关节弯曲，其投影在脚尖前面。上体前倾，身体重心靠前。两臂放松，自然弯曲，双手置于腹前。全身肌肉适当放松，目视来球，两腿始终保持微动。

#### （二）稍蹲准备姿势

【动作方法】与“半蹲准备姿势”基本相同，仅身体重心稍高。

准备姿势

#### （三）低蹲准备姿势

【动作方法】低蹲准备姿势比半蹲准备姿势的身体重心更低、更靠前，两脚左右、前后的距离更宽一些，膝部弯曲程度更大一些；肩部投影过膝，膝部投影过脚尖，手置于胸腹之间。

## 二、移动

从起动到制动的过程称为移动。移动的目的主要是队员及时接近球，保持好人与球的位置关系，以便击球。移动由起动、移动步法和制动三个环节组成。

### （一）起动

起动是移动的开始，它是队员在准备姿势的基础上，变换身体重心的位置，破坏准备姿势的平衡，使身体向目标方向移动。

【动作方法】根据场上的情况，采取不同的准备姿势，有利于随时改变移动方向和迅速移动。以向前起动为例，在正确准备姿势的基础上，迅速向前抬腿收腹，使上体向前探出，同时后腿迅速用力蹬地，使整个身体急速地向前移动。

### （二）移动步法

移动步法

起动后应根据临场技战术的需要，灵活地采用各种移动步法进行移动。

**1. 并步与滑步**

【动作方法】若向前移动，则后脚蹬地，前脚向来球方向跨出一步，后脚迅速跟上做好击球准备。连续并步就是滑步。

**2. 跨步与跨跳步**

【动作方法】若向前移动，则后脚用力蹬地，前脚向来球方向跨出一大步，两腿膝部弯曲，上体前倾，身体重心移至前腿上（图3–1–2）。跨步过程中有跳跃腾空即为跨跳步。

**3. 交叉步**

【动作方法】以向右交叉步为例，上体稍向右转，左脚从右脚前面向右交叉迈出一步，然后右脚再向右跨出一大步，同时身体转向来球方向，保持击球前的姿势。（图3–1–3）

图 3–1–2

图 3–1–3

## 三、垫球

垫球

垫球是排球运动的基本技术之一，是比较简单易学的一种击球动作。按动作方法，它可分为正垫、背垫、半跪垫球、前扑垫球、肘滑垫球、滚翻垫球、鱼跃垫球、侧卧垫球、单臂滑行铲球、单手垫球、挡球等十多种。

### （一）准备姿势

准备姿势的高低应根据来球位置的高低、角度及队员腿部力量的大小来决定，在不影响快速起动的前提下，身体重心应适当降低，有利于双手插到球下，同时也便于低垫高挡。

### （二）手型

正面双手垫球的基本手型有互靠式、叠掌式和抱拳式，但无论采用哪种手型都应该注意手腕下压，两臂外翻。（图3–1–4）

### （三）触球部位

触球部位在腕关节以上10厘米左右的桡骨内侧平面。（图3–1–5）

图 3–1–4

图 3–1–5

### （四）击球

击球点保持在腹前一臂距离，便于控制用力、调整手臂击球角度，以及控制球的落点和方向。

### （五）用力

击球的用力方法和大小应根据来球的力量、弧度不同而有所变化。垫球的用力顺序是：下肢蹬地，以提肩、顶肘、压腕的动作去迎击来球，身体重心要随球前移，两臂在全身协调动作的配合下伴送球。（图3–1–6）

①　②

图 3–1–6

## 四、传球

传球

传球是排球运动的基本技术之一，是组织战术的基础。它的种类很多，主要有正面传球、背传、侧传、挑传、晃传等。

（一）准备姿势

稍蹲姿势，面对来球，双手自然抬起，放松，置于脸前。

（二）迎球

当球下降至额前时，蹬地，伸膝，伸臂，双手向前上方迎击来球。

（三）击球

击球点在额前上方一球距离处，有利于看准来球和控制传球方向。

（四）手型

双手自然张开成半球形，两拇指相对成“一”字形；用拇指内侧、食指全部、中指二三指节触球；无名指和小指在两侧辅助控制传球方向。（图3–1–7）

（五）用力

传球动作是全身协调用力。传球用力的顺序是：蹬地，伸膝，伸腰，手指、手腕由屈到伸（图3–1–8）。最重要的是利用伸臂、手腕手指的紧张和球压在手指上产生的反弹力将球传出去。

图 3–1–7　　图 3–1–8

## 五、发球

发球是排球运动的基本技术之一。发球技术种类较多，一般有正面下手发球、正面上手发球、正面上手飘球、勾手飘球、勾手大力发球等。

（一）正面下手发球

这种发球（图3-1-9）动作简单易学，但球速慢、力量小、攻击性差，适用于初学者。

图 3-1-9

**1. 准备姿势**

发球前，面对球网，两脚前后开立，左脚在前，两膝微屈，上体前倾，身体重心偏后脚，双手持球于腹前。

正面下手发球

**2. 抛球**

左手将球平稳地抛在体前右侧，离手一球多的高度。

**3. 击球**

在抛球的同时，右臂伸直，以肩关节为轴向后摆动。击球时，右腿蹬地，身体重心随着右手的向前摆动前移，在腹前用掌根击球的后下部。重心随击球动作前移，迅速进场比赛。

（二）正面上手发球

正面上手发球

正面上手发球（图3-1-10）动作顺序如下。

**1. 准备姿势**

面对球网，两脚前后开立，左脚在前，双手持球于体前。

**2. 抛球**

左手将球平稳地垂直抛于右肩的前上方，上体稍向右侧转动。

**3. 挥臂击球**

上体向左转动，迅速收腹带动手臂向前上方挥动，伸直手臂，用全掌击球的后中部。

图 3-1-10

### （三）正面上手飘球

这种技术发出的球不旋转，但球不规则地向前飘晃飞行，使接发球队员难以判断球的飞行路线和落点。因为队员发球时面对球网站立，所以便于观察对方和控制发球方向。上手飘球的成功率高，攻击性强，在各种水平比赛中被普遍采用。

**1. 准备姿势和抛球动作**

同“正面上手发球”。

**2. 挥臂击球**

基本同“正面上手发球”，但是在手触球时，五指并拢，手腕稍后仰，用掌跟平面击球的后中下部。击球瞬间，手指、手腕保持紧张，手型固定，用力要突然、短促。击球结束，手臂要有突停动作。

### （四）勾手飘球

这种技术发出的球的飞行特点与“正面上手飘球”基本一致，只是由于发球队员侧面站立，可以充分利用腰部扭转带动手臂加速挥动。这种发球比较省力，但动作较复杂。

**1. 准备姿势**

左肩对网，两脚自然开立，左手持球于体前。

**2. 抛球**

左手将球平稳地抛在左肩前上方约一臂高。身体重心右移，右臂自然向侧后摆动。

**3. 挥臂击球**

右脚蹬地，上体左转发力，带动伸直的手臂向前挥动，手臂做直线运动。击球手型同“正面上手飘球”。

### （五）勾手大力发球

这种技术发出的球力量大，速度快，弧线低，旋转速度快。

**1. 准备姿势**

左肩对网，两脚自然开立，两膝微屈，双手持球于体前。

**2. 抛球**

同“勾手飘球”。

**3. 挥臂击球**

右脚用力蹬地，利用转体动作带动手臂做直臂弧形挥动，在右肩前上方手臂的最高点击球。击球手型同“正面上手发球”。

## 六、扣球

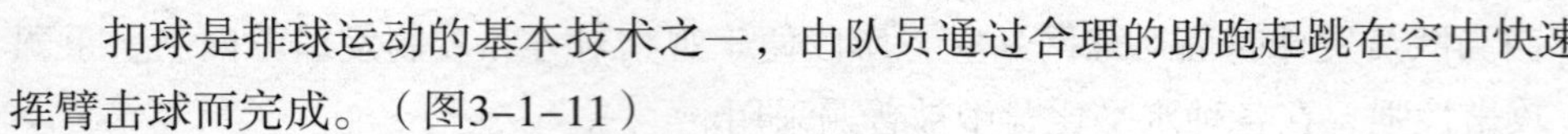

扣球是排球运动的基本技术之一，由队员通过合理的助跑起跳在空中快速挥臂击球而完成。（图3–1–11）

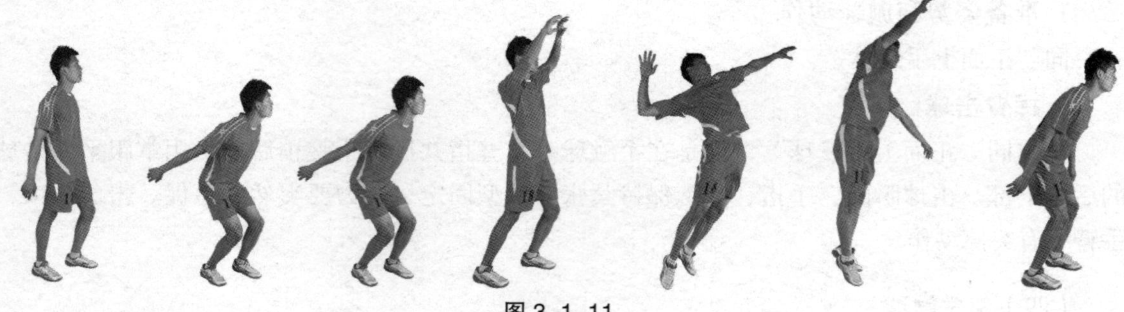

图 3–1–11

### （一）近网扣球

对距网50～100厘米的二传球进行扣击为近网扣球。近网扣球时，由于靠近球网，扣球人要注意垂直起跳，起跳后，挺胸抬臂，主要是利用含胸动作发力，以肩为轴向前挥动手臂，加强屈肘甩腕动作，以全掌击球后中上部，击球点不宜靠后。击球时，手掌包满球，手腕快速抖动，击球后手臂顺势收回，以防止手触网。

### （二）远网扣球

对距网150厘米以外的二传球进行的扣击为远网扣球。远网扣球时，由于远离球网，扣球人可以充分利用收腹，加大手臂挥击动作，增加扣球力量。击球瞬间，手腕推压动作要明显。

### （三）调整扣球

调整扣球是指在一传不到位时，由二传调整传球到网前进行的一种进攻方法。调整扣球技术与正面扣球技术动作相同，但由于球从后场传来，因而，在调整扣球助跑前，队员要撤到边线以外，以便观察来球情况，选择准确的助跑、起动时机和起跳位置；扣球时，根据球与网的距离，灵活地运用近网扣球或远网扣球的不同手法。

### （四）扣快球

扣快球是指扣球队员在二传队员传球前或传球的同时起跳，把球扣入对方场区的一种扣球方法。这种扣球速度快，时间短，突然性强，牵制性大，能为队员在时间上和空间上争取主动。快球分为近体快球、背快、短平快、背短平快、平拉开、半快球、调整快、单脚快等。

### （五）自我掩护扣球

自我掩护扣球是用自己各种快球的假动作来掩护自己实扣的半高球进攻。

1. **时间差**

扣球队员以逼真甚至夸大一点的动作，佯作快球或短平快球的起跳，但实际并未跳起，以欺骗对方拦网队员起跳，待拦网队员下落时，迅速原地起跳扣半高球或小弧度球，即为时间差扣球。时间差造成扣球与拦网在时间上的差异，从而使扣球队员成功地摆脱拦网队员。常用的时间差扣球有：近体快球时间差、背快球时间差、短平快时间差、背溜时间差等。

2. **位置差**

扣球队员按原来扣球的时间助跑，在助跑后佯做踏蹬动作、下蹲与摆臂动作明显的起跳扣球，但助跑后不起跳，待对方队员拦网起跳时，突然变向侧跨出一步，动作幅度、挥臂幅度要小，速度要快，用双脚或单脚“错”开拦网人的位置起跳扣球，即为位置差扣球。常用的“位置差”扣球有：短平快球向3号位错位扣、近体快球向2号或4号位错位扣、背快球向2号位错位扣等。

不管采用哪种错位扣球，队员都应注意两点：① 按原来各种快球的时间助跑、踏跳下蹲、制动和摆臂，动作要逼真；② 变向跨步起跳时，动作应连贯，摆臂应幅度小、速度快。

3. **空间差**

扣球队员利用助跑的冲力和专门的踏跳技术，使身体向前上方跃出，把正面盯人拦网的对方队员甩开，使扣、拦在空中出现差误，即为空间差扣球，也叫冲飞扣球。常用的空间差扣球有：佯扣快球而冲跳向二传人背后扣小弧度球的“背飞”，佯扣前快球而侧身向左起跳追击扣球的“拉三”，以及佯扣短平快球而侧身向左起跳追击扣球的“拉四”。

## 七、拦网

拦网是排球运动的基本技术之一，是指队员在球网上空拦阻对方击来的球。（图3–1–13）

图 3–1–13

### （一）准备姿势

面对球网，两脚平行开立，约同肩宽，距网30～40厘米，两膝微屈，两臂自然弯曲置于胸前。随时准备起跳或移动。

拦网

（二）移动

（1）滑步移动：相距2米左右可采用滑步移动。连续的并步移动即是滑步。

（2）并步移动：这种移动适合于近距离使用。动作方法是单脚向右（左）迈一步，另一脚并步靠拢。

（3）交叉步移动：向右移动时，身体稍向右转，身体重心移向右脚，接着左脚从右脚前面向右交叉一大步，然后右脚向右边跨出一步，右脚落地时，脚尖内转，使两脚平行站立，身体正对球网。移动时，也可右脚先向右迈一小步，其他动作与上述相同。

（4）跑步移动：向右移动时，身体先向右转，左肩对网，顺网跑至起跳点时，左脚跨出一步制动，然后右脚向前迈出一步，同时脚尖内转，尽量使两脚保持平行，接着屈膝起跳。

（三）起跳

起跳时，身体重心降低，两膝弯曲，弯曲程度因人而异，两脚用力蹬地，两臂在体侧画小弧用力上摆，带动身体向上垂直起跳。起跳后稍收腹，控制身体平衡。拦网起跳的时间必须掌握好，应根据对方二传球的高低、远近、快慢，以及扣球队员的起跳时间和动作特点来决定。拦高球时，拦网队员一般应比扣球队员晚跳；拦快球时，拦网队员可以与扣球队员同时起跳或提前起跳。

（四）空中击球

起跳的同时，双手从额前贴近并平行球网，向网上沿的前上方伸出，两臂伸直，前臂靠近网，双手尽量伸向对方上空接近球，并自然张开，屈指、屈腕成“勺”形。双手之间距离不能超过一个球，以防止球从双手间漏过。当手触球时，双手要突然紧张，手腕要用力下压盖住球的上方。

（五）落地

拦网队员若已将球拦回，则面向对方，屈膝缓冲，两脚落地；若未拦到球，在身体下落时要随球转身向着球飞出的方向，准备做接应救球。

（六）拦网的判断

判断是拦网技术的关键环节，在拦网的全过程都贯穿着判断。拦网队员应从以下几个方面进行判断：判断对方的战术打法；判断对方一传情况；判断对方二传的方向、弧线、速度和落点；判断对方扣球队员的助跑方向、起跳的时间，以及起跳后人与球的关系和空中挥臂击球动作，判断对方扣球队员的个人技术特点。

# 第二节 排球运动的基本战术

排球战术可分为个人战术和集体战术。集体战术又分为进攻战术和防守战术两大部分。

## 一、进攻战术

### （一）阵容配备

阵容配备是指合理地搭配场上队员，充分发挥每个队员的特长和作用的一种组织手段。主要的配备有“四二”配备和“五一”配备两种形式。

**1. “四二”配备**

“四二”配备的阵容形式为：2个二传手站在对称位置上，其他4人为2名主攻手和2名副攻手，分别站在对称的位置上。（图3-2-1）

**2. “五一”配备**

“五一”配备的阵容形式为：5名进攻队员和1名二传队员的配合（图3-2-2）。这种配备适用于攻防兼备、技术较全面的队采用。二传队员的对角位置应配备1名接应二传，以弥补二传队员来不及去传球的缺陷。

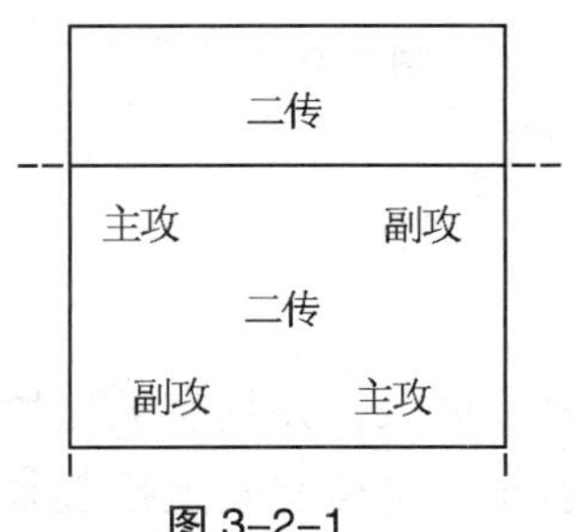

图 3-2-1

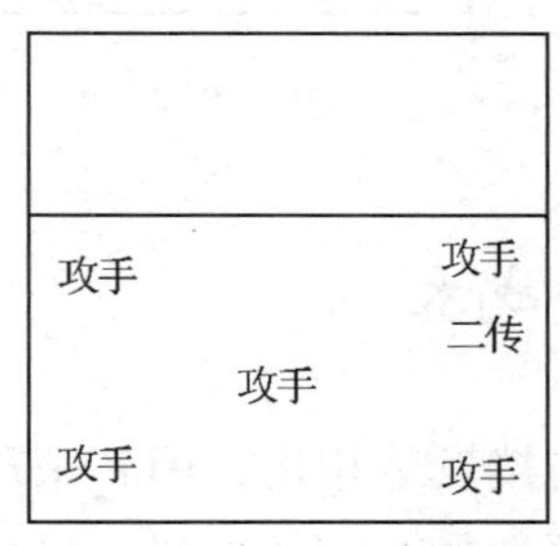

图 3-2-2

### （二）进攻阵型

进攻阵型主要有“中一二”“边一二”和“插上”等战术形式。

**1. “中一二”进攻阵型**

由3号位队员作二传手，4号位、2号位队员进攻的形式称为“中一二”进攻战术阵型（图3-2-3）。这种战术简单易学，适合于技术水平较低的队采用，其缺点是两点进攻，战术变化少。

**2. “边一二”进攻阵型**

由2号位队员作二传手，3号位、4号位队员进攻的形式称为“边一二”进攻战术阵型

（图3–2–4）。此战术简单易学，可进行较多的战术变化。

3. “插上”进攻阵型

由后排队员插到前排作二传手，组成的进攻形式称为“后排插上进攻战术”阵型（图3–2–5）。这种战术的特点是可以保证前排有三点进攻，而且可以组织多种战术，是当今排球的主要进攻战术形式之一。

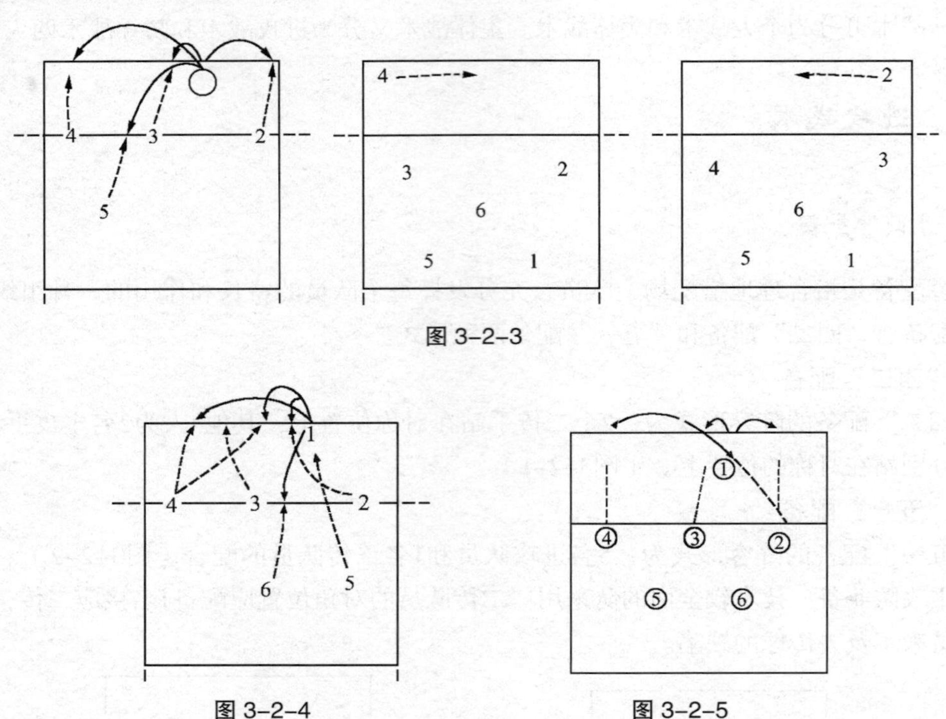

图 3–2–3

图 3–2–4

图 3–2–5

## 二、防守战术

防守垫击与接发球相比，因其来球速度更快、力量更大，并具有突然性，因此难度较大。防守队员要选择有利的位置，采用合理的击球动作，将球有效地接起来，组织各种进攻。优秀的防守队员不仅要善于思考，判断准确，而且还要快速移动，勇猛扑救。多次获得世界冠军的意大利男排，提出了“没有防不起的球”的新观点，大胆采用“拦—防”配合式的“活点防守”战术，集中队员防守对方进攻的主要落点，防守效果明显提高。

防守战术运用时，主要是判断进攻点并合理取位，拦、防配合，进行有针对性的防守。

防守战术训练：教练员或扣球队员模拟不同路线的扣球，打、吊结合，以提高防守队员及时判断、取位和运用各种防守技术的能力。充分利用规则，加强对“自由人”防守能力的训练，并对对方的进攻重点区域进行针对性防守，以最大限度地发挥“自由人”防守的优势，带动整体防守水平的提高。

利用拦网与后排布防的灵活变化，以拦网队员的战术变化为轴心，进行“拦—防”配合

练习，提高后排防守的防起率。

结合发球、拦网、扣球等环节，模拟比赛的节奏进行防守练习，以提高防守队员的实战能力。

高水平的队尤其要加强无人拦网条件下的防守训练，但要注意训练时扣球的力量应逐步加大，以利于防守队员自信心的建立。

## 第三节 排球竞赛规则简介

### 一、比赛场地及设施

排球比赛场地包括比赛场区和无障碍区。比赛场区为18米×9米的长方形。国际排联组织的世界性大型比赛场地边线外的无障碍区至少宽5米，端线外至少宽6.5米，比赛场区上空的无障碍空间从地面量起至少高12.5米。比赛场地的地面是浅色的，由木质或合成物质构成。比赛场区和无障碍区为两种不同的颜色，场区上所有的界线为白色，宽为5厘米。（图3-3-1）

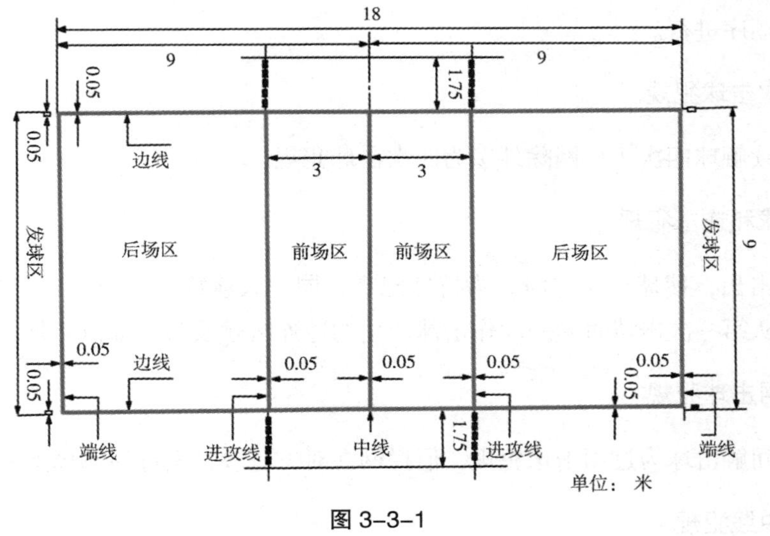


图 3-3-1

### 二、队员的替换

每一局每队最多可替换六人次，在一次换人中可以同时替换一人或多人。替补队员每局只能上场比赛一次。如某一队员受伤不能继续比赛，必须进行合法的替换。当不可能进行合法替换时，可采取特殊的替换。如某队员被判罚出场或取消比赛资格，必须进行合法的替换。如果不可能进行合法替换，则判该队阵容不完整，判对方胜一局。

## 三、比赛间断

正常的比赛间断为暂停和换人。在比赛成死球时，裁判员鸣哨发球前，教练员或场上队长用相应的手势请求间断。一次或两次暂停可以与双方的各一次换人相连续，中间无须经过比赛过程。同一队未经过比赛过程不得连续提出换人的请求，但在同一次换人请求中可以替换两名或更多的队员。一次暂停的时间为30秒，但在世界比赛中，采用技术暂停的方法，即比赛中，当领先队达到8分和16分时，便为技术暂停，时间为1分钟，在每局中，球队还有两次暂停的机会，时间为30秒。暂停时，比赛队员必须离开比赛场区到球队席附近的无障碍区。

## 四、技术性犯规

### （一）发球规则

后排靠右的队员在发球区内将球击出而进入比赛的行动是发球。第1局和第5局由抽签选定发球权的队伍首先发球。其他各局由前一局未首先发球的队伍首先发球。队员发球的次序按位置表上的顺序进行。

### （二）四次击球犯规

一个队连续触球四次（拦网除外）为四次击球犯规。

### （三）持球和连击犯规

没有将球击出，使球产生停滞，为持球犯规。同一人连续击球为连击犯规，但拦网时的连续触球及全队第一次击球时同一动作击球产生的球连续触及身体部位除外。

### （四）过网击球犯规

在对方空间触击球为过网击球犯规，但拦网在对方进攻性击球后触球除外。

### （五）过中线犯规

比赛进行中，队员整只脚全部越过中线接触对方场区，为过中线犯规。

### （六）触网犯规

队员触网不是犯规，但干扰比赛的情况除外。队员干扰比赛有这样几种情况：① 击球时触及球网上沿帆布带或球网以上的80厘米标志杆；② 击球时借助球网的支持；③ 造成了对本方有利；④ 妨碍了对方合法的击球意图。

（七）拦网犯规

**1. 过网拦网犯规**

对方进攻性击球前或击球时，在对方空间拦网触球为过网拦网犯规。

**2. 后排队员拦网犯规**

后排队员靠近球网，将手伸向高于球网处阻拦对方来球并触及球，或后排队员参加了完成拦网的集体，则构成后排队员拦网犯规。

**3. 拦发球犯规**

队员在球网附近，手高于球网上沿阻拦对方发球，则构成拦发球犯规。

（八）后排队员进攻性击球犯规

后排队员在前场区内或踏及进攻线（或其延长线）击整体高于球网上沿的球，并使球的整体通过球网垂直面或触及对方拦网队员，则为后排队员进攻性击球犯规。

（九）自由人进攻性击球犯规

自由人在3米限制区内以上手传球方式进行二传球，进攻队员将此高于球网的二传球击入对方场区，或自由人在3米线后的场区内将高于球网的球击入对方场区，均为自由人进攻性击球犯规。

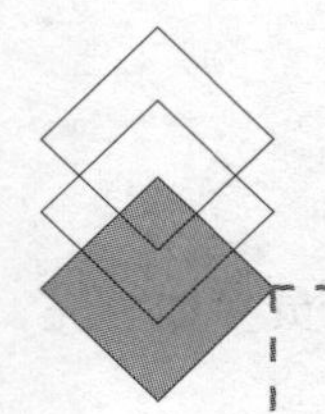

# 第四章 乒乓球运动

## 第一节　乒乓球运动的基本技术

### 一、握拍法、基本站位与基本姿势

(一)握拍法

乒乓球握拍法有直握法和横握法两种。(图4-1-1)

**1. 直握法**

【动作方法】拇指第一指节和食指第二指节分别压住球拍两肩，拍柄压住虎口(两指间距离适中)；中指、无名指和小指自然弯曲斜形重叠，中指第一指节侧面顶住球拍背面上端1/3处。

**2. 横握法**

【动作方法】中指、无名指和小指自然握住拍柄，拇指在球拍的正面轻贴于中指旁边，食指自然伸直斜贴在球拍的背面。深握时，虎口紧贴球拍；浅握时，虎口轻贴球拍。

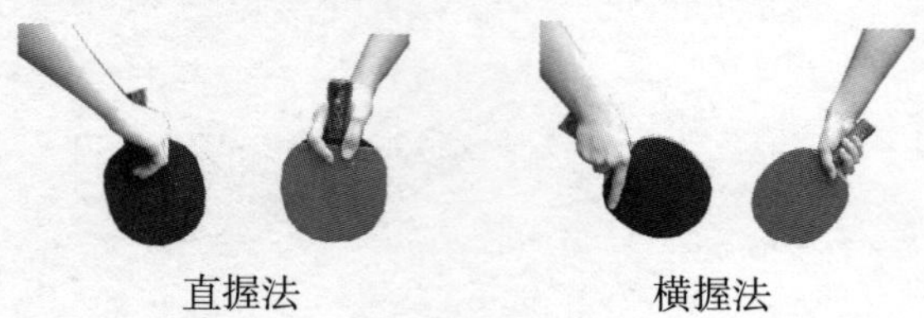

直握法　　横握法

图 4-1-1

（二）基本站位

（1）快攻打法和弧圈球打法：站位离球台50厘米以内，左脚稍前或两脚平行开立，位于球台中间偏左处。

（2）两面攻打法：站位离球台50厘米以内，两脚平行开立，位于球台中间位置处。

（3）攻削结合打法：站位离球台70～100厘米，两脚平行开立，位于球台中间稍偏左处。

（三）基本姿势

【动作方法】两脚开立，比肩稍宽，适度收腹含胸，两膝微屈，踵部稍提起，两脚的前脚掌内侧着地，上体略前倾，身体重心置于两脚之间。下颌稍内收，目视来球。持拍手臂自然弯曲，置于身体右侧，手腕适当放松。（图4–1–2）

图 4–1–2

## 二、发球技术

发球是乒乓球比赛中唯一不受对方限制的技术，它可以让使用者最大限度地实现自己的战术意图，具有较强的主动性。因此，它成了乒乓球竞赛中创造得分机会的主要技术。

（一）正手平击发球

正手平击发球

图 4–1–3

【动作方法】身体离球台约40厘米，两脚开立，略宽于肩，左脚稍前。左手将球向上抛起，身体稍右转，同时右臂内旋，使拍面稍前倾，向右后方引拍。当球从高点下降至稍高于球网时，击球中上部并向左前下方挥动，以向前发力为主。击球后，身体姿势迅速还原。（图4–1–3）

（二）反手平击发球

【动作方法】身体离球台约40厘米，两脚开立，略宽于肩，右脚稍前。左手将球向上抛起，身体稍左转，同时右臂外旋，使拍面稍前倾，向左后方引拍。当球从高点下降至稍高于球网时，击球中上部并向右前下方挥动，以向前发力为主。击球后，身体姿势迅速还原。（图4–1–4）

图 4–1–4

（三）正手发奔球

【动作方法】尽可能靠近球台站立。左手将球向上抛起，同时右臂内旋，使拍面稍前倾，前臂手腕自然下垂，肘关节高于前臂，上体略向右转，身体重心移至右脚，向右后方引拍。当球从高点下降至近于球网高度时，击球右侧中部并向右侧上方摩擦，触球瞬间拇指压拍，手腕从右后方向左上方抖动。击球后，挥拍手臂尽可能制动，停止随挥动作。（图4–1–5）

图 4–1–5

（四）反手发奔球

【动作方法】靠近球台站立，右脚稍前，左脚稍后，身体略向左偏斜，左手掌心托球置于身前偏左侧。左手将球向上抛起，同时右臂外旋，使拍面稍前倾，上臂自然靠近身体左侧，向身体左后方引拍，身体重心在右脚。当球从高点下降至低于网高时，击球左侧中上部，触球瞬间前臂加速向左前上方横摆，手腕弹击使拍摩擦球，腰部配合向右转动，球被击出后的第一落点接近自己端线。手臂继续向右前上方挥动，调整身体重心，迅速还原。（图4–1–6）

图 4–1–6

（五）正手发下旋加转球与不转球

【动作方法】身体靠近球台，左脚稍前，左手掌心托球置于身体右前方。左手将球抛起的同时，腰部向右后转，右臂向后上方引拍，拍面后仰，直握拍手腕做伸，横握拍手腕略向外展和伸。当球从高点下降至稍高于或与网同高时，以腰带动前臂加速向左前下方挥动，同时手腕做屈并内收，以球拍远端（拍头）触球，击球中下部并向底部摩擦。不转发球与下旋加转发球区别在于：手臂外旋幅度小，减少拍面后仰角度，以球拍中后部偏右的地方触球，击球中部或中下部，减少向下摩擦球的力量，近似将球向前推出，使击球的作用力接近球心，从而形成不转球。球发出后，挥拍动作尽可能停住，以利于身体姿势的还原。（图4–1–7）

图 4–1–7

（六）反手发下旋加转球与不转球

【动作方法】身体靠近球台，右脚稍前，左手掌心托球置于身体左前方。左手将球抛起的同时，腰部向左后转，右臂向左后上方引拍，拍面后仰，直握拍手腕做屈，横握拍手腕略向外展。当球从高点下降至稍高于或与网同高时，以腰带动前臂加速向右前下方挥动，同时直握拍手腕做伸，横握拍手腕内收，以球拍远端（拍头）触球，击球中下部并向底部摩擦。反手发下旋加转球与不转球的区别和正手发下旋加转球与不转球的动作区别类似。控制动作幅度，身体姿势快速还原。（图4–1–8）

图 4–1–8

（七）正手发左侧上（下）旋球

正手发左侧下旋球

【动作方法】站位近台，左脚在前，右脚在后，身体侧对球台，身体重心下降。左手将球向上抛起，同时右臂向右后上方引拍，直拍手腕做伸，横握拍手腕做外展，腰部略向右转动。当球下降至接近网高时，前臂加速向左前方挥摆，触球时手臂、手腕发力，直握拍手腕做屈，横握拍手腕内收，腰部配合向左转。发侧上旋球时，拍面略微立起，击球中部并向左侧上方摩擦；发侧下旋球时，拍面略后仰，击球中下部向左侧下方向摩擦。控制随势挥拍，身体姿势迅速还原。（图4–1–9）

图 4–1–9

（八）反手发右侧上（下）旋球

【动作方法】站位近台，左脚在前，右脚在后（或两脚平行）。左手将球向上抛起，同时右臂向左后方引拍，拍面适当后仰，腰部向左转动。左脚稍抬起，身体重心移至右脚。当球下降至接近网高时，前臂加速向右上方挥摆，直握拍手腕做伸，横握拍手腕内收，腰部配合向右转。发侧上旋球时，拍面略微立起，击球中部并向右侧上方摩擦；发侧下旋球时，拍面略后仰，击球中下部并向右侧下方摩擦。控制随势挥拍，身体姿势迅速还原。（图4–1–10）

图 4–1–10

## 三、攻球技术

攻球技术是乒乓球技术中最重要的得分技术之一。它在击球方式上以撞击为主，因此具有击球速度快、动作幅度小、进攻性强的特点。攻球技术可分为正手攻球和反手攻球，现代乒乓球技术中，每一部分又进一步细化为快攻、快点、快拉、快带、突击、扣杀、挑打、滑板等技术。每种技术有着不同的特点和战术目的。我们要掌握全面的攻球技术，就必须掌握好基本的攻球技术。下面重点学习正、反手攻球的基本技术。

（一）正手攻球技术

正手攻球

1. **正手快攻**

【动作方法】左脚稍前，身体离台约40厘米。手臂自然弯曲并内旋，使拍面稍前倾，身体重心移向右脚，前臂横摆引至身体右侧后方。右脚稍用力蹬地，髋关节略向前转动，腰部向左转，上臂带动前臂快速向左前方挥动迎球，在球的上升期（或高点期）击球的中上部，触球瞬间前臂迅速收缩，以向前打为主，略带有摩擦，手腕辅助发力，身体重心由右脚移至左脚。注意击球后身体姿势迅速还原。（图4–1–11）

图 4–1–11

2. **正手扣杀**

【动作方法】左脚稍前，站位远近视来球长短而定。手臂自然弯曲并内旋，使拍面稍前倾，球拍呈半横状，随着腰、髋的转动，手臂向后移动，将球拍引至身体右后方，适当加大引拍距离。借腰、髋的左转及腿的蹬力，带动手臂向前迎球。当来球跳至高点期（位置合适可在上升期），上臂带动前臂加速向左前下方发力，击球中上部，以撞击为主，略带有摩擦（近网除外）。击球后，身体重心由右脚移至左脚。扣杀后，立即还原，准备连续扣杀。（图4–1–12）

图 4–1–12

（二）反手攻球技术

1. **直拍反手快攻**

【动作方法】站位离球台40～50厘米，右脚稍前。上体略左转，使腰部扭紧，右肩略下沉，前臂后引球拍至身体左侧，略高于来球。用腰、髋的突然转动带动前臂向右前方用力。上臂贴近躯干，肘部内收，在球的上升期或高点期击球中上部。手腕和食指压拍，中指在拍后，选定用力方向后将球击出。击球后，身体姿势迅速还原。（图4–1–13）

图 4–1–13

2. 横拍反手快攻

【动作方法】站位靠近球台，右脚稍前。上体左转，右肩前顶略下沉，右手将拍向左侧后引至腹前，肘部前顶，手腕稍后屈，拍面前倾，拇指抵住球板。腰、髋略向右转动，前臂带动上臂由左后向右前上方挥动，击球点在体前偏左侧方，球的上升后期或高点期击球中上部，击球以前臂发力为主。击球后，身体姿势迅速还原。（图4–1–14）

图 4–1–14

直拍推挡技术

## 四、推挡技术

推挡是我国直拍快攻打法的基本技术之一，在左推右攻打法中占有极其重要的地位。推挡可分为平挡、快推、加力推、减力挡、推下旋、推侧旋等。

（一）平挡

【动作方法】上臂自然贴近身体，拍面稍前倾，将球拍引至身体前方，在来球上升期时触球的中部或中上部。击球瞬间，只以前臂和手腕轻轻用力向前上推出，主要借助来球的反弹力将球挡回（回击弧圈球时，球拍须高于来球，在球的上升后期击球）。（图4–1–15）

图 4–1–15

（二）快推

【动作方法】上臂和肘内收，自然靠近身体右侧，以肩为轴，将球拍引至身体前方。当来球处于上升期时，前臂和手腕迅速向前略向上推出。击球时，以前臂和手腕发力为主，并适当借力。拍面稍前倾，击球中上部。（图4-1-16）

图 4-1-16

（三）加力推

【动作方法】以肩为轴，屈肘向后引拍，将球拍引至身体前方较高处。拍面稍前倾，略收腹。当来球处于上升后期或高点期时，上臂、前臂和手腕加速向前下方推压，腰、髋向左转动配合发力，击球中上部，中指的第二指节用力顶拍。（图4-1-17）

图 4-1-17

（四）减力挡

【动作方法】击球前，身体重心略升高，稍屈前臂，球拍保持合适的前倾角度。在来球刚刚弹起即触球中上部，触球瞬间有意识地做手臂和手腕后收的动作，在削弱来球反弹力的同时，借来球的力量将球挡过去。（图4-1-18）

图 4-1-18

## 五、搓球技术

搓球是近台还击下旋球的一种基本技术，可用它为拉弧圈球创造条件。它与攻球技术结合起来可以形成搓攻战术。搓球在接发球时可以有效地过渡，为自己下一板创造进攻机会。

### （一）慢搓

**1. 反手慢搓（图4–1–19）**

【动作方法】右脚在前或两脚平行站立，身体离球台40～50厘米。手臂外旋，使拍面后仰，前臂向左上方引拍至胸前，横握拍手腕适当外展，直握拍手腕做屈，拍头指向斜上方。当来球跳至下降前期，前臂带动手腕加速向右前下方用力摩擦球。拍面后仰，击球中下偏外侧的部位。击球后，前臂顺势前送，并注意还原身体姿势。

**2. 正手慢搓**

【动作方法】正手慢搓与反手慢搓动作相同，但方向相反。

图 4–1–19

### （二）快搓

**1. 反手快搓**

【动作方法】两脚平行或右脚稍前站立，身体靠近球台。肘部自然靠近身体，后引动作幅度较小，拍面稍后仰。当来球跳至上升期时，利用上臂前送的力量，前臂与手腕配合，借力结合发力，触球中下部并向前下方用力摩擦。击球后，身体姿势尽快还原，准备下一板球。（图4–1–20）

图 4–1–20

### 2. 正手快搓

【动作方法】正手快搓与反手快搓动作相同，但方向相反。

## 六、弧圈球技术

弧圈球技术是现代乒乓球技术中最主流的进攻技术，其优势是将球的速度和旋转有效地结合起来。

### （一）正手弧圈球

【动作方法】判断来球，确定拉球时间和拉球部位。两脚开立，左脚稍前，收腹、含胸、屈膝使身体重心较低，身体重心落在两脚之间，然后腰、髋向右转动，身体重心置于右脚前脚掌，右肩略下沉，左肩自然转向来球方向，右腿屈膝程度加大，前臂自然下垂，通过转腰带动上臂、前臂经腹前向右侧下方移动，将球拍引至身体右侧腰部下方稍后处。手臂自然放松，肘关节夹角保持在150° ～170° 。右脚蹬地，髋关节适当前转，腰部带动上臂向左转动，前臂向左前上方挥动击球。通常击球的中部或中上部（要想增加侧旋，可击球略偏右并带侧向摩擦），前臂和手腕即将触球时迅速内收，手指在触球瞬间抓紧球拍。来球下旋强烈或击球点较低时，多向上摩擦；反之，在保证必要弧线的前提下，通过增加撞击的力来来增强球的前冲力。击球后，手臂继续顺势挥动，身体重心移到左脚后，迅速还原。（图4–1–21）

图 4–1–21

### （二）反手弧圈球

【动作方法】动作原理与正手弧圈球类似。除左右方向相反外，还须注意几点：① 近台反手拉球时，站位基本上以左脚在前为主；中远台拉球时，站位多以两脚平行或右脚稍前为主。② 反手拉球时，在引拍阶段肘部要稍微离开身体，放在身体外侧，我们以确保球拍在身体前有一定的击球空间。近台拉球时，引拍动作幅度不宜过大发球。

# 第二节　乒乓球运动的基本战术

## 一、发球战术

在比赛中，发球是前三板的第一板，是乒乓球比赛中唯一不受对方制约和限制的技术。发球员可以充分发挥自己的特长和想象力，最大限度地施展自己的战术意图。我们可以结合战术意识去练习发球。

（一）根据对方的站位制订战术原则

如果对方站位比较偏反手位（左边球台处），可以发对方右半台近网处。（图4-2-1）

如果对方站位比较靠近球台，可发紧追对方身体的奔球，也称追身球。（图4-2-2）

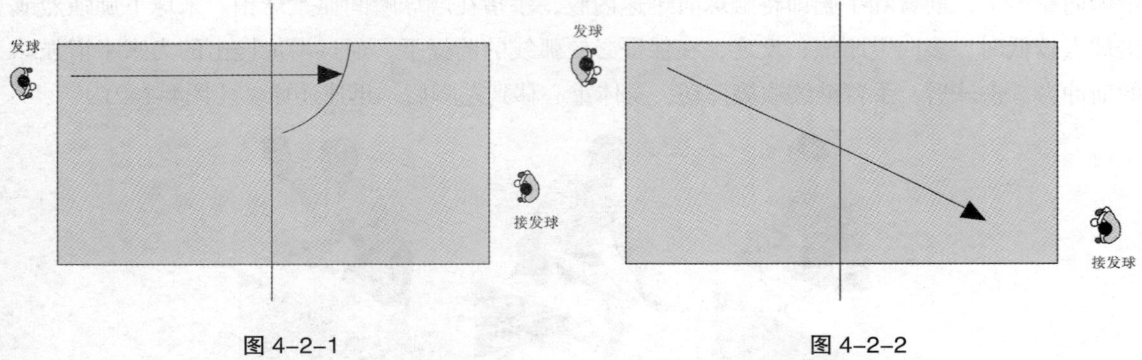


图 4-2-1　　　　图 4-2-2

（二）根据对方握拍姿势制订战术原则

如果对方是横握球拍者，可发对方中路偏正手的短球。（图4-2-3）

## 二、发球抢攻战术

在比赛中，发球抢攻战术是为自己赢得战机而先声夺人的战术。初学者常用的发球抢攻战术有以下几种。

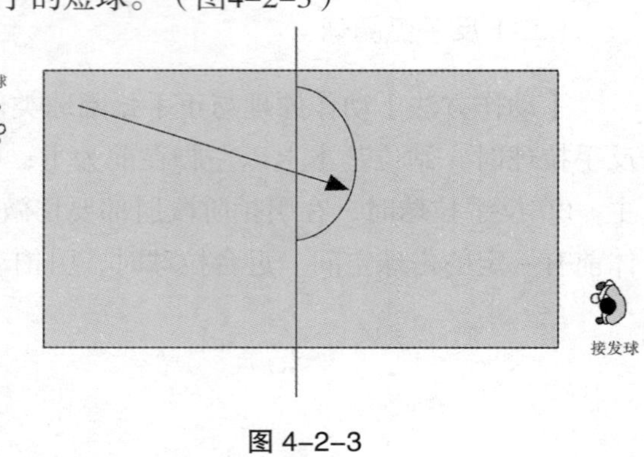


图 4-2-3

（一）推攻战术

推攻战术是由发上旋球、侧旋球开始，组织进攻的战术。

示例：

（1）主练者站在球台偏左侧，发右侧旋球到对方反手位，对方推挡球，将球送回到球台偏左侧或中路处，主练者用攻击上旋球或侧旋球的手法将球攻击过去。主练者要体会推攻的手感和动作要领。

（2）主练者反手发左侧旋球到对方反手位，对方推挡球，使球回到球台偏右侧或偏中路处，主练者用攻击上旋球或侧旋球的手法将球击过去。主练者要体会正手攻球的步法与手感。

### （二）搓攻战术

它主要是利用搓球的旋转变化和落点变化为进攻创造机会的战术。

主练者发下旋球到对方的反手位或正手位，对方将球搓回到球台，练习者直接抢攻或回搓球，利用搓加转球与不转球为自己制造高球，从而进行反击，或者低球突击，或者通过路线变化调动对方，为自己制造进攻机会。战术方法有：① 搓不同落点进行突击。② 搓两角伺机突击。③ 搓同线长短球，伺机突击。④ 搓异线长短球，伺机突击。⑤ 搓追身球，伺机突击。⑥ 搓加转球与不转球，结合落点变化进行突击。⑦ 将搓转与不转球结合变化落点，伺机突击。⑧ 快搓与慢搓结合，有节奏和旋转变化，伺机突击。

### （三）拉攻战术（包括一般拉球、小上旋和弧圈球）

它是连续运用拉球为自己创造进攻机会，把突击或扣杀作为得分手段的一种战术。

（1）正手拉球后找机会扣杀，注意拉与扣的力量变化和节奏变化，使对方措手不及。

（2）拉路线变化或落点变化的球，为自己创造扣杀机会。

### （四）接发球抢攻战术

接发球抢攻战术是主练者利用对方发球质量不太高的漏洞，看准来球的旋转和路线，采用适当的方法进攻，变被动的接发球的地位为积极主动压倒对方的地位，是一种非常积极主动的战术。

（1）用拉球、快拨或快推回击，争取形成对攻的相持局面。

（2）用快搓、牵制短球回接使对方难以发力抢攻或抢拉，破坏对方的发球抢攻意图，为自己争取主动进攻创造有利条件。

（3）对各种侧旋、上旋或不强烈的下旋短球可用“快点”回接。“快点”回球速度快，并有路线变化，突然性强。

# 第三节　乒乓球竞赛规则简介

## 一、发球

（1）发球开始时，球自然地置于不执拍手的手掌上，手掌张开，球保持静止。

（2）发球时，发球员须用手将球几乎垂直地向上抛起，不得使球旋转，并使球在离开不执拍手的手掌之后上升不少于16厘米。球下降到被击出前不能碰到任何物体。

（3）当球从抛起的最高点下降时，发球员方可击球，使球首先触及本方台区，然后越过或绕过球网装置，再触及接发球员的台区。在双打中，球应先后触及发球员和接发球员的右半区。

（4）从发球开始到球被击出，球要始终在台面以上和发球员的端线以外，而且不能被发球员或其双打同伴的身体或衣服的任何部分挡住。

（5）在运动员发球时，球与球拍接触的一瞬间，球与网柱连线所形成的虚拟三角形之内和一定高度的上方不能有任何遮挡物，并且其中一名裁判员要能看清运动员的击球点。

## 二、击球

对方发球或还击后，本方运动员必须击球，使球直接越过或绕过球网装置，或触及球网装置后再触及对方台区。

## 三、失分

（1）未能合法发球。
（2）未能合法还击。
（3）击球后，该球没有触及对方台区而越过对方端线。
（4）阻挡。
（5）连击。
（6）用不符合规则条款的拍面击球。
（7）运动员或运动员穿戴的任何物品使球台移动。
（8）运动员或运动员穿戴的任何物品触及球网装置。
（9）不执拍手触及比赛台面。
（10）双打运动员击球次序错误。

（11）执行轮换发球法时，发球一方被接发球一方或其双打同伴，包括接发球一击，完成了13次合法还击。

## 四、一局比赛

在一局比赛中，先得11分的一方为胜方；10平后，先多得2分的一方为胜方。

## 五、一场比赛

单打的淘汰赛采用七局四胜制，双打淘汰赛和团体赛采用五局三胜制。

## 六、次序和方位

（1）在获得2分后，接发球方变为发球方，依此类推，直到该局比赛结束，或直至双方比分为10平，或采用轮换发球法时，发球和接发球次序不变，但每人只轮发1分球。

（2）在双打中，每次换发球时，前面的接发球员应成为发球员，前面的发球员的同伴应成为接发球员。

（3）在一局比赛中，首先发球的一方在该场比赛的下一局中应首先接发球。在双打比赛的决胜局中，当一方先得5分时，接发球一方必须交换接发球次序。

（4）一局中，在某一方位比赛的一方，在该场比赛的下一局应换到另一方位。在决胜局中，当一方先得5分时，双方应交换方位。

## 七、间歇

（1）在局与局之间，有不超过1分钟的休息时间。

（2）在一场比赛中，双方各有一次不超过1分钟的暂停。

（3）每局比赛中，每得6分球后，或决胜局交换方位时，有短暂的时间擦汗。

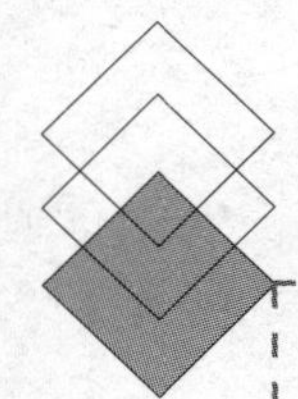

# 第五章 羽毛球运动

## 第一节 羽毛球运动的基本技术

### 一、握拍技术

正手握拍

反手握拍

#### （一）正手握拍

正确的握拍方法是先用左手拿住球拍杆，使拍面与地面垂直，其方式与手握菜刀相似，然后张开右手，使手掌下部（小鱼际）靠在球拍的握柄底托，虎口对着拍柄窄的一面，小指、无名指、中指自然地并拢，食指与中指稍稍分开，自然地弯曲并贴在拍柄上。（图5–1–1）

#### （二）反手握拍

一般说来，反手握拍有两种：一种是在正手握拍的基础上，把球拍框往外转，拇指伸直贴在拍柄的宽面上，食指、中指、无名指、小指并拢；另一种是正手握拍把球拍框外转，拇指贴在球拍柄的棱上，食指、中指、无名指、小指并拢。反手握拍时，手心与拍柄之间要留有空隙，这样握拍有利于手腕力量和手指力量的灵活运用。（图5–1–2）

图 5–1–1　　图 5–1–2

## 二、发球技术

### （一）正手发球技术

正手发球是在身体的右侧采用正拍面击球的一种发球方式，在实战中被广泛采用。正手可根据不同的战术需要发出不同的球，如后场高远球、后场平高球、后场平射球、网前小球等不同弧度的球。

**1. 正手发后场高远球**

【动作方法】两脚自然分开，左脚在前，脚尖对网，右脚在后，脚尖稍向右侧，身体重心放在右脚上；用左手拇指、食指和中指夹持住羽毛球中部，自然抬举于胸前方；右手正手握拍，自然屈肘举至身体的右后侧，呈发球前的准备姿势。击球时，持球手松开，使球自然下落，右手持拍，右臂自下而上沿半弧形做回环引拍动作，同时开始转体，在拍挥至身体右侧前下方击球点上的瞬间，前臂迅速内旋带动手腕闪动展腕发力，用正拍面将球击出，身体重心随转体动作逐渐由右脚移至左脚上。击球后，身体重心完全移至左脚上，持拍手随击球动作完成后的自然惯性向左上方挥动。在发球过程中，两脚均不能离开地面或移动。（图5-1-3）

正手发后场高远球

图 5-1-3

正手发后场平高球

**2. 正手发后场平高球**

【动作方法】准备姿势、挥拍动作和击球后的动作均与正手发后场高远球相同。击球时，以前臂带动手腕发力为主，向前推进击球。（图5-1-4）

图 5-1-4

**3. 正手发网前球**

【动作方法】准备姿势同发高远球。击球时，握拍要放松，上臂动作要小，主要靠前臂带

动手腕向前切送，用力要轻，使球落点在前发球线附近，发出的球要贴网而过。（图5–1–5）

图 5–1–5

**4. 正手发后场平快球**

【动作方法】准备姿势和击球后的动作均同正手发后场高远球，引拍动作较发后场高远球要小一些。击球时，拍面仰角较小，前臂内旋带动手腕快速闪动向前击球。击球点在规则允许的范围内可争取略高一些。

（二）反手发球技术

**1. 反手发后场平高球**

反手发后场平高球

【动作方法】站位靠近前发球线，右脚在前，左脚尖侧后点地，身体重心放在右脚上。左手拇指、中指、食指握住球的羽毛处，置于腹前；右臂屈肘稍向上提起，反手握拍，以反拍面将球拍自然置于腹前持球手的后面，两眼正视前方，呈发球前的准备姿势。击球时，左手放球的同时，持拍手前臂内旋，带动手腕展腕由后向前做回环半弧形挥动，击球时屈指收腕发力，反拍面向前上方将球击出。击球后，以制动动作结束发力，并注意将握拍姿势迅速调整为正手握拍。（图5–1–6）

**2. 反手发网前球**

反手发网前球

【动作方法】准备姿势、引拍动作和击球后的动作均与反手发后场平高球相同。击球时靠手腕和手指控制发球的力量，以斜拍面向前轻轻推送切击球托，使球尽可能低地沿网上方飞过并落入对方前发球线内。（图5–1–7）

图 5–1–6

图 5–1–7

**3. 反手发后场平快球**

【动作方法】反手发后场平快球与反手发后场平高球动作相同，击球时，尽可能地提高击球点，利用拇指的顶力，迅速向前推进击球。

## 三、接发球站位和姿势

### （一）单打站位

单打站位一般是在离发球线1.30～1.50米处，站在右发球区靠近中线的位置；在左发球区则站在中间的位置。这样站主要是防备对方直接进攻反手位。一般左脚在前，右脚在后，两膝微屈，收腹含胸，身体重心放在前脚上，后脚脚跟稍抬起。身体半侧向球网，球拍举在身前，目视对方。（图5–1–8）

### （二）双打站位

由于双打发球区比单打发球区短0.76米，发高远球易被对方扣杀，所以双打发球多以发网前球为主。接发球时，接发球员要站在靠近前发球线的地方。双打接发球准备姿势与单打的接发球姿势基本相同，只是接发球较大程度地前倾上体，身体重心可前可后，把球拍举得高些，在球飞行到网上最高点时击球，争取主动；要注意对方在右场区发平快球突袭反手位。（图5–1–9）

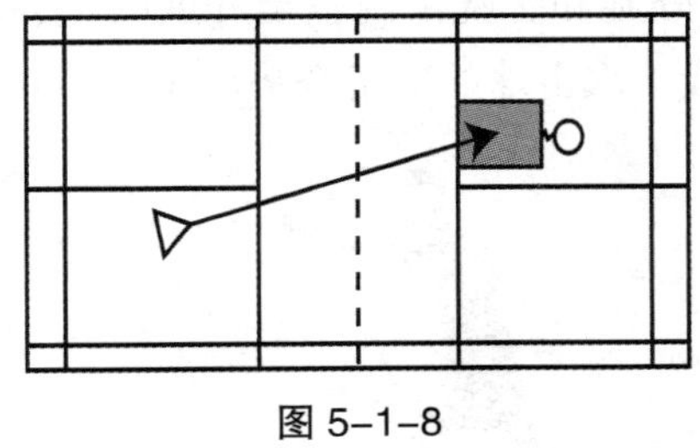

图 5–1–8

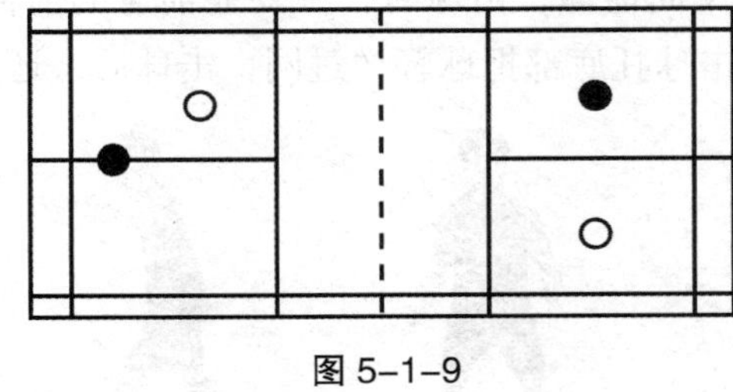

图 5–1–9

### （三）接发各种来球

对方发来高远球或平高球时，本方可用平高球、吊球或杀球还击。一般来说，接发高远球是一次进攻的机会，还击得好，就掌握了主动。一些初学者常因后场技术没掌握好，还击球的质量较差，以致遭到对方的攻击。（图5–1–10）

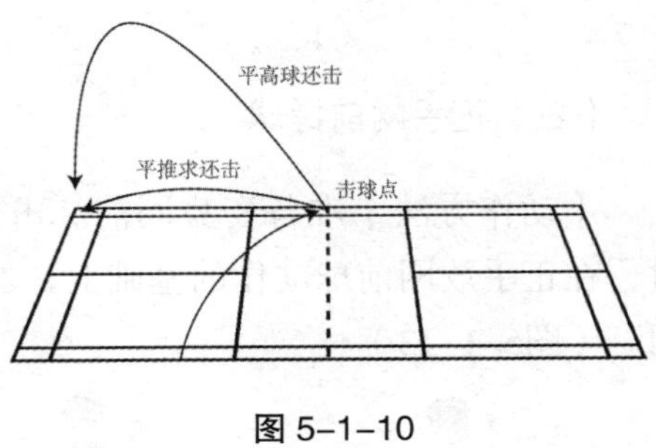


图 5–1–10

## 四、前场击球技术

### （一）正手放网前球

正手放网前球

【动作方法】侧对球网，右腿跨成弓箭步，身体重心放在右脚上，正手握拍，做好放网前球的准备。球拍随着前臂向右前上方斜举，当举球拍至最高点时，前臂开始外旋转动，手腕稍后伸，左臂自然后伸，起平衡作用。这就是网前进攻技术击球前期动作的一致性。击球时，前臂稍外旋，手腕由后伸至稍内收闪动，握拍手的食指和拇指夹住球拍，中指、无名指、小指轻握拍柄，使球拍在手腕和手指的挥摆用力下轻击球托，把球轻送过网。挥拍的力量、速度和拍面角度主要取决于来球离网的距离和速度。若来球离网远、速度快些，则放球时的力量要大些；反之，则力量小些。放球后，身体还原至准备姿势。（图5-1-11）

图 5-1-11

（二）反手放网前球

反手放网前球

【动作方法】击球前的动作要领同正手放网前球动作，只是方向相反，反手握拍，反面迎球；击球时，主要靠前臂的前伸、外旋和手腕由内收至外展的合力，轻击球托底部把球轻送过网；击球后，还原成下次击球的准备姿势。（图5-1-12）

图 5-1-12

正手搓球

（三）正手网前搓球

【动作方法】准备姿势同前。击球前，前臂稍外旋，手腕由后伸至稍内收闪动；击球时，在正手放网前球动作的基础上，加快挥拍速度，搓切来球的右下底部，使球旋转翻滚过网。（图5-1-13）

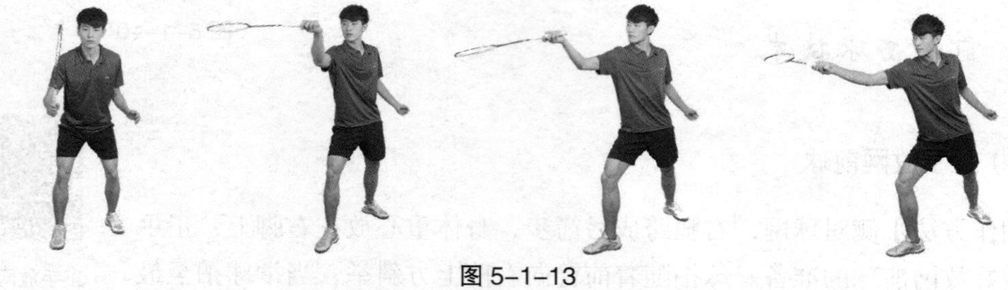

图 5-1-13

（四）反手网前搓球

【动作方法】准备姿势同前，击球前，主要靠前臂的前伸外旋和手腕由内收至外展的合力，搓击球的右侧后底部，使球侧旋滚动过网。另外，还可以前臂稍伸直，手腕由外展到内收，带动球拍向前切送，击球托的后底部，使球下旋滚动过网。（图5-1-14）

反手网前搓球

图 5-1-14

（五）正手网前推球

【动作方法】以正手握拍举于网前，球拍向右侧前上举。在肘关节微屈回收时，前臂稍外旋，手腕稍后伸，球拍也随着往右稍下后摆，拍面正对来球。这时，小指和无名指稍松开，使拍柄稍离开鱼际肌，目的是在推击球时，便于发挥指力的作用。拇指和食指稍向外捻动拍柄，拍面更为后仰。推球时，身体稍前移，右前臂前伸，并带内旋，手腕和手指控制拍面角度，手腕由后伸至伸直并闪腕，食指前压，小指、无名指突然握紧拍柄，拍子急速地由右经前上至左挥动推球，使球沿边线飞向对方后场底角。（图5-1-15）

正手推球

图 5-1-15

（六）反手网前推球

【动作方法】以反手握拍举于网前，球拍随着前臂往前上方伸举，前臂稍向左胸前收引，肘关节微屈，手腕外展，这时由反手握拍变成反手推球的握拍法，球拍松握，反拍面迎球。前臂在前伸的同时稍外旋，手腕由外展到伸，闪腕，中指、无名指、小指突然紧握拍柄，拇指顶压拍柄，往左边线方向挥拍。击球时，推击球托的后部，使球沿边线方向飞行；击球后，还原到击球前的准备姿势。（图5-1-16）

图 5–1–16

（七）正手网前勾对角线球

【动作方法】准备姿势同前。前臂前伸的同时稍外旋，手腕稍后伸，这时的握拍法稍有变化，将拍把稍向外捻动，使拇指贴在拍柄的宽面上，食指的第二指节贴在拍柄的背面宽面上，拍柄不触掌心。右手持球拍随着向右侧前挥动，拍面朝向对方右网前。击球时，前臂稍内旋往左拉收球拍，手腕由稍后伸至内收闪腕挥拍拨击球托的右侧下部，使球沿网的对角线飞行。拨击球时，手腕要控制拍面角度。击球后，还原到击球前的准备姿势。

（八）反手网前勾对角线球

【动作方法】准备姿势同前，采用反手握拍法，前臂前伸平举拍子。在身体前移的过程中，球拍随手臂下沉，由反手握拍变成反手勾球的握拍法，这时拍面正对来球。当来球过网时，肘部突然下沉，同时前臂稍外旋，手腕由微屈至后伸，闪腕，拇指内侧和中指把拍柄往右侧拉，其他手指突然握紧拍柄，拨击球托的左侧后部，使球沿对角线过网。（图5–1–17）

图 5–1–17

（九）正手网前扑球

正手扑球

【动作方法】左脚先蹬离地面，然后右脚向右网前蹬跃而起扑球。当身体往前倾时，正拍朝前。随手臂往右前伸，斜上举起球拍。蹬跳后，身体凌空跃起，前臂往前上伸，稍外旋，腕关节后伸，同时虎口对着拍柄的宽面，小指和无名指稍松开，使拍柄离开鱼际肌。击球时，手腕由后伸略内收闪动至外展。随着手腕的闪动，拍子从右侧向左前挥动，这时击球的力量主要靠身体前扑的冲力与前臂、手腕鞭打击球的合力。如果球离网顶较近，就要靠手腕从右前平行球网向左前的滑动挥拍扑球，这样可避免球拍触网违例。扑球后，球拍随手臂往右侧前下回收。（图5–1–18）

图 5-1-18

反手扑球

（十）反手网前扑球

【动作方法】反手网前扑球与正手扑球相似，唯方向在左网前。反手握拍，持于身体左侧前，当身体向左前方跃起时，球拍随着前臂前伸而前举，手腕外展，拇指顶压在拍柄的宽面上，食指与其他三指并拢，拍面正对来球。击球时，手臂伸直，手腕由外展至内收闪动，手指握紧拍柄，拇指顶压，加速挥拍扑击。击球后，马上屈肘，手腕由内收到外展，放松握拍，将球拍自然收至体前（以免触网违例）。（图5-1-19）

图 5-1-19

（十一）正手网前挑高球

【动作方法】准备动作同正手放网前球。击球前，前臂充分外旋，手腕尽量后伸；击球时，从右下向右前方至左上方挥拍击球。若向右前上方挥动球拍，则挑出的是直线高球；若向左前上方挥动球拍，则挑出的是对角线高球。（图5-1-20）

正手挑球

图 5-1-20

（十二）反手网前挑高球

反手挑球

【动作方法】准备动作同反手放网前球。击球前，右臂往左后拉抬引拍；击球时前，臂充分内旋，手腕由屈至后伸闪动，挥拍击球。若由左下向左前上方挥动球拍，则球向直线方向飞行；若由左下向右前上方挥动球拍，则球向对角线方向飞

行。（图5–1–21）

图 5–1–21

## 五、中场击球技术

### （一）挡直线网前球

【动作方法】该技术多用于接对方杀球。击球前，用接杀球的步法移至右场边线，身体右侧倾，手臂右转，前臂外旋，手腕外展。击球时，前臂内旋，稍翻腕，带动球拍由右下向前上方推送击球，把球挡向直线网前；也可以在击球时前臂由外旋到内收，带动球拍由右向前切送挡直线网前球。击球后，身体左转成正面对网，然后右脚上前一步，随身体左转将球拍收至体前。

### （二）挑高球

**1. 正手挑直线高球**

【动作方法】当对方杀向右边线球时，右脚向右侧跨一大步到位。随步法移动往右侧引拍，右臂稍向右后摆的同时稍带有外旋，手臂后伸到最大限度，使球拍迅速后摆，紧跟着右前臂急速向前摆动时略有外旋，手腕从后伸到屈腕并快速闪动，这时，肘起着“支点”作用，拍面对准来球，击球托的中下部，使球向直线防远方向飞行。击球后，前臂内旋，球拍往体前上方挥动。

**2. 反手挑直线高球**

【动作方法】击球前，前臂内旋，手腕外展，引拍至左侧前；击球时，前臂急速往右前方挥摆，手腕由外展至后伸闪动，握紧球拍，加上拇指的顶力，全速挥拍击球，使球直线飞行。若向对角线方向挥拍，则球向对角线方向飞行。

### （三）平抽球

中场平抽球技术主要是对付对方击来的弧线平于或稍低于网，且落点在中场附近的低平球时所采取的回击技术。在双打比赛中多采用这种技术。它的击球点在与肩同高处或在肩腰之间。因为来球的速度较快、弧线较平，所以击出的球速也较快、较平，因而中场平抽球也是一种对攻技术。它有正、反手中场平抽球和半蹲式中场平抽球两种。

#### 1. 正手平抽球

正手平抽球

【动作方法】两脚平行开立，稍宽于肩，右脚稍向右侧迈出一小步，同时上体稍往右侧倾，右臂向右侧上摆，上举球拍，肘关节保持一定角度。击球前，肘关节前摆，前臂稍往后带外旋，手腕稍外展至后伸，引拍至体后；击球时，前臂内旋，手腕伸直闪动，手指抓紧拍柄，球拍由右后往右前方高速平扫来球。（图5–1–22）

图 5–1–22

#### 2. 反手平抽球

【动作方法】右脚前交叉在身体左侧前，身体重心在右脚上，右手反手握拍在身体左侧前。击球前，肘部稍上抬，前臂内旋，手腕外展，引拍至左侧；击球时，在髋的右转带动下，前臂外旋，手腕由外展到伸直闪动，挥拍击球托的底部；击球后，球拍随身体的回动收回到右侧前。此外，不论是正手还是反手中场平抽球，其击球点都应争取在身体侧前方，这样做便于手臂的发力。（图5–1–23）

反手平抽球

图 5–1–23

## 六、后场击球技术

### （一）高远球

#### 1. 正手击高远球

正手击高远球

【动作方法】首先判断来球的方向和落点，侧身后退，使球在自己右肩稍前上方的位置。左肩对网，左脚在前，右脚在后，身体重心在右脚上；左臂屈肘，左手自然高举，右手持拍，右臂自然弯曲，将球拍举在右肩上方，目视来球。击球时，由准备动作开始，上臂后引，肘关节随之上提明显高于肩部，将球拍后引至头后，自然伸腕（拳心朝上），然后在后脚蹬地、转体和腰腹的协调用力下，以肩为轴，上臂带动前臂快速向前上方甩动手腕，在手臂伸直的最高点击球；击球后，持拍手臂顺惯性往前下方挥动并收拍至体侧。与此同时，左脚后撤，右脚向前迈出，身体重心由后脚移到前脚。（图5–1–24）

图 5–1–24

反手击高远球

**2. 反手击高远球**

【动作方法】首先判断准对方来球的方向和落点，迅速将身体转向左后方，步法到位后，右脚前交叉跨到左侧底线，背对球网，身体重心在右脚上，使球在身体的右肩上方。击球前，由正手握拍迅速换为反手握拍，并持拍于胸前，拍面朝上；击球时，以上臂带动前臂，通过手腕的闪动、自上而下的甩臂将球击出。在最后用力时，要注意拇指的侧压与甩腕的配合，同时还要利用两脚的蹬地、转体等协调全身用力。（图5–1–25）

图 5–1–25

击平高球

（二）平高球

【动作方法】击平高球与击高远球一样，只是在击球的一刹那，用力主要是向前方，使击出的球的弧线位置较低。平高球也可以用正手、反手或头顶击球技术来完成。其动作要领与正手、反手或头顶击高远球一样，所不同的是最后用力主要是向前方，而不是向前上方。因为平高球弧线不高，如果使用不当，易被对方拦截，所以在实战中，不管用哪种方法击平高球都应注意：若是打直线平高球，则弧线可低些；若打斜线球，则要高些；当对方在网前被动挑高球后，由于回场步法调整一般较慢，这时，本方可用较低弧线的平高球去袭击其后场，往往可以获得很好的效果。

（三）吊球

正手吊球

**1. 正手吊球**

【动作方法】劈吊（快吊）击球前期动作同正手击高远球。击球时，拍面正

面向内倾斜，手腕做快速切削下压动作。若劈吊斜线球，则球拍切削球托的右侧，并向左下方发力；若劈吊直线，则拍面正对前方，向前下方切削。（图5-1-26）

轻吊（拦截吊）击球前期动作同正手击高远球。一种轻吊击球时的拍面变化与劈吊基本一致，只是用力更轻些；另一种是击球时，拍面正击球托或借助于来球的反弹力用球拍轻挡，使球过网后贴网而下。后者多用于拦截对方击来的平高球和半场高球。

图 5-1-26

反手吊球

**2. 反手吊球**

【动作方法】反手吊球击球前的动作同反手击高远球，不同之处在于触球时拍面的掌握和力量运用。吊直线球时，用球拍反面切削球托的后中部，向对方右网前发力；吊斜线球时，用球拍反面切削球托的左侧，朝对方左网前发力。（图5-1-27）

图 5-1-27

（四）杀球

**1. 正手杀球**

正手杀球

【动作方法】正手杀球的击球前的准备姿势和击球动作与正手击高远球基本一样。身体后仰成反弓，收腹，靠腰腹带动胸、胸带动上臂、上臂带动前臂、前臂带动手腕，形成向下鞭打的用力，球拍正面击球托的后部，无切击，使球沿直线向前下方快速飞行。击球的一刹那要紧握球拍。击球后立即还原成准备姿势。（图5-1-28）

**2. 反手杀球**

【动作方法】反手杀球的准备姿势和击球动作与反手击高远球一样，只是最后用力的方向朝下，而且要加快手臂和手腕朝下的闪动；击球点应尽可能高些、前些，这样便于力量的发挥。

图 5-1-28

3. 腾空突击扣杀

【动作方法】击球前，右脚稍前，左脚稍后，上体稍前倾，屈膝，身体重心落在右脚上，准备起跳。起跳后，身体向右后方腾起，上体右后仰成反弓形，右臂右上抬，肩尽量后拉。击球前臂快速举起，从手腕后伸至前臂内旋，跟着屈收压腕鞭打高速向前下击球。杀球后，屈膝缓冲，右脚右侧着地，身体重心在右脚前；左脚在左侧前着地，并迅速还原成准备姿势。

## 第二节　羽毛球运动的基本战术

### 一、单打基本战术

战术是指运动员在比赛中根据双方的情况合理运用技术，有针对性地组织自己的球路以争取胜利的策略。在双方技术水平相当的情况下，正确运用战术就成了胜败的关键。所以，羽毛球运动员在抓好技术和身体素质训练的基础上，必须重视战术训练。

（一）发球战术

（1）保持发球技术动作的一致性：做到各种发球技术的前期动作一致，就能使对方无法预测发球的时机和意图，迫使接发球队员多方防备而造成回球质量差，使自己有机会发起主动进攻。

（2）要掌握发球的时间差：每次发球时，从准备发球到球发出去（球从拍面弹出）的时间长短可有差异，这样，往往会造成对方判断错误而被动接球或接球失误（但应该注意不要出现发球违例现象）。

（3）要机动地变换发球点和发球的弧线，将球发向对方接球能力最薄弱的位置。

（4）要善于发现和把握对方接发球的习惯路线，重点防备，抓住战机，争取一拍结束战斗。

（二）接发球战术

要全面掌握接发球技术，充满信心地迎击各种发球。在接球时，能一拍结束战斗是最理想的，但也不要在条件不允许的情况下勉强行事。接发球要力争不让对方有直接进攻的机会，把球回击到远离对方所站的位置，或者回击到与对方移动方向相反的位置，或者回击到对方技术薄弱的环节上，迫使对方被动回球。为此，队员在接发球时要做到精力高度集中，见机行事。

（三）发球抢攻战术

一般以发网前球结合发平快球、平高球开始，如果对方接发球质量较差，第三拍就主动进攻。

（四）压后场战术

对后场还击能力较差的队员，可以攻对方后场底线两角（尤其是反手场区），本方待对方回球质量差时发起进攻，或乘对方注意力集中在后场时突然吊网前球。

（五）攻前场战术

对网前技术较差的队员，本方可以多吊球和放网前球使其在网前的对击中失误，或在对方勉强回击成高球时进攻其后场。

（六）四方球结合突击战术

若对方步法较慢，体力较差，技术又欠全面，本方可以用平高球压对方后场底线两角和吊对方网前两角来调动对方，在对方回球质量差或站位不当时发起进攻。

## 二、双打基本战术

（一）发球与接发球战术

双打发球应以发网前低球为主，以避免发球下压进攻，结合发一些后场平高球。平高球应突然发向接球员接球能力最薄弱的位置。接发球时，如果对方发网前球弧线较高，本方最好能快速上网扑杀（这是最有威胁的接发球手段），不能扑杀的争取以搓、推技术回击，迫使对方向上挑球，为本方后场进攻创造机会。接发球应尽量不用挑高球，以避免发球方（第三拍）的进攻。接发球的球路要有变化，不要只用习惯性的固定球路回击。

（二）发球抢攻战术

本方应以发网前球为主，结合运用平快球和平高球，抓住对方接发球的习惯性球路和弱点，抓住战机，突击或封网扑杀。

（三）攻中路战术

当对方采用左右并列站位时，中间的位置是容易出现配合失误的地方，本方可攻其中路，乱其阵脚，伺机制胜。

（四）避强打弱战术

如果对方二人的技术水平悬殊，本方可重点进攻弱者。如果强者争打来球，场上必然会出现较大的空当，本方可乘虚击之。

# 第三节　羽毛球竞赛规则简介

## 一、比赛场地和设施

比赛场地呈长方形，长13.4米，单打场地宽5.18米，双打场地宽6.10米。奥运会羽毛球场地净空高度必须在12米以上，场地必须是铺在木板上面的塑胶羽毛球场地。羽毛球网柱高1.55米，用铁质材料制成。标准的网柱由柱杆及柱底盘两部分组成。靠近柱杆中部设有一滑轮装置，用于扣紧拉挂球网的绳索。柱底盘由一定重量的铁块构成，同柱杆下端连接在一起，以保持网柱重心的平衡。球网全长6.10米，宽0.76米，球网的上沿是用7.5厘米宽的白带对折成的夹层，用绳索或钢丝从夹层穿过，并悬挂在两端的网柱上。球网中央顶部距离地面高度为1.524米，在网柱上两端距离地面1.55米。球网一般用深绿色或深褐色的拉伸性较小的尼龙绳，以边长15～20毫米的小方孔均匀编制而成。（图5-3-1）

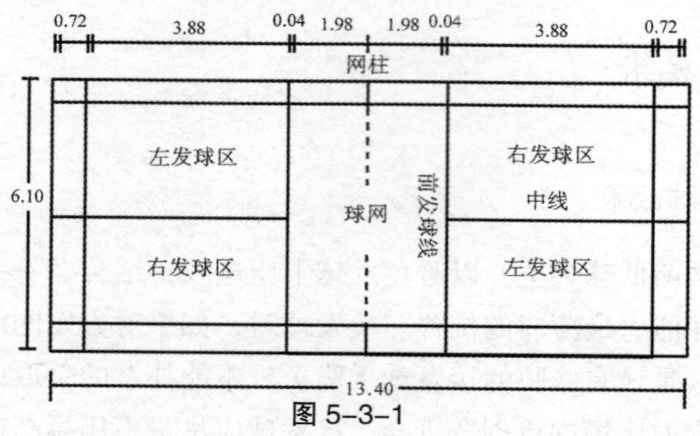

图 5-3-1

## 二、比赛规则简介

（一）计分方法

国际羽毛球联合会（简称国际羽联）于2006年5月在日本东京举行的年度代表大会上，

正式决定将比赛由15分制改为21分的新赛制。2006年5月在日本东京举行的汤姆斯杯和尤伯杯赛上率先试行3局21分的赛制。这一赛制已成为所有羽毛球国际大赛的通用赛制。21分的赛制对于提高运动员的积极性、减少运动员受伤及电视转播等方面较15分制有更大的优势。

国际羽联新的计分规则实行每球得分制，所有单项的每局获胜分皆为21分，最高不超过30分。每场比赛采取三局两胜制，率先得到21分的一方赢得当局比赛。当双方比分为20：20时，获胜一方至少超过对手2分才算取胜；双方比分打成29：29时，那么率先得到第30分的一方获胜。首局获胜一方在接下来的一局比赛中率先发球。

### （二）站位方式

**1. 单　打**

当发球员的分数为0或偶数时，双方运动员均应在各自的右发球区发球或接发球；当发球员的分数为奇数时，双方运动员均应在各自的左发球区发球或接发球。

**2. 双　打**

（1）比赛中，当发球方的分数为0或偶数时，发球方应从右发球区将球发向对方场地的右接发球区；当发球方的分数为奇数时，发球方应从左发球区将球发向对方场地的左接发球区。比赛中，只有当一方连续得分时，发球员才必须在右或左发球区交替发球，而接发球方队员的位置不变。其他情况下，选手应站在上一回合的各自发球区不变，以此保证发球员的交替。

（2）双打比赛无论是在开始还是在赛中，皆为单发球权，也就是说每次一方只有一次发球权。发球方失误不仅丢失发球权也将丢失1分，若这得发球权的一方得分为奇数时，则必须是位于左发球区的队员发球；若此时得发球权的一方得分为偶数，则必须是位于右发球区的队员发球。

（3）双打比赛只有接发球队员才能接发球，若其同伴接发球或被球触及则“违例”，判发球方得分。当发球被回击后，球可由二人中任一人击回，且不得被连击，如此往返直至死球。

（4）双打比赛发球时，发球员和接发球员必须站在规定的发球区和接发球区内发球和接发球，他们的同伴站位可以不受限制，但不得妨碍同伴。运动员发球和接发球顺序不得有误。

### （三）赛中间隙方式

每场比赛均采用三局二胜制。当任一方在比赛中得到11分时，双方队员将休息1分钟；两局比赛之间的休息时间为2分钟。

### （四）比赛中常见的违例

**1. 发球违例（由发球裁判员判罚）**

① 发球时，在击球的瞬间，整个球离地面高度不超过1.15米。否则，将判违例。

② 挥拍有停顿：发球开始后，有不正当的延误击出发球或挥拍动作不连贯，将判违例。

③ 脚移动、触线或不在发球区内：自发球开始至发球结束，发球员或接发球员的两脚都必须有一部分与球场地面接触，不得移动，且都必须站在斜对面的发球区内，脚不得触及发球区或接发球区的界线。否则，将判违例。

④ 最初击球点不在球托上或发球时未能击中球，将判违例。最初击球点不在球托上是指发球时，球拍先触及羽毛或同时击中羽毛和球托。

**2.其他违例（由主裁判判罚）**

（1）发球时，球没有落在规定的接发球区内，将判违例。例如，发出的球没有落于对角的场区内或不过网，或挂在网上、停在网顶等。

（2）双打接发球队员的同伴去接发球或被球触及，将判违例。

（3）球从网上或网孔穿过，或触及天花板，或触及运动员的身体、衣服，将判违例。

（4）球触及球场或其他物体或人，将判违例。

（5）击球点超过网的向上延伸面，即运动员在对方场区，上空击球，将判违例。

（6）运动员的球拍从网上、网下侵入对方场区导致妨碍对方或分散对方注意力，或妨碍对方、阻挡对方靠近球网的合法击球，将判违例。

（7）同一运动员连续两次挥拍击中球，或双打的同方两名队员连续各击中球一次，将判违例。

（8）球停在球拍上，紧接着被拖带抛出，将判违例。

（9）运动员严重违反或屡次违反比赛的连续性的规定或运动员行为不端，将判违例。例如，擅自离开比赛场地喝水、擦汗、换球拍及接受场外指导等，或故意改变球形、破坏羽毛球或举止无礼等。

（五）重发球

（1）重发球时，原回合无效，由原发球员重新发球。

（2）除发球外，球过网后，挂在网上或停在网顶，判重发球。

（3）发球时，发球员和接发球员同时被判违例，判重发球。

（4）发球员在接发球员未做好准备时，将球发出，判重发球。

（5）球在飞行时，球托与球的其他部分完全分离，判重发球。

（6）裁判员对该回合不能做出判决时，将判重发球。

（7）出现意外情况，判重发球。

（六）交换场区

（1）第一局比赛结束时，双方应交换场区。

（2）第二局结束，在第三局比赛开始前，双方应交换场地。

（3）在第三局比赛中，领先一方比分达到11分时，双方应交换场地。

（4）若应交换场区而未交换时，一旦发现，在死球后立即交换，已得分数有效。

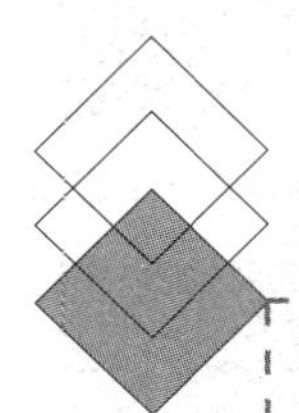

# 第六章 网球运动

## 第一节 网球运动的基本技术

### 一、握拍法

握拍方法主要有东方式握拍、大陆式握拍、西方式握拍和双手握拍。不同的握拍方法是根据手掌“虎口”对准的拍柄的各条棱或面而确定的。拍柄分为8条棱或8个面。（图6–1–1）

上平面
左上斜面
右上斜面
1 2
8 3
左垂直面
右垂直面
7 4
6 5
左下斜面
右下斜面
下平面

图 6–1–1

（一）东方式握拍（正手式、反手式）

【动作方法】东方式正手握拍法也称“握手式”握拍法。拍面与地面垂直，手握拍柄好像与人握手，也就是手掌“虎口”对准拍柄的2棱或右上斜面，五指紧握拍柄，食指稍离中指（图6–1–2）。东方式反手握拍是“虎口”对准拍柄的8棱或左上斜面，五指握紧拍柄（图6–1–3）。东方式正、反手握拍法转动不太大，但是当球打到身体另一侧，要变换握拍去迎击时，必须调整握拍。

东方式握拍

（二）大陆式握拍

【动作方法】大陆式握拍法，又称握锤式握拍，正、反手采用同一种握拍法，不需要变换握拍方式，适宜发球和网前截击。正确的握拍方法是“虎口”对准拍柄的1棱或上平面，五指紧贴拍柄（图6–1–4）。此握法需要很强的手腕力量和把握准确的击球时机，一般不太好掌握。

大陆式握拍

（三）西方式握拍（半西方式、超西方式、西方式反手）

西方式正手握拍

双手反拍握拍

【动作方法】西方式正手握拍，是将球拍平放在地上，手掌从上面握住拍柄（图6-1-5）。此时“虎口”对准4 棱或右下斜面是西方式正手握拍；“虎口”对准3棱或右垂直面是半西方式正手握拍；“虎口”对准5棱或下平面是超西方式正手握拍。五指紧握拍柄。西方式反手握拍是将正手握拍时的球拍面翻过来，用同一拍面击球。（图6-1-6）

（四）双手握拍法

【动作方法】双手握拍一般用于反手击球，变化很多。常见的一种握拍方法是左手的东方式正手握拍加上右手的东方式反手握拍。右手握在拍柄底端，左手握在拍柄上端。双手握拍也用于一些少儿、女子的正手击球，握法与双手反拍相同，但是左右手的上下位置是颠倒的。（图6-1-7）

图 6–1–2

图 6–1–3

图 6–1–4

图 6–1–5

图 6–1–6

图 6–1–7

## 二、正拍击球技术

正拍击球技术

（一）基本技术（图 6–1–8）

### 1. 准备姿势

【动作方法】面对球网，两脚向前自然分开，与肩同宽，两膝微屈，上体略前倾，身体重心落在两脚之间，右手握拍，左手轻托拍颈，两肘微屈，将球拍舒适地放在身前，拍面垂直于地面，拍头指向对方，目视对方来球，做好击球准备。

图 6–1–8

**2. 后摆引拍**

【动作方法】当判断来球须用正拍回击时，两脚转动，左脚跟抬起并向右侧前方上步，右脚右转90°，与底线平行，同时转肩、转髋带动右手向后摆动引拍（此为关闭式步法，适用于初学者转体；另一种为开放式步法，左脚不必上步，两脚平站但需要更多的向右转体动作）。引拍时，肘部弯曲，自然下垂，拍头低于膝盖，左手伸向前方，保持身体平衡。后摆引拍时，身体重心移向右脚，左肩对着右侧的网柱，手腕固定，挥拍转动约180°，拍头指向后挡网。

**3. 击球动作（前挥击球）**

【动作方法】手臂从后摆进而向前挥动时，手指紧握球拍，手腕后伸、固定，用力蹬脚，转动身体的同时挥拍，击球挥拍时，拍头是自上而下地挥动，使球稍带上旋。正拍的击球点在身体的右侧前方不超过腰的高度，击球时的挥拍速度最快，球打在拍面的中心。

**4. 随挥跟进动作**

【动作方法】球触拍后，使拍面平行于网的时间尽量长些，把拍沿着球飞行的方向前送，身体重心前移落在左脚，身体也随着转向球网，挥拍动作在左肩上方结束，拍头指向上方高出头部。随挥跟进动作要比后摆动作大而充分，可保证击球的稳定性。随挥跟进结束后，立即恢复准备姿势。

（二）几种不同的正手击球方法

**1. 上旋球**

正拍上旋球是球拍自后下方向前上方挥动，摩擦整个球体，使球产生由后下方朝前上方的转动，故叫作上旋球。上旋球的特点是飞行弧度高，下降快，落地弹起的反射角度较小，前冲力较大，同时又具有较强的进攻性和较低的失误率。

【动作方法】打上旋球是在基本技术的基础上，拍面适当后仰，拍头要低于击球点，由后下方向前上方挥出，击球的后上方。

**2. 下旋球**

与上旋球相反方向的是下旋球，俗称“削球”。下旋球的特点是球的飞行时间长，球速慢，落地后弹起也很低并伴有回弹（走）现象。

【动作方法】击球时，球拍稍向后倾斜，由后上方至前下方挥拍，打球的后下部使球产生下旋。球是由前上方向后下方旋转并向前飘行，过网时的高度很低。

**3. 平击球**

平击球时，挥拍击球的路线较平缓。用同样的力量击球，平击球的球速最快，球落地后前冲力大，球的飞行路线较平直，但其准确性和控制力较差，因此这种击法在比赛中较少使用。

【动作方法】击球时，拍面几乎垂直于地面，击球的正后部。

**4. 侧旋球**

【动作方法】击球时，球拍由后部向内侧平行挥动（也称“滑击”），使球产生由外向内的侧旋转，故称侧旋球。这种球飞行路线呈水平向外侧的弧线飞行，落地后向外跳，常用于正拍直线进攻。

反拍击球技术

## 三、反拍击球技术

### （一）基本技术（图 6-1-9）

图 6-1-9

**1. 准备姿势**

【动作方法】面对球网，两脚向前自然分开，与肩同宽，两膝微屈，腰部略向前，用非握拍手轻托拍颈，拍头与下巴齐平，两肘弯曲，将球拍舒适地伸在体前，上体前倾，身体重心落在两脚之间。当判断对方来球朝反拍方向飞来时，轻握拍颈的左手应迅速帮助右手握拍变换为反拍握拍。

**2. 后摆引拍**

【动作方法】向左转髋，带动右手向左后方摆动，左脚左转90°，与底线平行，同时右脚向左前方上步，右肩对着球网，手腕绷紧、后伸，两肩夹紧，右手拇指靠近左腿的上部。后摆时，肘关节自然弯曲、下垂，身体重心移至后方的脚上。反拍的后摆动作应比正拍后摆更早地完成。单手反拍时，左手可轻托拍颈，伴随着向左转的协调动作；若是双手反拍挥臂，需要更充分的转体动作，右肩转向左侧的网柱。

**3. 前挥击球**

【动作方法】手臂从后摆进入向前挥动时，手指应紧握球拍，手腕固定，右脚与网成45°，转动两肩部、躯干和臀部，挥拍向球，反拍的击球点应在身体的左侧前方。击球时，球拍与右脚应在一条直线上；击球瞬间，拍头的挥动速度最快，对准来球把球打正，肘部应伸直，球拍与手齐平，身体重心从后脚移向前脚。

**4. 随挥动作（跟进）**

【动作方法】击出球后，拍面平行于网的时间尽量长些。把拍沿着球飞行的方向前送，球拍随球向前的距离小于60厘米。身体重心前移，落在右脚上，身体也随着转向球网，挥拍动作在右肩上方结束，拍头指向上方（削击球则不同）。完成好随挥动作有助于控制球的落点和方向。随挥动作要比后摆动作大而充分，从而保证击球动作的完整和稳定。随挥动作结束后，身体转向球网，迅速恢复原来的准备姿势，准备下一次击球。

（二）几种不同的反拍击球方法

**1. 上旋球**

球拍自左后方向前上方挥击，这时球由后下方向前上方旋转，故称为上旋球。要想产生急剧上旋，须加大向上提拉的幅度。上旋球的最大优点是便于加力控制，尤其在快速跑动中，其他打法容易失误，而上旋球有较大的把握。因为上旋球的飞行路线呈彩虹状，过网后有急剧下降的特点，可以打出短的斜线球，把对方拉出场外，本方回击取得主动，同时也是破坏对方上网的有力武器。较低的上旋球落在对方上网人的脚下，会使其难以还击。

**2. 下旋球**

与上旋球方向相反，下旋球是队员由后上方向前下方挥拍，打在球的后下部，使球产生由后前方向下方的旋转，成下旋球。下旋球的飞行路线是向上的弧线，过网时很低，但可以打对方的深区（后场），落点容易控制，比较稳健和准确。下旋球常用于随击上网，可以协调连贯地把随击与上网结合起来，利用球的飞行时间和深而准的落点冲至网前截击；也可以作为变换旋转和节奏的打法，扰乱对方取得主动。

**3. 平击球**

挥拍击球的路线是从后向前上方较平缓的弧球。击球时，拍面几乎垂直于地面，击球的正后部，用同样的力量击球，此击球方法的球速最快，球的飞行路线最平直，球落地后的前冲力量也较大，但准确性较差，尤其在快速奔跑中用平击球的打法很难控制球的准确性，易造成球失误或出界。

**4. 侧旋球**

击球前的动作与平击相似。击球时，球拍由后部向内侧“滑击”（平挥动），使球产生由外向内的侧旋转，球飞行路线为水平向外侧的弧线，球落地后向外跳。侧旋球常用于正拍直线进攻。

## 四、发球技术

发球技术

在现代网球运动中，发球技术是非常重要的，是唯一由自己掌握的击球法。它可以不受对方制约，在较大程度上能够发挥出个人的特点，用以控制对方，为自己进攻创造有利条件。发球基本技术包括准备姿势、抛球与后摆、挥拍击球和随挥动作。（图6–1–10）

图 6–1–10

（一）准备姿势

【动作方法】采用大陆式或东方式反拍握拍法，全身放松，侧身站立在端线外中场标记近旁边（单打），左肩对着左边网柱，面向右边网柱，两脚分开，约同肩宽，左脚与端线约成45°角，右脚约与端线平行身体，重心在左脚上。左手持球，右手轻托球拍在腰部，拍头指向前方。呼吸均匀，精力集中。

（二）抛球与后摆

【动作方法】抛球与后摆拉拍动作是同步开始的，持球手拇指、食指和中指三指轻轻托住球，掌心向上。当手臂向下、向后引拍时，持球手同3降至右腿处，紧接着，当持拍臂从身后向头上方做大弧度摆动，同时转体、屈膝、展肩时，持球手柔和地在身前左侧上举，直至高及头顶。抛球动作要协调、平稳，将球送至最高点再松开手指，将球抛向空中。此时，右肘向后外展，约同肩高，拍头指向天空，左侧腰、胯成弓形，身体重心随着抛球开始先移向右脚，然后平稳地前移。此刻，肩与球网成直角。

（三）挥拍击球

【动作方法】当左手抛出球时，球拍继续向上摆起，这时握拍手所在臂的肘关节放松，可以使向前转动的身体和右肩自动地使手臂产生一个完美的绕圈（注意不是故意让拍子去做搔背动作）。当球下降至击球点时，迅速向上挥拍击球，右脚蹬地，使手臂和身体充分伸展，当身体向前上方伸展击球时，肩、手臂已经回转，两肩部与球网平行。挥拍击球时，持拍手腕带动前臂有一个旋内的“鞭打”动作，这就是发球发力的关键动作，也是其他诸如身体重心前移、蹬腿、转体、挥拍等力量聚集的总和。

（四）随挥动作

【动作方法】球发出后，身体向场内倾斜，保持连续的、完整的、向前上方伸展的随挥动作。球拍挥至身体的左侧，身体重心移向前方，做到完全自然地跟进，并保持身体平衡。

## 五、接发球

（一）握拍法

【动作方法】接发球应根据运动员习惯的握拍法来决定。大陆式握拍，正、反拍无须换握拍；东方式、西方式或混合式握拍的正、反拍击球须换握拍，当球一离开对方的球拍时，本方就应该决定是否要转变握拍。

（二）准备姿势及站位

【动作方法】接发球的准备姿势只要能以最快的速度还击球就行。对方发球前，本方

可以是膝盖弯曲，两腿叉开；当对方抛球准备击球时，本方身体重心升起，两脚快速交替跳动，并判断来球，迎前回击。接发球站位要根据对方的发球水平和自己的接发球水平、习惯、场地、快慢和战术需要来确定，一般应站在对方能发到内外角的角平分线上，接第一发球时站位稍后些，接第二发球时站位略前。

（三）击球动作

击球动作根据对方发球好坏、速度快慢而定。动作一般介于底线正、反拍击球动作和截击球动作之间。对发球差的选手，可用自己的底线正、反拍动作来接对方的发球；对发球好、速度快的选手，可用网前截击的动作来顶接对方的发球，这样击出的球很有威胁力。

## 六、截击技术

截击技术是网前的一种攻击性击球方法，即在球落地之前，便将来球击回对方场地。截击技术分为正手截击和反手截击两种。

截击技术

（一）基本技术

**1. 握拍法**

截击一般是在网前进行，因此，在较短的时间里不可能有充足的时间让你变换正、反握拍法，较合适的握拍法就是用大陆式握拍，它不用变换正、反手握拍，能自如地进行各种凌空截击。

**2. 准备姿势**

【动作方法】两脚自然开立，两腿微屈，上体前倾，面向球网，左手扶住拍颈，右手握拍，目视来球，球拍放于体前，拍头略高。

（二）正手截击

当球飞向正手时，肩部稍微转动，球拍与肩平行。后拉拍要稳固，不得过肩。在向前挥拍的同时，左脚朝球飞行的方向迈步；保持手腕固定并在身体前方击球。随挥动作要短，以便快速回到准备接下一个球的位置。（图6–1–11）

图 6–1–11

（三）反手截击

【动作方法】当球飞到反手位时，肩部稍微转动，球拍与肩平行。后拉拍要稳固。在向前挥拍时，右脚朝球飞行的方向迈出；保持手腕固定并在身体前方击球。随挥动作要短，以便快速回到准备接下一个球的位置。（图6–1–12）

图 6-1-12

## 七、高压球

### （一）高压球的种类

高压球是一项强攻性技术，可分为凌空高压球、落地高压球、前场高压球、后场高压球等几种，其动作与发球相似。一般来说，打高压球就意味着得势、得分。

### （二）基本技术

高压球完整运动如图6-1-13所示。

图 6-1-13

**1. 握拍及准备**

高压球采用的是大陆式握拍法。上网或在上网途中随时都要准备，并且是心理上的准备，动作外形与一般情况无异。

**2. 后摆球拍**

【动作方法】以准备姿势为基础，在脚步开始调整、身体位置相应变化的同时转体、侧身，并以最便捷的动作将球拍摆至肩上。

**3. 挥拍击球**

【动作方法】判断准击球点并移动到位后，以两脚为支撑向击球点方向蹬地、转体、收腹（反弹背弓），继而挥拍击球。发力程序和感觉与发球相似，击球点在能保证球过网的前提下，其位置越靠前越利于发力和控制球出手的角度，越靠前越具有杀伤性，这与发球时力争高点是不同的。到达击球点时，身体应已完全面向对方（已完成转体），收腹（反弹背弓）的强劲势头也爆发于此点。

4. 随挥

【动作方法】高压球的随挥动作与发球类似，击球过网后，顺势将球拍收于持拍手异侧的腿侧即可。

## 第二节　网球运动的基本战术

### 一、单打基本战术

通常的单打比赛开始时，双方都用自己最擅长的技术迎战。在摸透对方的战术后，本方改变战术策略，以达到使对方失去节奏、消耗对方体力、最终赢得比赛的目的。

（一）发球战术

因为发球是最不受对方制约的技术，所以一定要充分利用发球，争取拿下发球局，掌握主动权。然而，一成不变的发球会使对方很容易适应，并找到对付你的方法。你也许侥幸拿下了第一个发球局，但第二个、第三个发球局你就危险了。发球时，发球员应将内角、外角、中路三种路线结合起来，上旋、侧旋、平击多变化。

（二）接发球战术

接发球战术目的是从被动变为主动。面对快速的发球，接球员不要急于加力回球，这样往往失误较多。如果对方反手较弱，那就打对方的反手；如果对方发球动作较大，就打追身球，令其没有时间调整步法。

（三）发球上网战术

如果发球员能准确、快速地发出外角球，那就准备上网。注意不要一次冲到近网，这样会没有回旋的余地。发球员发球后，在发球线附近停顿一下，仔细观察对方回击球的情况，采取下一步行动。上网的要点是选择适当的时机，把球发到外角时，对方接球的另一侧是空场，也就是说，若对方想把球回到场内，则其必须把球从靠近发球区的这一侧的球网上方回过来，否则球一定出界，所以你只须防住自己发球的这个区域的来球就可以；若对方的回球质量不高，发球员可以截一个深球或者放一个小球到对方的空场区，从而轻松得分。

### 二、双打基本战术

双打比赛和单打比赛有很大的差别，双打更多地依赖配对的两号球员的默契配合及网前的截击技术。网球双打比赛通常有以下常用的战术。

（一）双上网进攻型

男、女职业选手常采用双上网进攻型战术。双上网进攻型战术是近年来职业网球双打比赛中采用最多的战术。发球方发球后上网，接发球方也采用积极的进攻型接发球上网，双方四人均来到网前，以小斜线截击或其他方式得分。① 发球员发出刁钻的一发后上网，在发球线处截击，将球打到接发球方脚下，待接发球方回球时跟进到网前，在网前打出直接得分球。② 接球员选择进攻型的接发球，将球回到发球员脚下，同时迅速上网，在发球线处截击，把球打到对方中间结合部，再来到网前，找机会打出得分球。③ 发球员搭档根据发球落点，适时调整网前位置，盯住接球方，判断回球方向，及时上前抢网，同时注意防守双打边线和单打边线之间区域的直线穿越球。④ 接球员搭档在发球线附近防守发球员搭档的截击球，同时要提防发球方的第一次截击球，根据来球，来到网前打出小斜线球或高压球，从而得分。

（二）双上网防守型

男子职业选手常采用双上网防守型战术。由于在双上网进攻型战术中，两人太靠近球网，无法照顾到挑高球，因此双上网防守型战术的重点是接发球员接发球上网后，只来到发球线附近，防守发球方的挑高球，且大部分球由此人处理，接发球员搭档则伺机打出截击球或高压球，从而得分。① 发球员发出刁钻的一发后上网，在发球线处截击，将球打到接发球员脚下，待接发球员回球时跟进到网前，在网前打出直接得分球。② 接球员选择进攻型的接发球，回到发球员脚下，同时迅速上网，在发球线处截击，把球打到对方中间结合部，同时防守对方打出的挑高球，把得分机会让给网前搭档。③ 发球员搭档根据发球落点，适时调整网前位置，盯住接发球员，判断回球方向，及时上前抢网，同时注意防守双打边线和单打边线之间区域的直线穿越球。④ 接球员搭档在发球线附近，防守发球员搭档的截击球，同时要提防发球方的第一次截击球，根据来球，来到网前打出小斜线或高压球，从而得分。

## 第三节　网球竞赛规则简介

### 一、比赛场地和设施

双打场地的标准尺寸是：23.77米×10.97米，单打场地的标准尺寸是：23.77米×8.23米。在端线、边线后应分别留有不小于6.4米、3.66米的空余地。两个网柱间的距离是12.80米。网柱顶端距地平面1.07米，球网中心上沿距地平面0.914米。（图6–3–1）

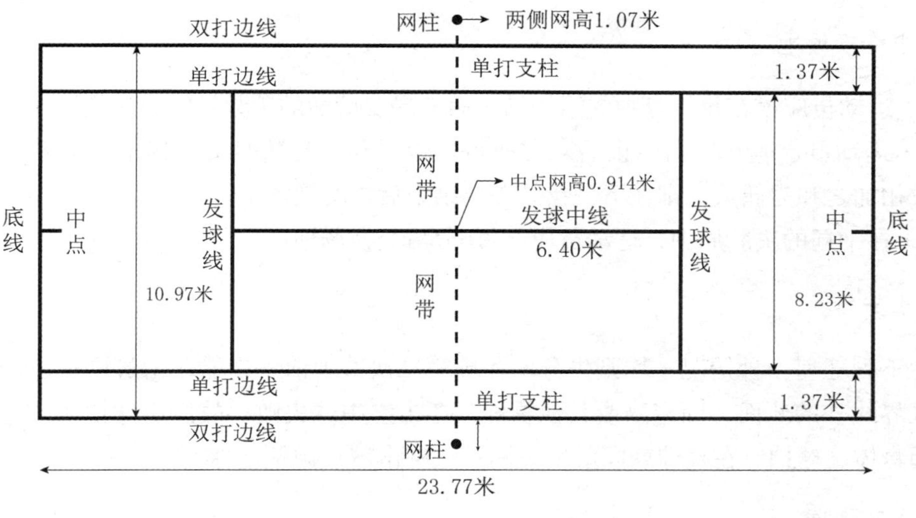


图 6-3-1

## 二、比赛规则简介

### （一）场地和发球的选择

场地的选择及第一局中作为发球员还是接球员的权利在准备活动前由掷硬币来决定。掷币获胜的一方可以选择：

（1）在第一局比赛中作为发球员或接球员，在这种情况下应由对方选择在比赛的第一局所处的场地。

（2）比赛的第一局拥有场地选择权，在这种情况下，应由对方选择第一局作为发球员或接球员。

（3）要求对方做出上述中的一个选择。

### （二）发球

发球员在马上开始发球动作前两脚站应在端线后（即远离球网的一侧）、中心标志的假定延长线和边线之内；接着，发球员应用手将球抛向空中的任何方向，并在球触地前用球拍将球击出；在球拍与球相触或没击中球的那一时刻，发球动作即被认为已经结束。只能使用一只手臂的运动员，可以用球拍抛送球。

### （三）交换发球

第一局结束后，接发球员在下一局中成为发球员，发球员则成为接发球员。以后每局终了，均依次互相交换，直至比赛结束。

## （四）交换场地

（1）运动员应该在每一盘中的第一局、第三局及后面的单数局结束后交换场地。

（2）运动员也应在每盘结束后双方所得局数之和为奇数时交换场地。如果一盘结束后双方局数相加之和为偶数，则在下一盘第一局结束后再交换场地。

（3）在平局的决胜局中，运动员应在每6分后交换场地。

## （五）失分

发生下列任何一种情况，均判失分：在球第二次着地前，未能还击过网；还击的球触及对方场区界线外的地面、固定物或其他物件；还击空中球失败；故意用球拍触球超过一次；运动员的身体、球拍，在发球期间触及球网；过网击球；抛拍击球。

## （六）压线球

落在线上的球算界内球。

## （七）活球期

自球发出时起（除失误或重发外），至该球分胜负判定时止，为活球期。

## （八）网球双打规则

单打规则均适用于双打，但双打规则也有自己的特殊规定。

### 1. 发球次序

在每盘第一局开始前决定发球次序，由发球方决定由何人首先发球；对方则同样地在第二局开始前决定由何人首先发球。第三局时由第一局未发球方的球员发球，第四局由第二局未发球的球员发球。以下各局均按此次序轮换发球。

### 2. 接球次序

与发球次序一样，每盘比赛开始前要决定接球次序，即先接球的一方应在第一局开始前决定由谁先接发球，并在这盘单数局继续先接发球。对方同样应在第二局开始前决定由谁先接发球，并在这盘双数局继续先接发球。他们的同伴应在每局中轮流接发球。

### 3. 发球次序错误与接球次序错误

发球次序错误应在发觉时立即纠正，但已得的分数或已产生的失误都有效。如发觉时全局已经终了，此后发球次序就以该局为准轮流发球。

接球次序错误发觉后，仍按已错误的次序进行，等到下一接球局再进行纠正。

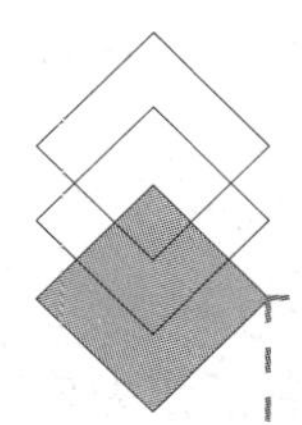

# 第七章

# 跆拳道运动

## 第一节　跆拳道的基本技术

跆拳道

### 一、跆拳道的基本拳法

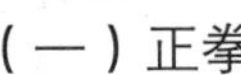

拳法

拳是跆拳道重要的攻击和防守工具，拳法在竞技跆拳道中主要有正拳（直拳），在品势中则有正拳、里拳、铁锤拳、平拳、指节拳五种。

#### （一）正拳

正拳在跆拳道中是最基本的拳式。顾名思义，就是用拳头的正面击打对方。在实战技击中，根据实际情况可变化为直拳、横拳、勾拳等拳法。其着力点是食指和中指之间。（图7–1–1）

【动作方法】伸开手掌，四指并拢握紧，把拇指压在食指和中指的第二指节上。拳握紧，拳面平，直腕。

#### （二）里拳

【动作方法】先握正拳，然后以食指和中指关节根部的突出部位为击打的着力点。里拳一般用于勾拳。（图7–1–2）

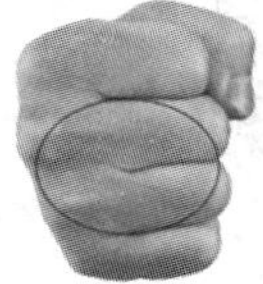

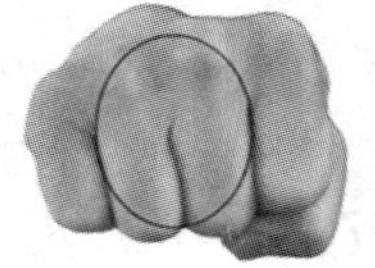

图 7–1–1

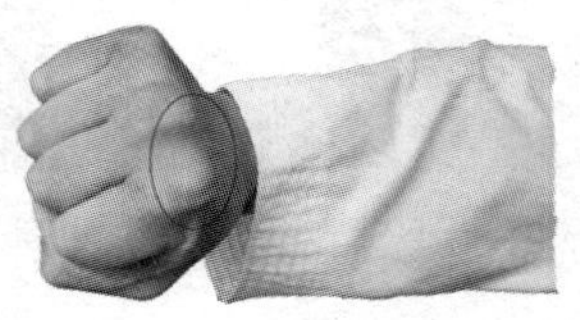

图 7–1–2

（三）铁锤拳

【动作方法】先握正拳，然后使用拳轮（即小指侧及掌缘的肌肉部位）为击打的着力点，在实战技击时，一般从外向里或从上向下劈击最有效。（图7–1–3）

（四）平拳

【动作方法】平拳主要以中指的第二指节部位为攻击的着力点，将食指和无名指作为攻击的辅助着力点。（图7–1–4）

（五）指节拳

【动作方法】指节拳主要以正拳中凸出的中指或食指为攻击的着力点，分为中指拳（图7–1–5）、食指拳（图7–1–6）等。

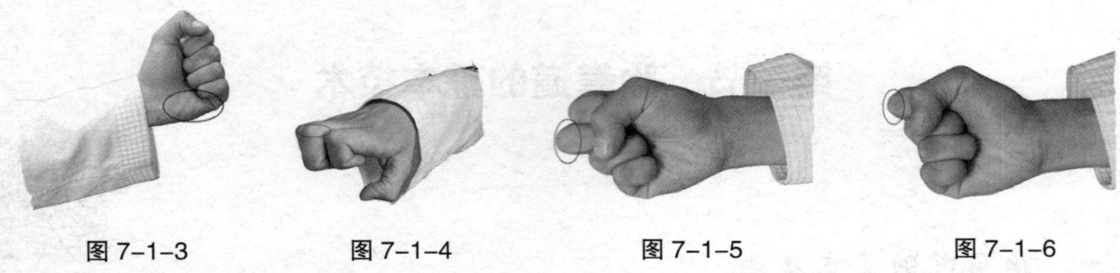

图 7–1–3　图 7–1–4　图 7–1–5　图 7–1–6

## 二、跆拳道的基本腿法

前踢

（一）前踢

【动作方法】以左势实战姿势开始，右脚向后蹬地，身体重心前移至左脚；右脚蹬地顺势屈膝提起，左脚以前脚掌为轴外旋约90°，同时，右腿迅速以膝关节为轴伸膝、送髋、顶髋，把小腿快速向前踢出，用脚面击打目标。踢击目标后，右腿迅速放松弹回，落回原地仍成左势实战势。（图7–1–7）

图 7–1–7

【注意事项】

（1）膝关节上提时，大小腿折叠，膝关节夹紧，小腿和踝关节放松，有弹性。

（2）踢击时，顺势往前送髋；高踢时，往上送髋。

【易犯错误与纠正】

（1）直腿上撩，大小腿没有折叠，膝关节不夹紧，可先练习屈膝上提。

（2）上体后仰过大，失去平衡，可先一手支撑练习前踢。

（3）踢击目标时，向前用力，与推踢动作混淆。

横踢

### （二）横踢

【动作方法】以右势实战姿势开始，左脚蹬地，身体重心移到右脚，左腿屈膝上提，两拳置于胸前；右前脚掌碾地外旋，髋关节右转，左膝内扣；随即右脚掌继续外旋，左腿膝关节向前抬至水平状态，小腿快速向右前横踢出；击打目标后，迅速放松，收回小腿；左脚落回成实战姿势。在实战中还有高横踢、前双飞和后双飞。（图7–1–8）

图 7–1–8

【注意事项】

膝关节夹紧，向前提膝，尽量走直线；支撑脚外旋180°；髋关节往前顺，身体与大小腿成直线，注意击打的力点是正脚背；踝关节放松，击打的瞬间要发力。高难动作的学习应放在基本技术之后，以便动作定型。

攻击的主要部位有头部、胸部、腹部和肋部。

【易犯错误与纠正】

（1）大小腿折叠不够，膝关节应夹紧。

（2）外摆的弧形太大。

（3）上身太直，身体重心往下落。

（4）踝关节不放松，脚内侧击打，应为正脚背。

推踢

### （三）推踢

提膝后尽量收紧膝关节；身体重心往前移，利用身体的质量和肌肉发力为攻击力量；推击的时候向前送髋，同时腿部伸展；推的路线水平往前。推踢的攻击目标主要是腹部。

【注意事项】

【动作方法】以左势实战姿势开始，右脚蹬地，转髋，屈膝上提，使右膝尽量贴近上体；支撑脚旋转180°，脚尖勾起，脚底正对攻击目标；身体重心前移，同时向前送髋，腿部伸展，沿直线向前攻击。踢击发力完成后，身体重心继续前移维持身体平衡，右脚上步落地，成右势实战姿势站立。（图7–1–9）

图 7–1–9

【易犯错误】

（1）大腿提拉不充分。

（2）攻击时，身体重心没有前移或前移不充分。

（3）攻击时，脚尖没有勾起，不是脚底接触攻击目标。

（4）攻击结束后，身体重心失控。

后踢

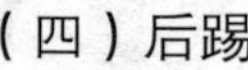

（四）后踢

【动作方法】左势实战姿势站立，以左脚掌为轴内旋的同时，上体向右后旋转，身体重心移到左脚，屈右膝收腿，然后直线踢出（向后蹬），身体重心前移下落，最后，后撤右脚还原成左势实战姿势。（图7–1–10）

图 7–1–10

【注意事项】

（1）起腿后，上身与小腿折叠成一团。

（2）动作延伸，用力延伸。

（3）转身、提膝、出腿一次性完成，不能停顿。

（4）击打目标在正前方稍偏右。

【易犯错误与纠正】

（1）上身与大小腿不折叠，直腿往上撩，应为直线。

（2）转身、踢腿有停顿，动作不连贯。

（3）击打成弧线，旋转发力，应直线发力。

（4）身体旋转过大，容易被反击。转身和后踢分开练习。

下劈

（五）劈腿（下劈）

【动作方法】以左势实战姿势开始，右脚蹬地，身体重心前移至左脚。同时，右腿以髋关节为轴屈膝上提，双手握拳置于胸前，随即充分送髋，上提膝关节至胸部，右小腿以膝关节为轴向上伸直，将右腿直举于体前，右脚过头，然后快速下压，以右脚后跟（或脚掌）为力点劈击，一直到前面，成右势实战姿势。（图7–1–11）

图 7–1–11

【注意事项】

腿尽量往高、往头后举，要向上送髋，身体重心往高起；脚放松往前落，落地要有控制；起腿要快速、果断；踝关节要放松。

【易犯错误与纠正】

（1）起腿不够高、不够充分，身体重心不往高起。

（2）踝关节紧张，往下压太用力，导致动作僵硬。

（3）身体重心和腿控制不好，落地太重。注意控制。

（4）上体后仰太多，应随身体重心一起前移，保持直立。

侧踢

（六）侧踢

【动作方法】以右势实战姿势开始，左脚蹬地，左腿以髋关节为轴屈膝提起，双手握拳置于体侧，随即右脚以前脚掌为轴外旋，髋关节向右旋转，左腿以膝关节为轴向前蹬伸，左脚快速向左前上方直线踢出，力点在脚跟。发力后沿起腿路线收腿、放松，身体重心落下，回到左势实战姿势。（图7–1–12）

图 7-1-12

【注意事项】

起腿时，大小腿、膝关节夹紧；踢出发力时，头、肩、髋、膝、腿和踝成一直线；大小腿直线踢出，原路线收回。

【易犯错误与纠正】

（1）击打对方时，髋关节没有展开，导致击打力度不够。

（2）大小腿折叠不够，或蹬出的速度不快。可以单做起腿和出腿练习。

（七）后旋踢

【动作方法】以左势实战姿势开始左脚以脚掌为轴内旋约180°，右脚也以脚掌为轴旋转180°，身体随之右转约180°，两拳置于胸前。上体右转，与两腿拧成一定角度。右脚蹬地，将蹬地的力量与上体拧转的力量合在一起，将右腿以髋关节为轴向后上直腿摆起，右腿继续向右后旋摆鞭打，同时上体右转，带动右腿弧形摆至身体右侧，右腿屈膝回收，右脚落地成左势实战姿势。（图7-1-13）

后旋踢

图 7-1-13

【注意事项】

转身、旋转、踢腿要连贯，一气呵成；击打点在正前方；屈膝提腿的旋转速度要快，呈水平弧线；身体在原地（或腾空）旋转360°。

【易犯错误与纠正】

（1）转身不到位致使击打力点偏离目标。

（2）不能很好地利用蹬地和转体的力量，导致击打无力。

（3）身体重心和腿控制不好，旋摆结束时，易被反击。注意控制。

## 三、品势

品势，又叫“型”，相当于中国武术的套路。跆拳道品势是将各种攻防动作按照一定规律组合在一起的固定套路。它既包含了最基本的技术动作，又蕴涵着变化无穷的技击技巧。

在中国，跆拳道爱好者更多地是对于竞技进行认识和学习，殊不知，品势才是跆拳道真正的灵魂和精髓。一个人的基本功是否扎实、对跆拳道精神领悟程度的深浅，其品势水平是最好的表现和说明。品势讲究的是动作、心理、气势、精神和对实战每招每式更深入的揣摩，它与中国的太极八卦融会贯通，最终领悟的是肉体、精神与天地万物相融的最高境界。可见，竞技和品势是跆拳道不可或缺的元素。两者结合就能在真正意义上提高自身的技术和修行。

跆拳道的各种套路已知的约有11型25套，每一套又有其规定的动作数量和演武路线，是相当规范的。初学者套路是太极一章到八章（1～8型）。跆拳道的太极形态正是以宇宙哲学观为其根本原理，运用太极阴阳学说而组合成的动作套路，它演练时的路线也是循着阴阳八卦线的规律进行的，无论攻击与防守、前进与后退，还是急速与缓慢、刚健与柔韧的变化，都运用了太极宇宙观的基本原理。太极演练以“王”字为基本路线。这里仅介绍太极一到四章。

### （一）太极一章

太极一章的动作是对八卦中的“乾”（天）的运用。“乾”是八卦的第一卦。太极是万物之源，由乾开始。有天就有光和雨——这两者是自然界的开始、生长和继续所必需的。天始地成，人的生命始于地，但其延续在于天。八卦的卦象象征性地表达了人、自然和宇宙的所有现象。太极一式包括走步、弓步、直拳、中挡、前踢等动作。

（1）以准备姿势站在线的中间（D1–C1的B点），向左转90°（面向C1），移动左脚成左走步，左臂低挡。

（2）移动右脚成右走步，右直拳攻中段。

（3）以左脚的前脚掌为轴向右转180°（向着D1），移动右脚成右走步，右臂低挡。

（4）移动左脚成左走步，左直拳攻中段。

（5）向左转90°（面向A），同时左脚滑步成左弓步，左臂低挡。

（6）保持同样的姿势，右直拳攻中段。

（7）向右转90°（面向D2），移动右脚成右走步，左臂向内中位格挡。

（8）移动左脚成左走步，右直拳攻中段。

（9）向左转180°（面向C2），移动左脚成左走步，右臂向内中位格挡。

（10）移动右脚成右走步，左直拳攻中段。

（11）向右转90°（面向A），右脚前成立反右弓步，右臂低挡。

（12）保持同样的姿势，左直拳攻中段。

（13）向左转90° （面向C3）成左走步，左臂高架。

（14）左脚原地不动，右脚前踢攻中段。放下右脚成右走步，右直拳攻中段。

（15）向右转180° （面向D3），移动右脚成右走步，右臂高架。

（16）右脚原地不动，左脚前踢攻中段。放下左脚成左走步，左直拳攻中段。

（17）向右转90° （面向B），移动左脚成左弓步，左臂低挡。

（18）移动右脚成右弓步，同时右直拳攻中段。以右脚为轴向左转180° ，以准备姿势结束。

演武线如图7-1-14所示。

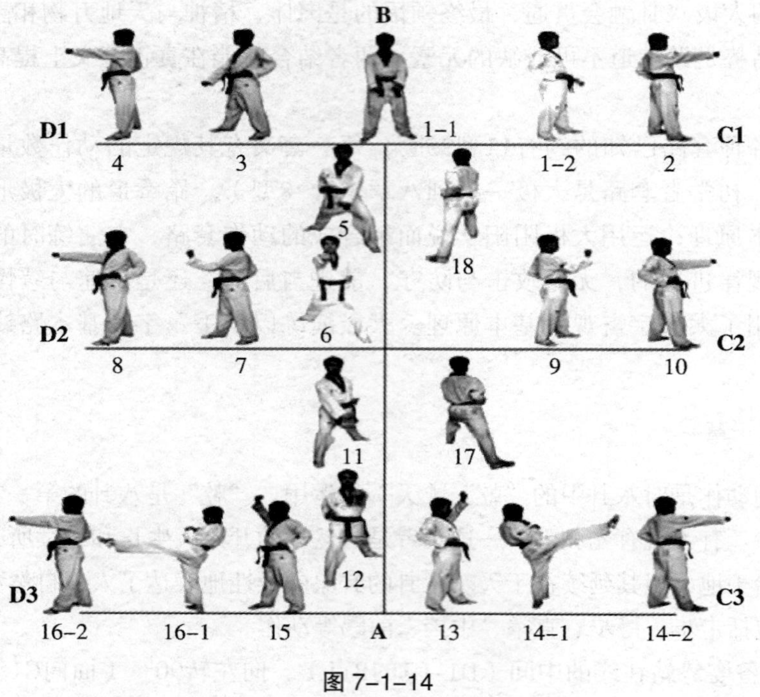


图 7-1-14

（二）太极二章

太极二章是应用八卦中表示欢悦（兑）的一套动作，开始于低挡、直拳、前踢，结束于脸部格挡。这些动作要做得虽温柔但有力，因此是柔中有刚。

（1）以准备姿势开始，站在线的中央（D1-C1的B点），向左转90° （自己C1），移动左脚成左走步，左臂低挡。

（2）移动右脚成右走步，同时右直拳攻中段。

（3）以左脚的前脚掌为轴向右转180° （面向D1），移动右脚成右走步，右臂低挡。

（4）移动左脚成左走步，同时左直拳攻中段。

（5）以右脚的前脚掌为轴向左转90° （面向A），左脚滑步成左弓步，右臂中位向内格挡。

（6）移动右脚成右走步，同时左手中位向内格挡。

（7）以右脚的前脚掌为轴，移动左脚向左转90°（面向C2），成左走步，左臂低挡。

（8）左脚固定，右脚前踢攻中段。放下右脚成右弓步，同时右直拳攻高段。

（9）以左脚的前脚掌为轴向右转180°（面向D2），移动右脚成右走步，左臂低挡。

（10）右脚固定，左脚前踢攻中段。放下左脚成左弓步，左直拳攻高段。

（11）以右脚的前脚掌为轴向左转90°（面向A），移动左脚成左走步，左臂高架。

（12）左脚固定，移动右脚成右走步，右臂高架。

（13）以右脚的前脚掌为轴向左转270°（面向D3），移动左脚成左走步，右臂中位向内格挡。

（14）以左脚的前脚掌为轴向右转180°（面向C3），移动右脚成右走步，左臂中位向内格挡。

（15）以右脚的前脚掌为轴向左转90°（面向B），移动左脚成左走步，左臂低挡。

（16）左脚固定，右脚前踢攻中段。放下右脚成右走步，右直拳攻中段。

（17）右脚固定，左脚前踢攻中段。放下左脚成左走步，左直拳攻中段。

（18）左脚固定，右脚前踢攻中段。放下右脚成右走步，右直拳攻中段。以右脚的前脚掌为轴，向左转180°（面向A），回到准备姿势。

演武线如图7–1–15所示。

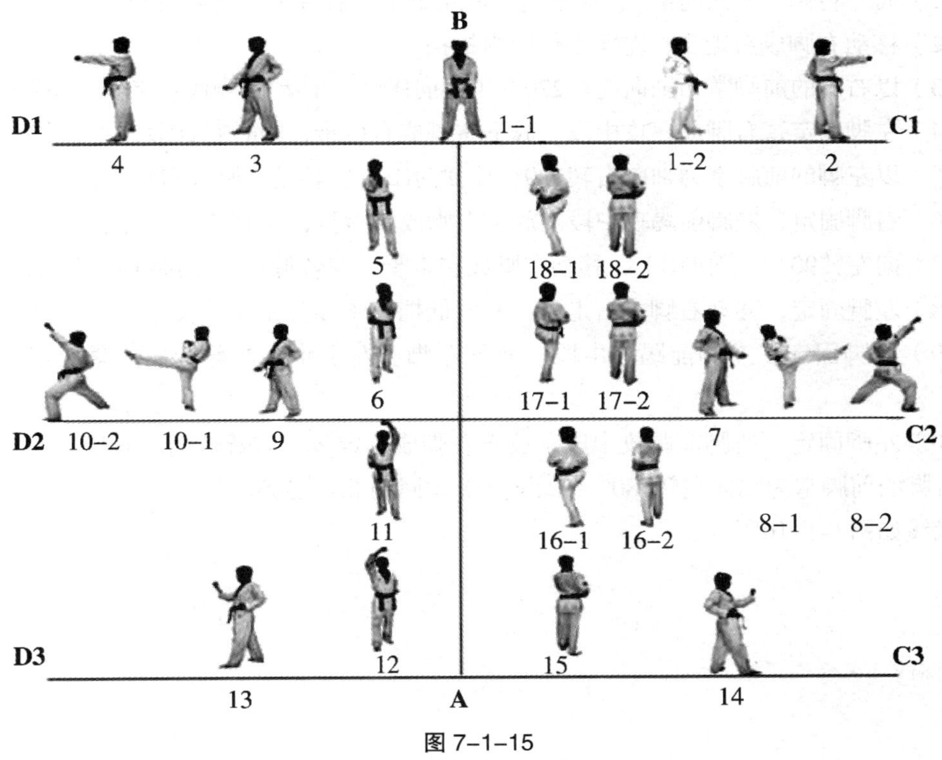


图 7–1–15

（三）太极三章

太极三章动作表示的是八卦中的“离”，其基本动作是低挡、前踢、拳、刀手中位格挡、刀手攻击颈部等。这些动作遵循八卦的原理，帮助参与者获得活力。

（1）以准备姿势开始，站在线的中央（D1–C1的B点），移动左脚向左转90°（面向C1），成左走步，左臂低挡。

（2）左脚固定，右脚前踢攻中段。放下右脚成右弓步，右直拳、左直拳攻中段。

（3）以左脚的前脚掌为轴向右转180°（面向D1），移动右脚成右走步，右臂低挡。

（4）右脚固定，左脚前踢攻中段。放下左脚成左弓步，左直拳、右直拳攻中段。

（5）向左转90°（面向A），移动左脚成左走步，右手高位向内刀手攻击（齐脖）。

（6）左脚固定，移动右脚成右走步，同时左手高位向内刀手攻击。

（7）向左转90°（面向C2），移动左脚成右后弓步，左手中位刀手格挡。

（8）左脚滑步成左弓步，右直拳攻中段。

（9）以左脚的前脚掌为轴向右转180°（面向D2），移动右脚成左后弓步，右手中位刀手格挡。

（10）右脚滑步成右弓步，左直拳攻中段。

（11）向左转90°（面向A），移动左脚成左走步，右臂中位向内格挡。

（12）移动右脚成右走步，左臂中位向内格挡。

（13）以右脚的前脚掌为轴向左转270°（面向D3），移动左脚成左走步，左臂低挡。

（14）左脚固定，右脚前踢攻中段。放下右脚成右弓步，同时右直拳、左直拳攻中段。

（15）以左脚的前脚掌为轴向右转180°（面向C3），移动右脚成右走步，右臂低挡。

（16）右脚固定，左脚前踢攻中段。放下左脚成左弓步，左直拳、右直拳攻中段。

（17）向左转90°（面向B），移动左脚成左走步，左臂低挡。紧接着右直拳攻中段。

（18）左脚固定，移动右脚成右走步，右臂低挡。紧接着左直拳攻中段。

（19）右脚固定，左脚前踢攻中段。放下左脚成左走步，左臂低挡。紧接着右直拳攻中段。

（20）左脚固定，右脚前踢攻中段。放下右脚成右走步，右臂低挡。紧接着左直拳攻中段。以右脚的前脚掌为轴向左转180°（面向A），回到准备姿势。

演武线如图7–1–16所示。

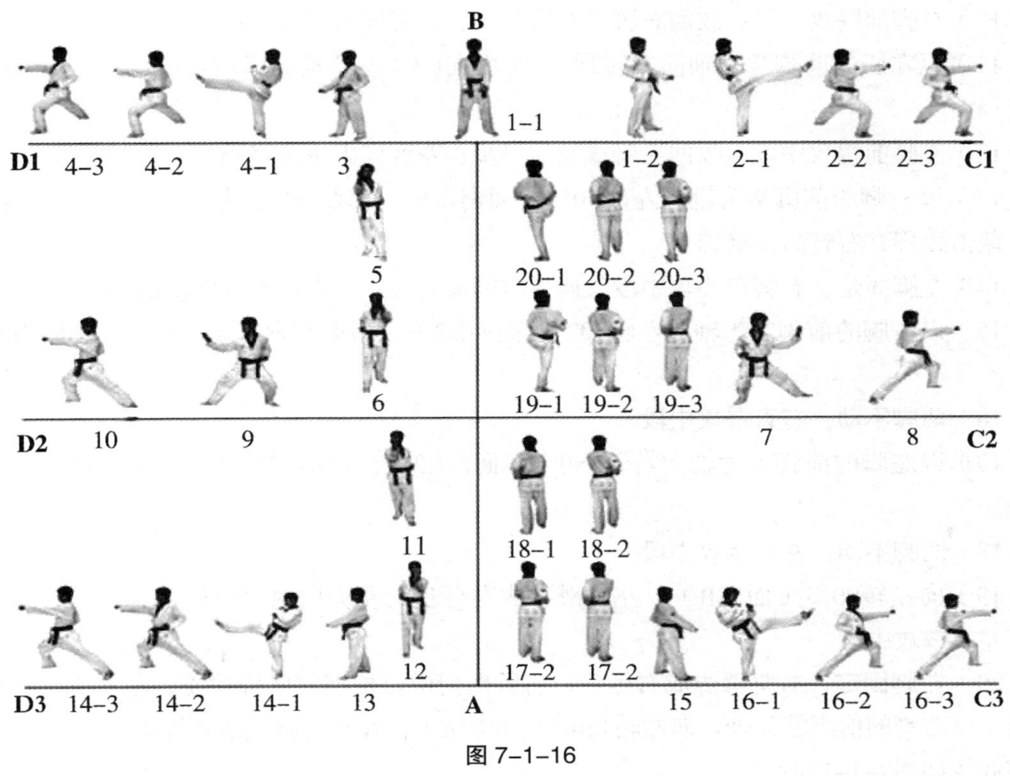


图 7–1–16

（四）太极四章

太极四章象征雷（震），它应用的是八卦中的“震”。它的动作包括刀手格挡、贯手攻击、腕部格挡、直拳、向外中位格挡、内中挡和前踢。使人害怕、惊恐。其原理告诉人在面对危险时要勇敢，要保持平静。

（1）以准备势开始站在线的中央（D1–C1的B点），向左转90°（面向C1），移动左脚成右后弓步，同时做一左手在前的双手刀。

（2）移动右脚成右弓步，左手格挡。紧接着右直拳攻中段。

（3）向右转180°（面向D1），移动右脚成左后弓步，右手在前，双刀手格挡。

（4）移动左脚成左弓步，右手格挡。紧接着左手贯手攻中段。

（5）向左转90°（面向A），移动左脚成左弓步，右手刀手攻高段，左刀手高位格挡（以燕子状的刀手截击颈部）。

（6）左脚固定，右脚前踢攻中段。右脚放下成右弓步，左直拳攻中段。

（7）以右脚为轴，左脚中位侧踢。

（8）放下左脚，迅速以左脚的前脚掌为轴，右脚中位侧踢。放下右脚成左后弓步，双手刀中位格挡。

（9）以右脚的前脚掌为轴向左转270°（面向D3），移动左脚成右后弓步，左臂向外中位格挡。

（10）右脚前踢攻中段。收回右脚成右后弓步，右臂向内以臂格挡。

（11）以左脚的前脚掌为轴向右转180°（面向C3），移动右脚成左后弓步，右臂向外中位格挡。

（12）左脚前踢攻中段。收回左脚成左后弓步，左臂向内中位格挡。

（13）以右脚的前脚掌为轴向左转90°（面向B），移动左脚成左弓步，以左手的燕子形刀手截击颈部，右臂高位格挡。

（14）左脚固定，右脚前踢攻中段。放下右脚成右弓步，右手右背拳攻击。

（15）以右脚的前脚掌为轴向左转90°（面向D2），移动左脚成左弓步，左臂向内中位格挡。

（16）两脚不动，右直拳攻中段。

（17）以左脚的前脚掌为轴向右转180°（面向C2），移动右脚成右走步，右臂向内中位格挡。

（18）两脚不动，左直拳攻中段。

（19）向左转90°（面向B），左脚滑步成左弓步，左臂向内中位格挡。保持站姿，右直拳、左直拳攻中段。

（20）左脚固定，右脚滑步成右弓步，右臂向内中位格挡。保持站姿，左直拳、右直拳攻中段。以右脚的前脚掌为轴，向左转180°（面向A），移动左脚成准备姿势。

演武线如图7–1–17所示。

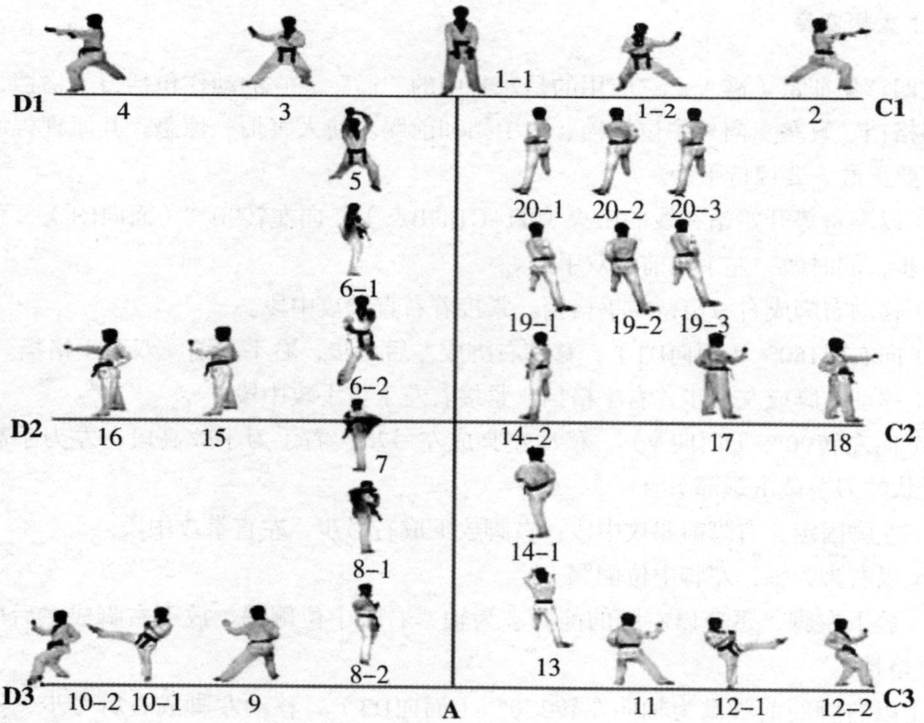

图 7–1–17

# 第二节　跆拳道的基本战术

运动员在比赛中，根据自己和对手的情况，充分发挥自己的特长，限制对手的特长，为战胜对手而采取的计策和方法即为战术。

跆拳道战术的实质在于运动员能在跆拳道比赛中依据各种可能发生的情况，运用自己平时训练中所练就的各项技能，最有效地发挥自己的优势去战胜对方。运动员在运用战术的过程中，要树立正确的战术思想，体现以我为主、快速灵活的方针，要遵循跆拳道的技术发展变化规律，使战术训练有明确的目的性。

跆拳道比赛的战术原则，是制订战术计划、实施战术方案必须遵循的准则。主要的战术原则有以下几种。

## 一、根据跆拳道比赛技术动作的特点和功能设计战术

技术是实现战术的基础，战术又是通过一定的技术动作实现的，不同技术动作的组合，表达了不同的战术思想。因此，根据跆拳道比赛技术动作的特点和功能设计战术是合理、有效地发挥技术的战术原则之一。它能使我们从跆拳道技术的整体性、相对独立性、相关性、动态性、有序性和互变规律性的系统观点出发，正确地制订战术，而不是孤立地、片面地只考虑某一个战术环节和某一个战术动作的技术因素，产生单一的战术方案。跆拳道比赛的技术以腿法为主，制订战术时根据腿法的形式、方位、远近、高低及动作之间的连接规律，按照不同动作的不同作用，充分运用竞赛规则允许的条件，制订不同的战术方案。

## 二、攻防兼顾的战术原则

跆拳道的比赛紧张、激烈、刺激。如果运动员在比赛中一味讲究进攻或单纯防守，就会攻防失调、顾此失彼。因此，运动员在比赛中一定要遵循攻防兼顾的原则，在瞬息万变的激烈对抗中临战不惧、临危不乱，保持合理的攻防节奏。攻防兼顾原则的运用是根据比赛时的具体情况灵活应用的，比赛时，运动员如果面对的是强于自己的对手，就要加强防守，运用防守反击战术与对手对抗；如果面对的是弱于自己的对手，就要采取主动进攻战术，争取主动战胜对方；如果两人实力相当，就要攻防兼顾，充分发挥智能，运用适当的战术，有序进攻，稳妥防守，抓住战机，猛烈进攻。

### 三、利用控制与反控制原则

在跆拳道比赛中，经常会遇到这样的情况，就是一名运动员虽然具有较好的专项身体素质和较高的技战术水平，但比赛中被对手控制得不能有效发挥，他的一举一动都被对手有效控制，从而导致比赛失败。这种控制就是运用技战术扼制对手进攻的有效方法。运动员如果控制能力好，运用技战术合理，就会占据比赛的主动和优势；相反，就会处于劣势和被动。运动员如果具有更强的反控制技战术，就会变被动为主动。

### 四、灵活多变原则

跆拳道赛场上的局势是千变万化的。比赛时，运动员如果利用为数不多的战术，甚至采用固定的战术，容易被对手摸到规律，使自己陷入被动挨打的局面。因此，运动员在设计战术和进行战术训练时，要根据比赛中可能发生的情况，多考虑几种战术组合及其相互之间的衔接配合和变化运用；利用多种技战术方法，最大限度地体现不同的进攻方向和进攻点；利用比赛场上的时间、空间、角度、方向和位置，以及真假动作的交替变化，即利用一切可以利用的条件和规则，设计和练习灵活多变、多种形式的战术组合。这些战术一定要有针对性和实效性，否则只有华而不实的技术战术动作组合，形式再多，动作再漂亮，也不可能取得最终的胜利。

### 五、根据对手的实际情况设计战术

《孙子兵法》曰："知己知彼，百战不殆。"即只有正确地认识自己，清楚地了解对手的实际情况，才能百战百胜。跆拳道比赛中同样需要运用这一策略。运动员要想战胜对手，就要了解对手的实力，然后针对这些具体情况设计相应的战术，实现运筹帷幄、决胜于比赛中的战术意图。因此，在双方交战前运动员一定要全面了解对手的具体情况。

## 第三节　跆拳道竞赛规则简介

跆拳道作为奥运会、亚运会的正式比赛项目，比赛以腿法为主，以腿法快速有力地击打到对手身上的护身及头部得分，以体现跆拳道腿法的柔韧性、灵敏性、技巧性。比赛中运动员穿戴护头、护胸、护裆、护腿、护臂，以保护自身的安全，不会有致命的危险。跆拳道比赛观赏性很强。

## 一、比赛场地

比赛场地为10米×10米的、水平的、无障碍物的正方形场地。比赛场地应设置有弹性的垫子。红色区域和蓝色区域为比赛区，宽为1米的红色区域为警告区，用以提醒运动员不要越出边界线。裁判席距离比赛场地边界0.5米；两侧红色区域和蓝色区域为运动员休息区，距离比赛场地边界1米。。（图7-3-1）

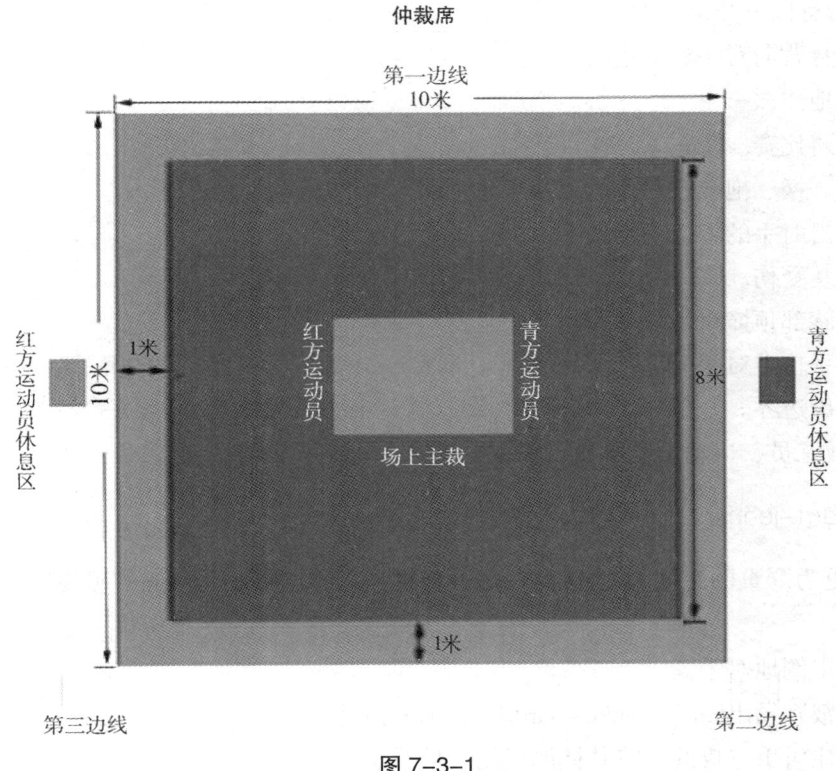


图7-3-1

## 二、得分

每个合理的攻击将得分，下述为合理的攻击。

（1）击打对手的得分部位，除了头部外，得分部位包括腹部及身体两侧，这几个部位标于对手的护具上。禁止击打对手小腹以下部位。

（2）用规则允许的身体部位击打对手。须用正确紧握的拳头的食指和中指的前部或踝关节以下部位击打对手。

若三位裁判员中至少两位对击打进行了认定并记录，则得分有效。

## 三、犯规

跆拳道犯规分两种：Kyong-go和Gam-jeom。

### （一）Kyong-go

最常见的一种犯规Kyong-go或警告意味着罚0.5分，但是奇数警告不计入总分。判Kyong-go的犯规行为有以下几个方面。

（1）转身背向对手逃避进攻。

（2）倒地。

（3）回避比赛。

（4）抓、搂、抱或推对手。

（5）攻击对手的腰以下部位。

（6）伪装受伤。

（7）用膝部顶撞对手。

（8）用手攻击对手面部。

（9）越出边界。

（10）教练员、运动员的不良行为。

### （二）Gam-jeom

另一种更为严重的犯规称为Gam-jeom，将被罚1分。判Gam-jeom的犯规行为有以下几个方面。

（1）攻击倒地对手。

（2）主裁判发出kal-yeo或ke-man口令后攻击对手。

（3）抓住对手进攻的脚将其摔倒或用手推对手。

（4）故意用手攻击对手的面部。

（5）教练员或运动员打断比赛进程。

（6）教练员或运动员过激言行影响比赛或做出违反体育道德的行为。

## 四、击倒

选手被击倒后，裁判如拳击比赛一样开始10秒的读秒。在跆拳道比赛中，一方由于对手发力而使其脚底以外的其他任何部位触地，即判为被击倒。裁判员也可在选手无意或无法继续比赛时开始读秒。

一旦出现击倒，则裁判员喊“Kal-yeo”意为“暂停”，指示另一方退后，裁判员开始从1～10读秒。即使被击倒的选手站起来欲继续比赛，他必须等待裁判员继续读秒至8或“Yeo-

dul”，然后裁判员判断该选手是否能继续比赛。若其无法继续比赛，则另一方以击倒获胜。

## 五、获胜方式

### （一）击倒胜

运动员被合法技术击倒后，主裁判员读秒到8时运动员仍不能表示再战，读秒到10时，主裁判员宣布比赛结束。主裁判判断运动员不可能继续比赛时，可在10秒内宣布比赛结果。

### （二）优势胜

除决赛以外的其他比赛若以平局结束，则分数高的一方获胜。若双方仍旧平分秋色，则由裁判员根据比赛中双方表现的主动性来决定在三回合各3分钟的比赛中哪一方占优。若为争夺金牌的决赛，则双方进行第四回合（突然死亡回合）的较量，率先得分者获胜；若无人得分，则裁判员通过判断谁在该回合中占优而决定最后的胜方。

### （三）主裁判员终止比赛胜

如果比赛中双方运动员的比赛差距较大，主裁判员可以终止比赛。一般情况下，女子比赛净胜分大于7分（包括7分），男子比赛净胜分大于9分（包括9分），属于比赛差距较大的情况。

### （四）弃权胜

弃权胜的情况：运动员在比赛中因受伤或者其他原因弃权；运动员在休息时间后不继续比赛或者不听从命令开始比赛；教练员向比赛场地扔毛巾示意弃权。

### （五）失去资格胜

失去资格胜的情况：运动员称重量体重不合格或比赛前失去运动员身份。

### （六）主裁判员判罚犯规胜

若一方运动员因犯规被主裁判员直接判为犯规败，则另一方获胜。

## 六、重量级划分

跆拳道与许多搏击型项目一样，在比赛中为保持公平性，需要划分重量级别。（表7–3–1、表7–3–2）

表 7-3-1 跆拳道比赛重量级别

| 级别 | 男子 | 女子 |
|---|---|---|
| Fin（鳍量级） | 54 公斤以下（男） | 47 公斤以下（女） |
| Fly（蝇量级） | 54 ～ 58 公斤（男） | 47 ～ 51 公斤（女） |
| Bantam（雏量级） | 58 ～ 62 公斤（男） | 51 ～ 55 公斤（女） |
| Feather（羽量级） | 62 ～ 67 公斤（男） | 55 ～ 59 公斤（女） |
| Glight（轻量级） | 67 ～ 72 公斤（男） | 59 ～ 63 公斤（女） |
| Welter（次中量级） | 72 ～ 78 公斤（男） | 63 ～ 67 公斤（女） |
| Middle（中量级） | 78 ～ 84 公斤（男） | 67 ～ 72 公斤（女） |
| Heavy（重量级） | 84 公斤以上（男） | 72 公斤以上（女） |

表 7-3-2 奥运会比赛重量级别

| 男子 | 女子 |
|---|---|
| 58 公斤以下（男） | 49 公斤以下（女） |
| 58 ～ 68 公斤（男） | 49 ～ 57 公斤（女） |
| 68 ～ 80 公斤（男） | 57 ～ 67 公斤（女） |
| 80 公斤以上（男） | 67 公斤以上（女） |

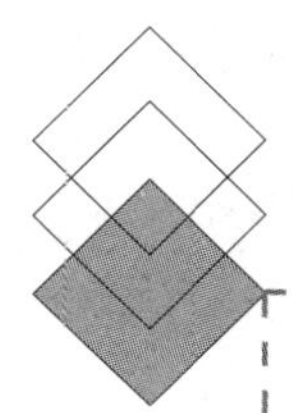

# 第八章

# 武术运动

## 第一节 武术基本功和基本动作

练习基本功，练习者不仅可以掌握武术的基本动作、基本技术、基本方法，还可以全面有效地提高身体素质，减少损伤，为学习拳术和器械套路、提高武术的技术水平打下良好的基础。

### 一、肩臂练习

肩臂练习

肩臂练习的主要目的是增强肩关节的柔韧性和灵活性，加大肩关节的活动范围，发展臂部力量，提高上肢运动的敏捷、环转等能力。

（一）压肩

面向肋木或一定高度的物体，两脚开立，两手抓握肋木，手臂伸直，上体前俯并做下振动作；背对肋木，两臂内旋后伸，手心向上抓握肋木，然后屈膝向下，向前拉压；也可以由同伴帮助做搬压练习。（图8–1–1）

要点：挺胸、塌腰、直臂。压点集中在肩部，力量适中。

图 8–1–1

### （二）握棍转臂

两脚开立，两手握木棍，间距与肩同宽或稍宽的距离，将棍从身体前拉至身体后。（图8–1–2）

要点：两臂伸直，两手横向距离根据自己的情况而定。

### （三）绕环

（1）单臂绕环：右（左）臂向前、向上、向后、向前连续立圆绕环。（图8–1–3）

要点：臂要直，肩要松，绕环要立圆如轮转。

（2）双臂顺向绕环：左、右两臂依次向前、向上、向后、向前绕环。（图8–1–4）

要点：臂要直，肩要松。抡臂时，臂竖直向上贴耳朵，下垂时贴裤腿，要成立圆。

（3）双臂反向绕环：右臂向前，左臂向后，同时于体侧画立圆绕环。数次后，再做反方向练习。（图8–1–5）

要点：同（2）的要点。

图 8–1–2　图 8–1–3

图 8–1–4　图 8–1–5

### （四）俯卧撑

两腿并拢伸直，两手与肩同宽，手指朝前直臂撑地成俯卧；上体向后移动，臀部凸起，随即两臂屈肘，上体从后向下、向前移动，再向后移动，还原。（图8–1–6）

要点：两腿须伸直，上体贴近地面前移。

（五）倒立

两臂伸直，两手与肩同宽撑地，靠墙做手倒立。（图8-1-7）

要点：抬头，挺胸，立腰，两腿并拢伸直。

图 8-1-6

图 8-1-7

## 二、腰部练习

腰部练习的主要目的是增强脊椎和腰部各肌肉群的力量与柔韧性。腰既是贯通上肢和下肢的枢纽，又是集中反映武术身法技巧的关键。

（一）俯腰

俯腰

两手手指交叉，上体前俯，两手抱住脚踝处，逐渐使胸部贴近腿部。（图8-1-8）

要点：两腿伸直，上体前俯。

（二）甩腰

两脚左右平行开立，两臂上举，以髋关节为轴，上体向前、向后做屈伸动作，两臂随上体屈伸摆动。（图8-1-9）

要点：两腿伸直，上体前、后屈伸要富有弹性。

（三）晃腰

两脚左右平行开立，两臂侧平举，上体后仰并向左、向右转动，两臂跟随摆动。（图8-1-10）

要点：腰要松，上体尽量后仰，转动幅度要大。

图 8-1-8　图 8-1-9　图 8-1-10

涮腰

（四）涮腰

两脚左右平行开立，略宽于肩，以髋关节为轴，上体前俯，然后向左、向后、向右、向前翻转绕环，两臂随腰摆动。左、右交替进行。（图8–1–11）

要点：松腰活体，尽量增大上体绕环幅度，速度由慢到快。

（五）下腰

两脚左右平行开立，与肩同宽，两臂伸直上举，上体后倒，两手向后下撑地成“桥”形。（图8–1–12）

要点：抬头，挺胸，挺髋，桥弓要大，脚跟不得离地。

图 8–1–11　　图 8–1–12

## 三、腿部练习

腿部的主要练习方法有压腿、搬腿、劈腿、踢腿等。

（一）压腿

（1）正压腿：面向肋木或有一定高度的物体，并步站立，左脚提起，脚跟放在肋木上，脚尖勾紧，两手按在膝上；上体前屈，向前、向下做压伸动作。（图8–1–13）

要点：先耗腿，再压腿。两手抱紧脚尖，挺胸，立腰，头部向脚尖方向伸出，逐渐由额、鼻过渡到下颌触及脚尖。练习时一定要循序渐进，由轻到重，左、右腿反复练习。

（2）侧压腿：身体侧向肋木，右脚跟搁在肋木上，上体侧压。左、右腿交替练习。（图8–1–14）

要点：同正压腿。

（3）后压腿：身体背向肋木，右腿后举，脚背搁在肋木上，绷直，上体向后做压振动作。（图8–1–15）

要点：两腿均伸直，要抬头、挺胸、展髋，上体后仰。

（4）仆步压腿：右（左）腿屈膝全蹲，左（右）腿伸直平铺成仆步。（图8–1–16）

要点：全蹲，膝关节外展，左（右）腿伸直贴地，充分展髋。

（二）搬　腿

正搬腿

（1）正搬腿：右腿伸直站立，左腿屈膝提起，右手抱住踝关节，左手抱住膝

关节，然后将左脚向上方搬起，挺膝，脚勾紧，也可由同伴帮助向上搬。（图8–1–17）

要点：由轻到重，循序渐进。

图 8–1–13　图 8–1–14　图 8–1–15

图 8–1–16　图 8–1–17

（2）侧搬腿：右腿提起，右手经小腿内侧托住脚跟，然后将右脚向右侧上方搬起，也可由同伴帮助向侧上方搬起。（图8–1–18）

侧搬腿

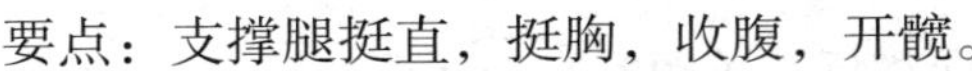

要点：支撑腿挺直，挺胸，收腹，开髋。

（3）后搬腿：手扶肋木，由同伴托起左腿从身后向上搬起。（图8–1–19）

要点：两腿均要伸直，上体前倾。搬腿时，力量不可太猛。

（三）劈腿

（1）竖劈腿：两腿前后分开成一直线，前脚勾脚尖，脚后跟着地，后脚背或脚内侧着地。（图8–1–20）

要点：髋关节放松，两腿要直，上体要正。

（2）横劈腿：两腿左右分开成一条直线，脚内侧或脚跟着地，两脚勾脚尖。（图8–1–21）

要点：两腿伸直，与地面平行，上体要正。

图 8–1–18　图 8–1–19　图 8–1–20　图 8–1–21

（四）踢腿

正踢腿

（1）正踢腿：右手扶肋木，左手叉腰或侧平举，身体侧向站立，一腿支撑，另一腿向前额上方踢起，左、右腿交替练习。（图8-1-22）

要点：踢腿时要做到三直一勾，即上体直，支撑腿直，摆动腿直，摆动腿脚尖要勾紧。

（2）侧踢腿：面向肋木，两手抓扶肋木。一腿支撑，另一腿由体侧向耳上方踢起。（图8-1-23）

侧踢腿

里合腿

要点：上体、支撑腿、摆动腿均要挺直，摆动腿脚尖勾紧。

（3）里合腿：支撑腿自然伸直，全脚着地，另一腿由体侧踢起，向异侧做扇面摆动落下。（图8-1-24）

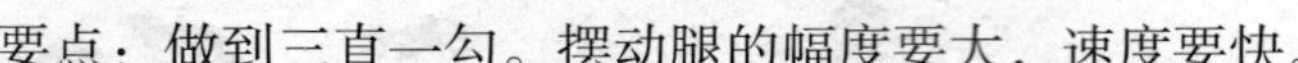

要点：做到三直一勾。摆动腿的幅度要大，速度要快。

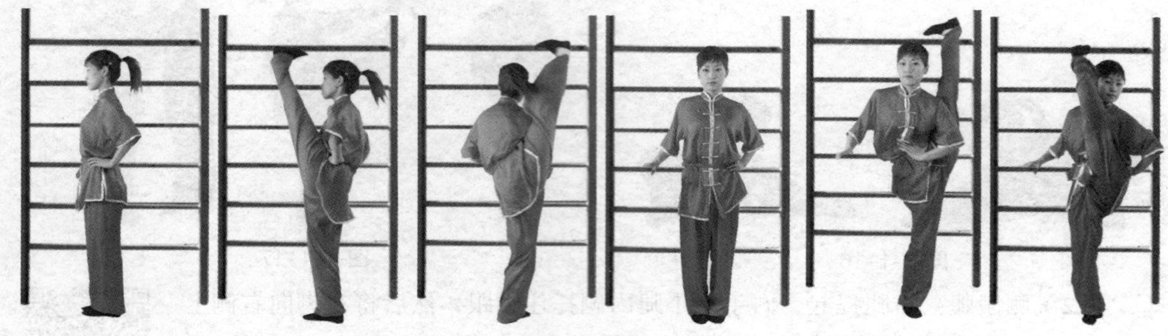
图 8-1-22　图 8-1-23　图 8-1-24

（4）. 外摆腿：动作与里合腿同，唯摆腿方向相反。（图8-1-25）

外摆腿

要点：同里合腿。

（5）后踢腿：面向肋木，两手扶握肋木，一腿伸直站立，另一腿绷脚挺膝向后上踢起；也可以屈膝，用脚掌触头部。（图8-1-26）

要点：挺胸，展髋，上体前倾，伸直腿挺直，后踢腿脚尖绷展。

图 8-1-25　图 8-1-26

（6）弹腿：两腿并立，一腿屈膝提起，当大腿接近水平时，小腿迅速弹踢，力达脚尖。（图8-1-27）

要点：小腿弹击要快速，膝部要挺直，脚背要绷紧。

（7）蹬腿：动作与弹腿同，唯脚尖勾起，力达脚跟。（图8-1-28）

要点：同弹腿，唯绷脚尖与勾脚尖不同。

（8）侧踹：一腿伸直支撑，另一腿屈膝提起，脚尖勾紧，脚跟用力向侧上方踹出。（图8-1-29）

要点：膝部挺直，脚尖勾紧，踹出的瞬间展髋。

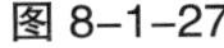

图 8-1-27

图 8-1-28

图 8-1-29

## 四、手型、手法练习

手型

### （一）手型

（1）拳：四指并拢握紧，拇指扣在食指和中指的第二指节上。（图8-1-30）

要点：拳要握紧，拳面要平。

（2）掌：四指并拢伸直，拇指弯曲紧扣于虎口处。（图8-1-31）

要点：掌心要外撑。

（3）勾：五指第一指节撮拢、屈腕。（图8-1-32）

要点：五指撮紧，尽量勾腕。

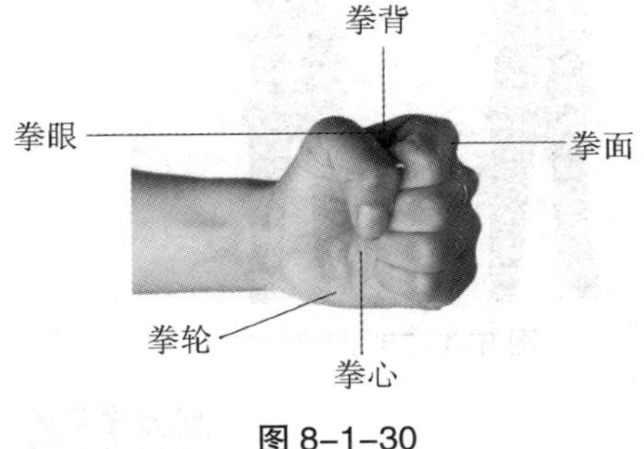


图 8-1-30

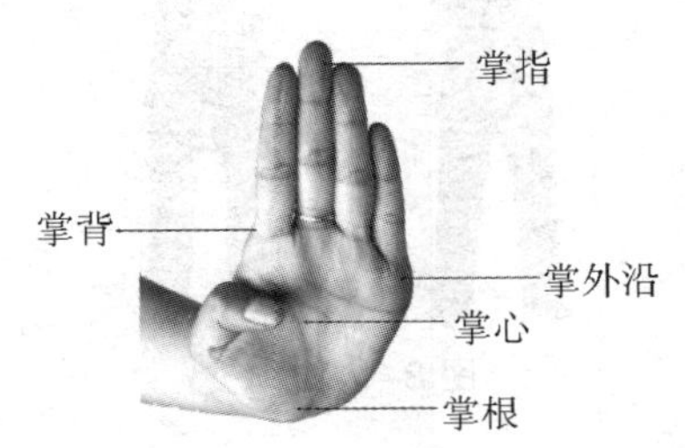


图 8-1-31

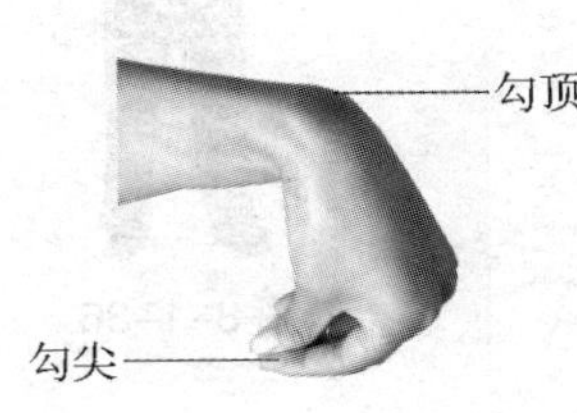


图 8-1-32

### （二）手法

手法

（1）冲拳：两拳收抱于腰间，右（左）拳由屈到伸，迅速向前冲出，高与肩平，拳眼朝上为立拳，拳背朝上为俯拳。（图8-1-33）

要点：冲拳一瞬间要拧腰、送肩、急旋臂。两臂一冲一拉形成合力。

（2）架拳：右拳向左经体前向头上方架起，拳轮朝上，臂成弧形。（图8-1-34）

要点：松肩、屈肘、旋臂，力达前臂外侧。

（3）劈拳：右拳向左、向上经头前向右下快速劈击，臂伸直，与肩同高。（图8-1-35）

要点：肩要松，拳要握紧，力达拳轮。

（4）推掌：右拳变掌，向前猛力推击，高与肩平，成侧立掌，同时左肘向后拉紧。（图8-1-36）

要点：拧腰、送肩、沉腕、侧立掌，快速有力，力达掌外沿。

（5）亮掌：右拳变掌，经体侧向右、向上画弧，至头部右前上方时，抖腕亮掌。臂微屈，掌心斜向上。（图8-1-37）

（6）格肘：右臂弯曲，从右腰间向左斜上方横格，前臂外旋，力达前臂外沿。（图8-1-38）

要点：前臂外旋时，上体可同时稍向左转，拧腰送肩。

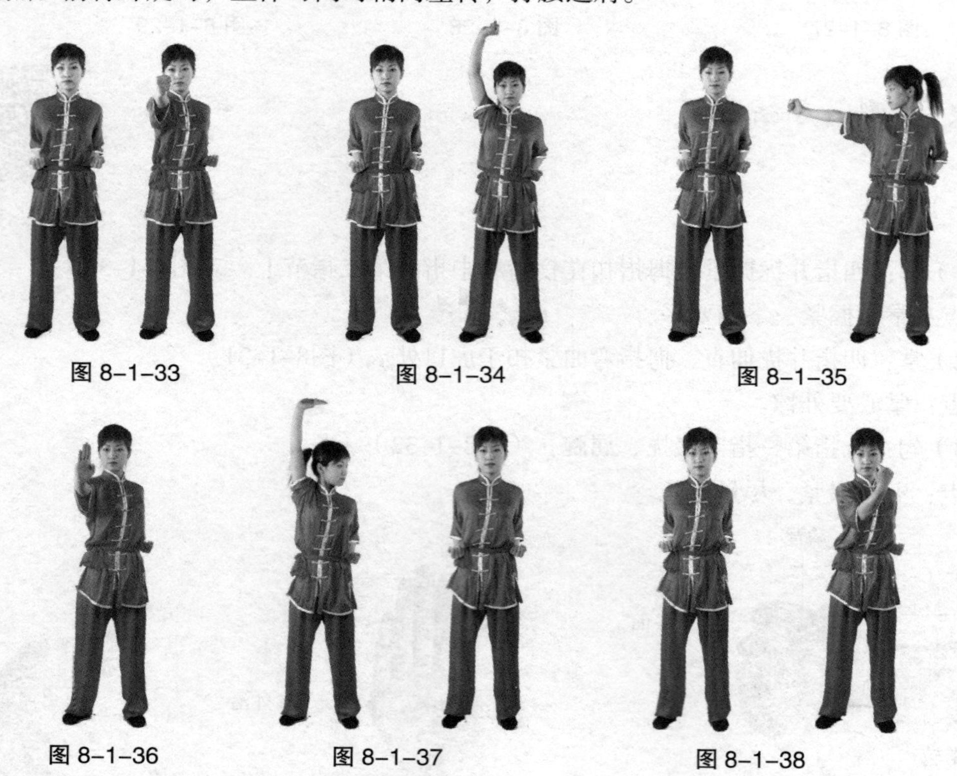
图 8-1-33　图 8-1-34　图 8-1-35

图 8-1-36　图 8-1-37　图 8-1-38

## 五、步型练习

步型

（一）弓步

前脚微内扣，全脚掌着地，屈膝，使大腿接近水平；后腿挺膝伸直，脚跟后蹬，脚尖内

扣，挺胸立腰。（图8–1–39）

要点：前腿弓平，后腿蹬直。

（二）马步

两脚左右开立，间距为脚长的3～3.5倍；脚尖正对前方，屈膝，使大腿接近水平。（图8–1–40）

要点：顶平，肩平，腿平，挺腰，立腰，裹膝，扣足。

（三）仆步

一腿全蹲，全脚掌着地，膝和脚尖外展；另一腿伸直，全脚掌着地，脚尖内扣。（图8–1–41）

要点：挺胸，立腰，开髋，全蹲。

（四）虚步

后腿屈膝半蹲，大腿接近水平，脚尖外展；前腿微屈，脚面绷直，用脚尖虚点地面。（图8–1–42）

要点：挺胸，立腰，两脚虚实分明。

（五）歇步

两腿交叉，屈膝全蹲，前脚全脚着地，脚尖外展；后脚跟离地，臀部坐于小腿上。（图8–1–43）

要点：两腿交叉叠紧，挺胸立腰。

图 8–1–39　图 8–1–40　图 8–1–41　图 8–1–42　图 8–1–43

## 六、平衡练习

平衡

（一）提膝平衡

右腿伸直支撑，左腿屈膝提起（过腰），脚面绷直，并垂扣于右腿前侧。右臂上举于头上，亮掌；左臂反臂后举，左手成勾手。（图8–1–44）

要点：挺胸，塌腰，收腹。平衡要站稳，提膝过腰，脚内扣。

### （二）扣腿平衡

右腿屈膝全蹲，左腿屈膝，左脚勾脚贴于右膝窝处，脚背朝里。左臂上举于头上，架掌，右手向侧立拳冲出。（图8–1–45）

要点：挺胸，塌腰，扣腿平稳。

### （三）燕式平衡

左腿屈膝提起，两掌在身前交叉，掌心向内；然后，两掌向两侧直臂分开平举，上体前俯，左脚绷平向后上蹬伸。（图8–1–46）

要点：挺胸，抬头，弓腰，两腿伸直、静止。

图 8–1–44　　图 8–1–45　　图 8–1–46

## 七、跳跃练习

腾空飞脚

### （一）腾空飞脚

右腿向前上摆踢，左脚蹬地跃起，身体腾空，左腿向前上方弹（摆）踢，脚背绷直，右手迎击右脚背，同时左腿屈膝收控于右腿侧，右脚背绷直，脚尖向下。（图8–1–47）

要点：① 右腿在空中摆踢时，脚必须过腰，在击响的一瞬间，左腿屈膝收控于右腿侧；② 在腾空最高点完成击响动作。拍击动作必须连续、准确、响亮。

图 8–1–47

（二）旋风脚

左脚向左上步，同时左掌前推（图8–1–48 ①）；右脚随即上步，脚尖内扣，准备蹬地踏跳。左臂随上步向下摆动并屈肘收至右胸前，同时右臂向上、向前抡摆，上体向右旋转前俯（图8–1–48 ②）。重心右移，右腿屈膝蹬地跳起，左腿提起向左上方摆动，上体向左上方翻转，同时两臂向下、向左上方抡摆。身体旋转一周，右腿做里合腿，左手在面前迎击右脚掌，左腿自然下垂。（图8–1–48 ③）

旋风脚

要点：右腿做里合腿时，要贴近身体；摆动时，膝挺直，由外向里成扇形。

①　②　③

图 8–1–48

五步拳

## 八、五步拳

（一）并步抱拳

两脚并步站立，目平视前方，两臂由体侧屈肘，同时两手抱拳收于腰间，拳心朝上。（图8–1–49）

（二）弓步冲拳

左脚向左迈出一步，成左弓步。同时左手向左平搂并收回腰间抱拳，拳心朝上；右拳向前直冲成平拳。目视前方。（图8–1–50）

（三）弹踢冲拳

重心前移，右腿向前弹出，高度齐腰。同时，左拳由腰间向前直冲成平拳，右拳收回腰间，拳心朝上。目视前方。（图8–1–51）

图 8–1–49　图 8–1–50

图 8–1–51

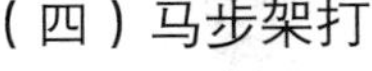

（四）马步架打

右脚落地，随即身体左转90° ，两腿下蹲成马步，同时左拳变掌，屈臂上架；右拳由腰间向右前直冲成平拳。头右转，目视右拳。（图8–1–52）

（五）歇步盖打

左脚向右脚后插一步，同时右拳变掌经头上向左下盖，高与胸齐，掌外沿向前，身体左转90°，左掌收回腰间抱拳。目视右掌（图8–1–53①）。动作不停，两腿屈膝下蹲成歇步，同时左拳向左侧冲出成平拳，右掌变拳收回腰间。目视左拳。（图8–1–53②）

图 8–1–52

① ②

图 8–1–53

（六）提膝仆步穿掌

两腿起立，身体左转。随即左拳变掌，掌心朝下；右拳变掌，掌心朝上，从左手背上方穿出；同时左腿屈膝提起，左手顺势收至右腋下，目视右掌（图8–1–54①）。左脚落地成仆步；左手掌指朝前沿左腿内侧穿至左脚背。目视左掌。（图8–1–54②）

（七）虚步挑掌

左腿屈膝前弓，右脚蹬地向前上步，成右虚步。同时左手向上、向后画弧成正臂勾手，勾顶略高于肩；右手由后向下、向前顺右腿外侧向上挑掌，掌指朝上，高与鼻平。目视左掌。（图8–1–55）

（八）并步抱拳

重心前移，身体左转90°。随即左脚向右脚靠拢，成并步。同时左勾手和右掌变拳，收回抱于腰间，两拳心朝上。目视前方。（图8–1–56）

继续练习，动作相同，方向相反。

① ②

图 8–1–54

图 8–1–55

图 8–1–56

# 第二节　初级长拳（第三路）

初级长拳

## 一、预备动作

预备式：两脚并步站立，两臂垂于身体两侧，五指并拢贴靠于大腿外侧，目平视前方。（图8–2–1）

要点：头要端正，下颌微收，挺胸，塌腰，收腹。

### （一）虚步亮掌

（1）右脚向右后方撤步成左弓步。右掌向右、向上画弧，掌心朝上；左臂屈肘提至腰侧，掌心朝上。目视右掌。（图8–2–2①）

（2）右腿微屈，重心后移。左掌经胸前从左臂上方向前穿出伸直；右臂屈肘，右掌收至腰侧，掌心朝上。目视左掌。（图8–2–2②）

（3）重心继续后移，左脚稍向右移，脚尖点地，成左虚步。左臂内旋向左、向后画弧成勾手，勾尖向上；右手继续身后、向右、向前画弧，屈肘抖腕，在头前上方呈亮掌（即横掌），掌心朝前，掌指朝左。目视左方。（图8–2–2③）

要点：三个动作必须连贯。呈虚步时，重心落于右腿上，右大腿与地面平行。左腿微屈，脚尖点地。

①　②　③

图 8–2–1　图 8–2–2

### （二）并步对拳

（1）右腿蹬直，左腿提膝，脚尖内扣，上肢姿势不变。（图8–2–3①）

（2）左脚向前落步，重心前移。左臂屈肘，左勾手变掌经左肋前伸；右臂外旋，向前下落于左掌右侧，两掌同高，掌心均朝上。（图8–2–3②）

（3）右脚向前上一步，两臂下垂后摆。（图8–2–3③）

（4）左脚向右脚并步，两臂向外、向上经胸前屈肘下按，两掌变拳，拳心朝下，停于小腹前。目视左侧。（图8–2–3④）

要点：并步后，挺胸，塌腰；对拳、并步、转头要同时完成。

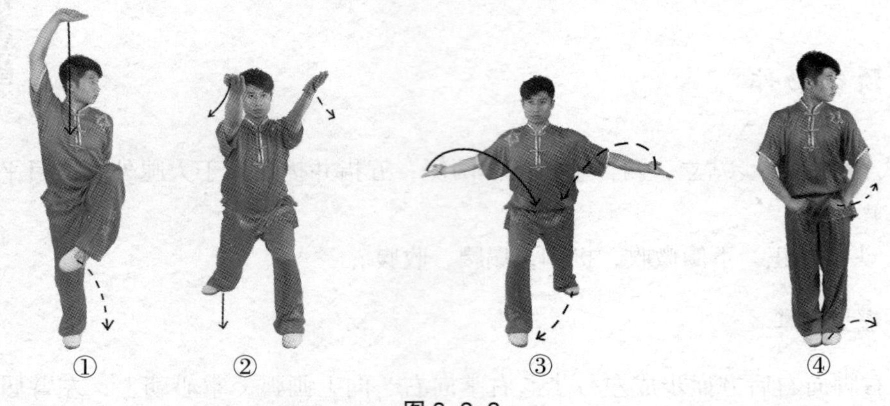

图 8–2–3

## 二、第一段

### （一）弓步冲拳

（1）左脚向左上一步，脚尖向斜前方；右腿微屈，成半马步。左臂向上、向左格打，拳眼向右，拳与肩同高；右拳收至腰侧，拳心朝上。目视左拳。（图8–2–4①）

（2）右腿蹬直成左弓步。左拳收至腰侧，拳心朝上；右拳向前冲出，高与肩平，拳眼朝上。目视右拳。（图8–2–4②）

要点：成弓步时，右腿充分蹬直，脚跟不要离地。冲拳时，尽量转腰送肩。

### （二）弹腿冲拳

重心移至左腿，右腿屈膝提起，脚背绷直，猛力向前弹出伸直，高与腰平。右拳收至腰侧；左拳向前冲出。目视前方。（图8–2–5）

要点：弹出的腿要有爆发力，力达于脚尖。弹腿和冲拳要协调，同时完成。

图 8–2–4　　图 8–2–5

（三）马步冲拳

右脚向前落步。脚尖内扣，上体左转。左拳收至腰侧，两腿下蹲成马步；右拳向前冲出。目视右拳。（图8–2–6）

要点：成马步时，大腿要呈水平，两腿平行，脚跟外蹬，挺胸，塌腰。

（四）弓步冲拳

（1）上体右转90°，右脚脚尖撇向斜前方，成半马步。右臂屈肘向右格挡，拳眼朝后。目视右拳。（图8–2–7①）

（2）左腿蹬直成右弓步。右拳收至腰侧；左拳向前冲出。目视左拳。（图8–2–7②）

要点：与本段的弓步冲拳相同，唯左右相反。

（五）弹腿冲拳

重心前移至右脚，左腿屈膝提起，脚背绷直，猛力向前弹出伸直，高与腰平。左拳收至腰侧，右拳向前冲出。目视前方。（图8–2–8）

要点：与本段的弹腿冲拳相同。

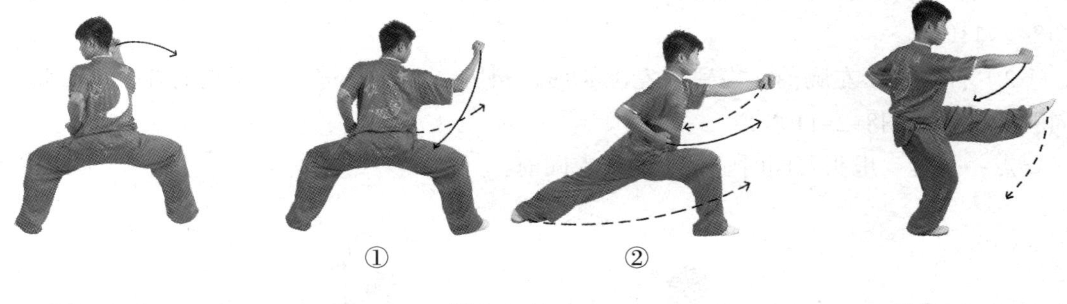


图 8–2–6　　图 8–2–7　　图 8–2–8

（六）大跃步前穿

（1）左腿屈膝上提。右拳变掌内旋，以手背向下挂至左膝外侧，上体前倾。目视右掌。（图8–2–9①）

（2）左脚向前落步，两腿微屈。右掌继续向后挂，左拳变掌，向后、向下伸直。目视右掌。（图8–2–9②）

（3）左腿屈膝向后提起，右脚立即猛力蹬地向前跃出。两掌向前、向上画弧摆起。目视右掌。（图8–2–9③）

（4）右腿落地全蹲，左脚随即落地向前铲出成仆步。右掌变拳抱于腰侧，左掌由上向右、向下画弧成立掌，停于右胸前。目视左方。（图8–2–9④）

要点：跃步要远，落地要轻，整个动作要协调、连贯完成。

（七）弓步击掌

右腿蹬直成左弓步。左掌经左脚背向后画弧至身后成勾手，左臂伸直，勾尖向上；右拳由腰侧变掌向前推出，掌指朝上，掌外侧朝前。目视右掌。（图8-2-10）

① ② ③ ④

图 8-2-9 图 8-2-10

（八）马步架掌

（1）重心移至两腿中间，左脚脚尖内扣成马步，上体右转。右臂向左侧平摆，稍屈肘；同时左勾手变掌由后经左腰侧从右臂内向前上方穿出，掌、指均朝上。目视左掌。（图8-2-11①）

（2）右掌立于左胸前，左臂向左上屈肘，抖腕，左掌亮掌于头部左上方，掌心朝上。目向右转视。（图8-2-11②）

要点：抖腕、甩头要同时。马步的要求同前。

① ②

图 8-2-11

## 三、第二段

（一）虚步栽拳

（1）右脚蹬地，屈膝提起；左腿伸直，以前脚掌为轴向右后转体180°；右掌由左胸前向下经右腿外侧向后画弧成勾手；左臂随上体转动并外旋，使掌心朝右。目视右手。（图8-2-12①）

（2）右脚向右落地，重心移至右腿上，下蹲成左虚步；左掌变拳下落于左膝上，拳眼朝内；右勾手变拳，屈肘上架于头右上方，拳心朝前。目视左方。（图8–2–12②）

要点：落步、架拳、栽拳、转头要同时完成。

（二）提膝穿掌

（1）右腿稍伸直。右拳变掌收至腰侧，掌心朝上；左拳变掌，由下向左、向上画弧盖压于体前，掌心朝前。（图8–2–13①）

（2）右腿蹬直，左腿屈膝提起，左脚脚尖内扣。右掌从腰侧经左臂内向右前上方穿出，掌心朝上；左掌收至右胸前成立掌。目视右掌。（图8–2–13②）

要点：支撑腿与右臂充分伸直。

（三）仆步穿掌

右腿全蹲，左腿向左侧铲出呈左仆步。右臂不动，左掌由右胸前向下经左腿内侧，向左脚背穿出。目随左掌转视。（图8–2–14）

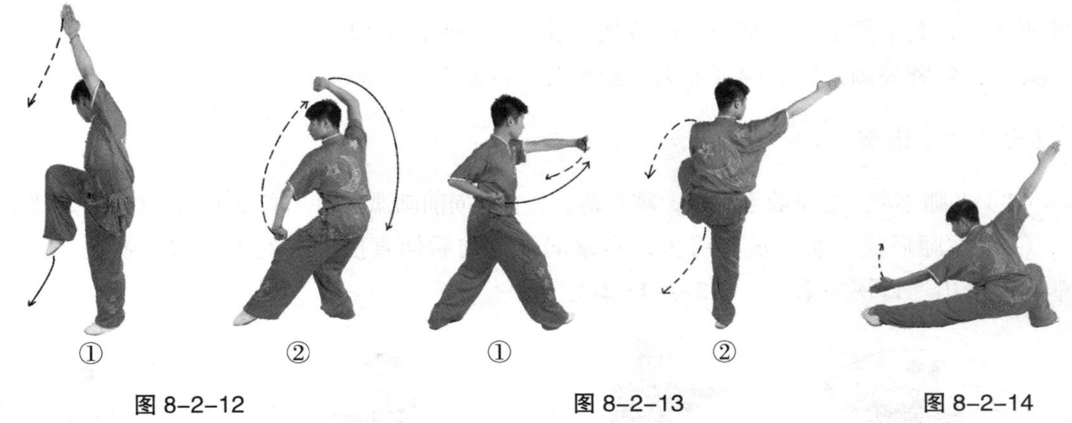


图 8–2–12　　图 8–2–13　　图 8–2–14

（四）虚步挑掌

（1）右腿蹬直，重心前移至左腿成左弓步。右掌稍下降，左掌随重心前移向前挑起。（图8–2–15①）

（2）右脚向左前方上步，左腿半蹲，成右虚步。上体随上步左转180°。在右脚上步的同时，左掌由前向上、向后画成立掌，右掌由后向下、向前上方挑起成立掌，指尖与眼平。目视右掌。（图8–2–15②）

要点：上步要协调，虚步要稳。

（五）马步击掌

（1）右脚落实，脚尖外撇，重心稍升高并右移，左掌变拳收至腰侧；右掌俯掌向外搂手。（图8–2–16①）

（2）左脚向前上一步，以右脚为轴向后转体180°，两腿下蹲成马步。左掌从右臂上成

立掌向左侧击出，右掌变拳收至腰侧。目视左掌。（图8–2–16②）

要点：右掌搂手时，先使臂内旋、腕伸直，手掌向下、向外转；接着臂外旋，掌心经下向上翻转，同时抓握成拳。收拳和击掌动作要同时进行。

①　②　①　②

图 8–2–15　　图 8–2–16

（六）插步双摆掌

（1）重心稍右移，同时两掌向下、向右摆，掌指朝上。目视右掌。（图8–2–17①）

（2）右脚向左腿后插步，前脚掌着地。两臂继续由右向上、向左摆，停于身体左侧，均成侧立掌，右掌停于左肘窝处。视线随手动。（图8–2–17②）

要点：两臂要画立圆，幅度要大，摆掌与后插步配合一致。

（七）弓步击掌

（1）两腿不动。左掌收至腰侧，掌心朝上；右掌向前画弧推出，掌心朝前。（图8–2–18①）

（2）左腿后撤一步，成右弓步，右掌向下、向后伸直摆动成勾手，勾尖朝上，左掌成立掌向前推出。目视左掌。（图8–2–18②）

①　②　①　②

图 8–2–17　　图 8–2–18

（八）转身踢腿马步盘肘

（1）两脚以前脚掌为轴向后转体180°。在转体的同时，左臂向上、向前画半立圆，右臂向下、向后画半立圆。（图8–2–19①）

（2）上一个动作不停，两脚不动，右臂由后向上、向前画半立圆，左臂由前向下、向后画半立圆。（图8–2–19②）

（3）上一个动作不停，右臂向下、向身后成反臂勾手，勾尖朝上；左臂向上呈亮掌，掌心朝前上方；右腿伸直，脚尖勾起，向额前踢。（图8–2–19③）

（4）右脚向前落地，脚尖内扣。右手不动，左臂屈肘下落至胸前，左掌心朝下。目视左掌。（图8–2–19④）

（5）上体左转90°，两腿下蹲成马步。同时左掌向前、向左平掳变拳，收至腰侧，右勾手变拳，右臂伸直，由体后向右、向前平摆，至体前时屈肘，肘尖朝前，高与肩平，拳心朝下。目视前方。（图8–2–20）

要点：两臂抡动时要画立圆，动作连贯。盘肘时要快速有力，右臂前送。

①　②　③　④

图 8–2–19　　图 8–2–20

## 四、第三段

### （一）歇步抡砸拳

（1）重心稍升高，右脚脚尖外撇，右臂由胸前向上、向右抡直；左拳向下、向左，使臂抡直。目视右拳。（图8–2–21①）

（2）上一个动作不停，两脚以前脚掌为轴，向右后转体180°，右臂向下、向后抡摆，左臂向上、向前随身体转动。（图8–2–21②）

（3）紧接上一个动作，两腿全蹲成歇步，左臂随身体下摆，同时左拳向下平砸，拳心朝上，肘部微屈；右臂伸直向上举起。目视左拳。（图8–2–21③）

要点：抡臂动作要连贯完成，画成立圆。歇步要两腿交叉全蹲，左腿的大小腿靠紧，臀部贴于小腿外侧，膝关节在右小腿外侧，脚跟提起；右脚脚尖外撇，全脚着地。

①　②　③

图 8–2–21

（二）仆步亮掌

（1）左脚由右腿后抽出上前一步，左腿蹬直，右腿半蹲，成右弓步。上体微向右转。左拳收至腰侧，右拳向下经胸前向右横击。目视右掌方。（图8-2-22①）

（2）右脚蹬地右腿屈膝提起，上体右转。左拳变掌从右拳上向前穿出，掌心朝上；右拳变掌平收至左肩下。（图8-2-22②）

（3）右脚向右落步，屈膝下蹲，左腿伸直成仆步。左掌向下、向后画弧成勾手，勾尖朝上；右掌向右、向上画弧，右臂微屈，抖腕成亮掌，掌心朝前。头随右手转动。呈亮掌时，目视左方。（图8-2-22③）

要点：落步下蹲时，先成右仆步，然后迅速过渡成左仆步。成仆步时，左腿充分伸直，脚尖内扣，右腿全蹲，两脚全脚掌着地。挺胸，塌腰，上体稍左转。

① ② ③

图 8-2-22

（三）弓步劈拳

（1）右腿蹬地立起；左腿收回并向左前方上步。右掌变拳收至腰侧，拳心朝上；左勾手变掌，由下向前上经胸前向左做掳手。（图8-2-23①）

（2）右腿经过左腿前方向左绕上一步，左腿蹬直成右弓步。左手向左平掳，再向前挥摆，虎口朝前。（图8-2-23②）

（3）在左手平掳的同时，右掌向后平摆，再向前、向上做抡臂劈拳，拳高与耳平，拳心朝上，左掌外旋接扶右前臂。目视右拳。（图8-2-23③）

要点：左、右脚上步稍带弧形。

① ② ③

图 8-2-23

（四）换跳步弓步冲拳

（1）重心后移，右脚稍向后移动，右臂内旋，向下划弧，右拳挂至右膝内侧；左掌背贴靠于右上臂外侧，掌指朝上。目视右拳。（图8-2-24①）

（2）右腿自然上抬，上体稍向左扭转。右拳变掌，挂至身体左侧；左掌伸向右腋下。目随右掌转视。（图8-2-24②）

（3）右脚以全脚掌用力向下震跺，与此同时，左脚急速离地抬起。右掌由左向上、向前掳盖而后变拳收至腰侧；左掌伸直向下、向上、向前屈肘下按，掌心朝前。上体右转，目视左掌。（图8-2-24③）

（4）左脚向前落步，右腿蹬直成左弓步。右拳向前冲出，拳眼朝上，拳高与肩平；左掌藏于右腋下，掌背贴靠腋窝，掌指朝上。目视右拳。（图8-2-24④）

要点：换跳步动作要连贯、协调。震脚时，腿要弯曲，全脚掌着地。左脚离地不要太远。

①

②

③

④

图 8-2-24

（五）马步冲拳

上体右转90°，重心移至两腿中间，成马步。右拳收至腰侧，拳心朝上；左掌变拳向左冲出，拳眼朝上。目视左拳。（图8-2-25）

（六）弓步下冲拳

右腿蹬直，左腿弯曲，上体稍向左转，成左弓步。左拳变掌，向下经体前向上架于头左上方，掌心朝上；右拳自腰侧向右前下方冲出，拳眼朝上。目视右拳。（图8-2-26）

图 8-2-25　　图 8-2-26

（七）插步亮掌侧踹腿

（1）上体稍右转。左掌由头上下落于右手腕上，右拳变掌，两手交叉呈十字。目视两手。（图8-2-27①）

（2）右脚蹬地并向左腿后插步，以前脚掌着地。左掌由体前向下、向后画弧成勾手，勾尖朝上；右掌由前向右、向上画弧，抖腕亮掌，掌心朝上。目视左侧。（图8-2-27②）

（3）重心移至右腿，左腿屈膝提起，向左上方猛力蹬出。上肢姿势不变，目视左侧。（图8-2-27③）

要点：插步时，上体稍向右倾斜，腿、臂的动作要一致。侧踹高度不能低于腰，着力点在脚跟。

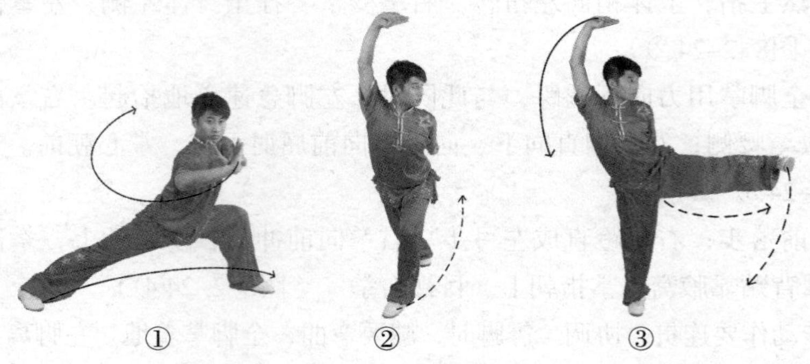

图 8-2-27

（八）虚步挑拳

（1）左脚在左侧落地。右掌变拳，稍后移；左勾手变拳，由体后向左上挑，拳眼朝上。（图8-2-28①）

（2）上体左转180°，微含胸前俯。左拳继续向前、向上画弧上挑；右拳向下、向前画弧挂至身体右后侧，同时右膝提起。目视右下方。（图8-2-28②）

（3）右脚向左前方上步，脚尖点地，重心落于左脚；左腿下蹲成右虚步。左拳向后画弧收至腰侧，拳心朝上；屈臂右拳向前挑出，拳眼斜朝上，拳与肩同高。目视右拳。（图8-2-28③）

图 8-2-28

## 五、第四段

（一）弓步顶肘

（1）右臂内旋，向下画弧，以拳背下挂至右膝内侧；左拳不变。目视前下方。（图8-2-29①）

（2）左腿蹬直，右腿屈膝上抬。左拳变掌，右拳不变，两臂向前上画弧摆起。目随左掌转视。（图8–2–29②）

（3）左脚蹬地起跳，身体腾空，两臂继续画弧至头上方。（图8–2–29③）

（4）右脚先落地，左腿屈膝，左脚向前落步，以前脚掌着地。同时两臂向右、向下屈肘停于左胸前，右拳变掌，左掌变拳，右掌心贴靠在左拳面。（图8–2–29④）

（5）左脚向左上一步，左腿屈膝，右腿蹬直成左弓步，右掌推左拳，以肘尖向左顶出，高与肩平。目视左方。（图8–2–29⑤）

要点：交换步时，两脚离地不要过远，但要快。两臂抡摆时要成圆弧。

图 8–2–29

（二）转身左拍脚

（1）以两脚前脚掌为轴向右后转体180° ，左腿蹬直成右弓步。随着转体，右臂向上、向右、向下画弧抡摆，同时左拳变掌向下、向后、向前上抡摆。（图8–2–30①）

（2）重心移至右腿，左腿伸直向前上踢起，脚背绷直。同时，左掌变拳收至腰侧，右掌由体后向上、向前拍击左脚脚背。（图8–2–30②）

要点：右掌拍脚时，手掌稍横过来，拍脚要准确而响亮。

（三）右拍脚

（1）左脚向前落地。同时左拳变掌向下、向后摆；右掌变拳收至腰侧，拳心朝上。（图8–2–31①）

（2）右腿伸直向前上踢起，脚背绷直。左掌由后向上、向前拍击右脚背。（图8–2–31②）

要点：与本段的转身左拍脚相同。

图 8–2–30　图 8–2–31

（四）腾空飞脚

（1）右脚落地。（图8–2–31①）

（2）左脚向前摆起，右脚猛力蹬地跳起，左腿屈膝继续前上摆。同时右拳变掌向前、向上摆起，左掌先上摆而后下降拍击右掌背。（图8–2–31②）

（3）右腿继续上摆，脚背绷直。右手拍击右脚背，左掌由体前向后上举。（图8–2–31③）

要点：蹬地要向上，不要太向前冲，左膝尽量上提。击响要在腾空时完成，右臂伸直呈水平。

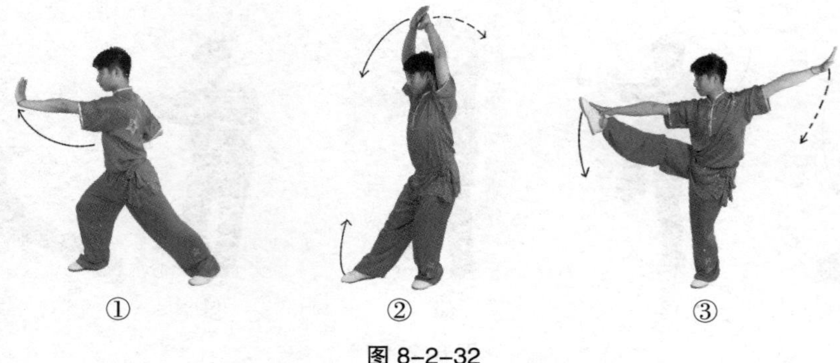


图 8–2–32

（五）歇步下冲拳

（1）左、右脚先后相继落地，右掌不变，左掌变拳收至腰侧，拳心向上。（图8–2–33①）

（2）身体右转90°，两腿全蹲成歇步。右掌抓握、外旋变拳收至腰侧；左拳由腰侧向前下方冲出，拳心朝下。目视左拳。（图8–2–33②）

（六）仆步抡劈拳

（1）重心升高，右臂由腰侧向体后伸直，左臂随重心升高向上摆起。（图8–2–34①）

（2）以右脚前脚掌为轴，左腿屈膝提起，上体左转270°。左拳向前、向后下画立圆一周；右拳由后向下、向前上画立圆一周。（图8–2–34②）

（3）左腿向后落一步，屈膝全蹲，右腿伸直，脚尖内扣成右仆步。右拳由上向下抡劈，拳眼朝上；左拳后上举，拳眼朝上。目视右拳。（图8–2–34③）

要点：抡臂时一定要画立圆。

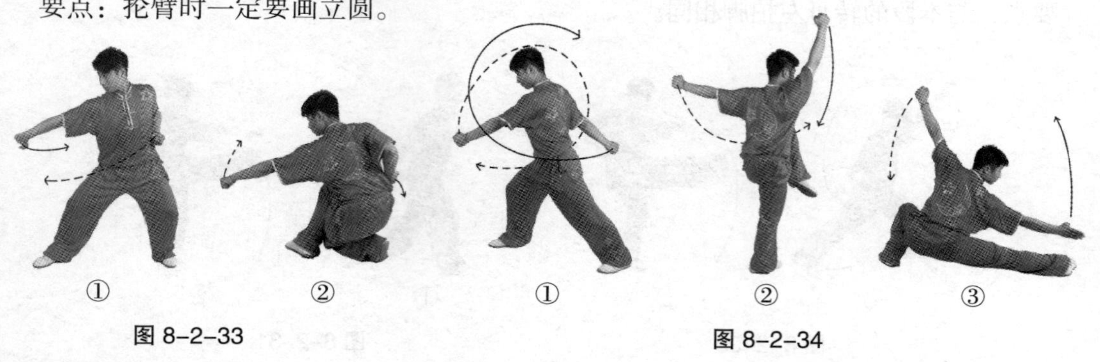


图 8–2–33　　图 8–2–34

（七）提膝挑掌

（1）重心前移成右弓步。同时右拳变掌由下向上抡摆，左拳变勾稍下落，右掌心朝左，左手勾尖朝上。（图8–2–35①）

（2）左、右臂在垂直面上由前向后各画立圆一周。右臂伸直停于头上，掌心画左，掌指画上；左勾手不动，同时，重心移至左腿，右腿屈膝提起，左腿挺膝伸直独立。目视前方。（图8–2–35②）

要点：抡臂时要画立圆。

（八）提膝劈掌弓步冲拳

（1）下肢不动。右掌由上向下猛劈伸直，停于右小腿内侧，用力在小指一侧，掌心朝左。左勾手变掌，屈臂向前停于右上臂内侧，掌心朝右。目视右掌。（图8–2–36①）

（2）右脚向右侧落地；身体右转90° 。同时左掌变拳收至腰侧，右臂内旋向右画弧搂手。（图8–2–36②）

（3）上一个动作不停，左腿蹬直成右弓步。右手抓握变拳收至腰侧，左拳由腰侧向左前方冲出，拳眼朝上。目视左拳。（图8–2–36③）

①　②　①　②　③

图 8–2–35　　图 8–2–36

## 六、结束动作

（一）虚步亮掌

（1）左脚扣于右膝后，两拳变掌，两臂右下左下屈肘交叉于体前。目视前方。（图8–2–37①）

（2）左脚向左前落步，重心后移，右腿半蹲，上体稍右转。同时右掌向上、向右、向下画弧停于左腋下；左掌向下、向左、向上画弧至右臂上方，两手臂左上右下。目视右掌。（图8–2–37②）

（3）左脚脚尖稍向右移，右腿下蹲成左虚步。左臂伸直向左、向后划弧成反勾手；右

臂伸直向下、向右、向上画弧，抖腕亮掌，掌心朝上。目视左方。（图8–2–37③）

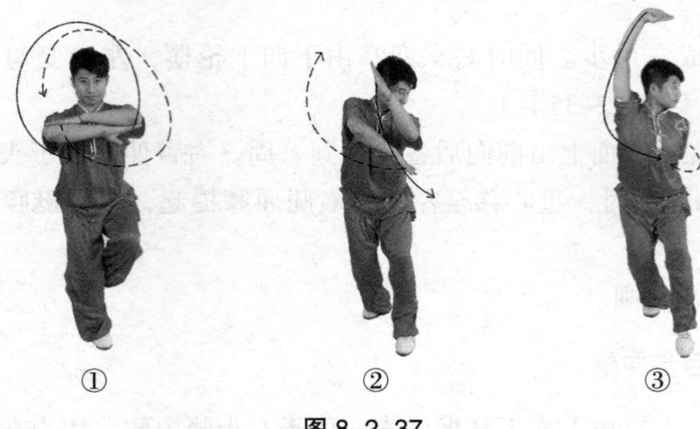

图 8–2–37

（二）并步对拳

（1）左腿后撤一步，同时两掌从两腰侧向前穿出伸直，掌心朝上。（图8–2–38①）

（2）右腿后撤一步，同时两臂分别向体后下摆。（图8–2–38②）

（3）左脚后退一步向右脚并拢。两臂由后向上经体前屈臂下按，两掌变拳，停于腹前，拳心朝下，拳面相对。目视左方。（图8–2–38③）

**还原**

两臂自然下垂，目视正前方。（图8–2–39）

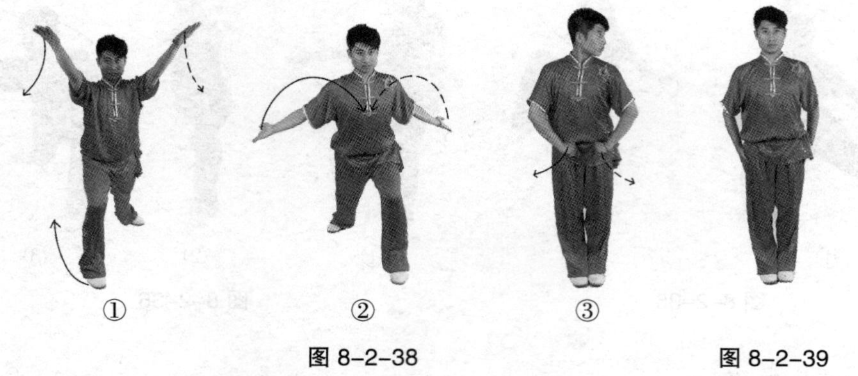

图 8–2–38　　图 8–2–39

## 第三节　24 式简化太极拳

24 式简化太极拳

### 一、太极拳概述

太极拳是中国武术的一个重要流派，流行于各地，很受人们欢迎。它是根据我国古代阴阳哲学原理而命名的拳术。其所有动作的开合、起落、进退、刚柔、蓄发、顺逆、虚实、曲

直等，无不和谐地体现出阴阳对立与统一的辩证规律。

太极拳在长期的流行过程中形成了陈式、杨式、吴式、孙式、武式等技术流派。中华人民共和国成立以后，国家体育委员会（现国家体育总局）组织专家编创了24式太极拳、48式太极拳、32式太极剑等；20世纪初到80年代末，为了适应武术的国际交流与竞赛，又编创了陈式、杨式、吴式、孙式、武式太极拳和42式综合太极拳、剑等竞赛套路。各式太极拳尽管在运动风格上有所不同，但体松心静、柔和缓慢、连绵不断、圆活自然、协调完整的要求是基本一致的。

## 二、太极拳运动的特点

### （一）体松心静

太极拳是一种“静中寓动、动中求静”的修炼术，与其他竭尽全力去追求高度、速度、远度的竞技运动截然不同。练习太极拳，首先要使身体充分放松，头颈部、肩部、胸部、腰部、腿部、上肢和下肢均要充分放松，尤其是肩、髋、肘等几个大关节。身体放松了，才能在运动中保持自然舒展、柔和顺畅，才能做到“心静”。

练习者在演练太极拳时，尽管运动不息，但是也要做到内心宁静从容，达到《太极拳论》中形容的“一羽不能加，蝇虫不能落”的境界。

### （二）柔和缓慢

太极拳的动作柔和缓慢，以柔劲为主，以意识引导动作，用意不用力。动作柔和的好处是用力较少，不使肌肉过于紧张。动作缓慢的好处是能使呼吸深长，增加吸氧量，并且气沉丹田，意、气、劲三者合一。这样动作才能自然舒展，感觉灵敏，步法稳健，气血调和。太极拳练习者在运动时不用拙力，呼吸深沉自然，动作轻松柔缓，形神合一，虽动犹静。

### （三）连绵不断

练习者在练习太极拳的过程中，动作不能忽快忽慢、停顿或断续，要动作连贯，势势相承，动动相连，前后贯串，绵绵不断，形成有节律的连续运动。

### （四）圆活自然

太极拳的动作处处带有弧形。这是因为弧形动作转换灵活，不滞不涩，易于转化，符合力学原理，也符合人体各关节自然弯曲的状态。因此，有人称太极拳为“圆的运动”。

### （五）协调完整

太极拳是一种需要练习者身心高度协调配合的运动。无论是整个套路，还是单个动作姿势，练习者都必须做到上下相随、协调完整、内外合一，把身体的动作与内在的意识完整地统一起来。

在单个动作上，腰部一动，上、下肢均动，眼睛亦跟着转动。太极拳动作要求以腰为轴，由腰部带动上、下肢运动，全身上下、左右相互呼应，做到"一动无所不动，一静无有不静"。

## 三、24式简化太极拳动作名称

| | | | | |
|---|---|---|---|---|
| 第一组 | 1. 起势 | 2. 左右野马分鬃 | 3. 白鹤亮翅 | |
| 第二组 | 1. 左右搂膝拗步 | 2. 手挥琵琶 | 3. 左右倒卷肱 | |
| 第三组 | 1. 左揽雀尾 | 2. 右揽雀尾 | | |
| 第四组 | 1. 单鞭 | 2. 云手 | 3. 单鞭 | |
| 第五组 | 1. 高探马 | 2. 右蹬脚 | 3. 双峰贯耳 | 4. 转身左蹬脚 |
| 第六组 | 1. 左下势独立 | 2. 右下势独立 | | |
| 第七组 | 1. 左右穿梭 | 2. 海底针 | 3. 闪通臂 | |
| 第八组 | 1. 转身搬拦捶 | 2. 如封似闭 | 3. 十字手 | 4. 收势 |

## 四、24式简化太极拳动作图解

### （一）第一组

**1. 起势**

（1）身体自然直立，两脚开立，与肩同宽，脚尖向前；两臂自然下垂，两手放在大腿外侧；眼向前平视。（图8-3-1）

要点：头颈挺直，下颌微向后收，不要故意挺胸或收腹。精神要集中（起势由立正姿势开始，然后左脚向左分开，成开立步）。

（2）两臂慢慢向前平举，两手高与肩平，与肩同宽，手心向下。（图8-3-2、图8-3-3）

（3）上体保持挺直，两腿屈膝下蹲；同时两掌轻轻下按，两肘下垂与两膝相对；眼平视前方。（图8-3-4）

要点：两肩下沉，两肘松垂，手指自然微屈。屈膝松腰，臀部不可凸出，身体重心落于两腿中间。两臂下落和身体下蹲的动作要协调一致。

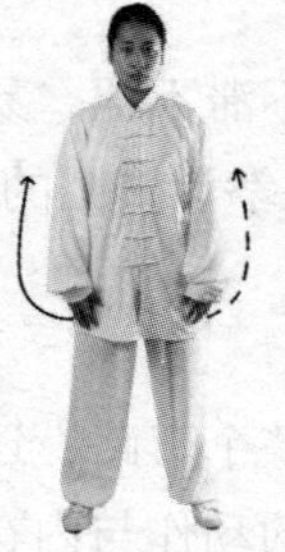
图8-3-1

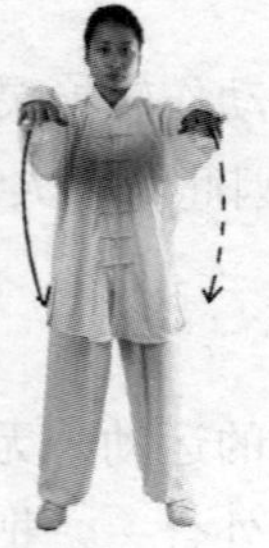
图8-3-2

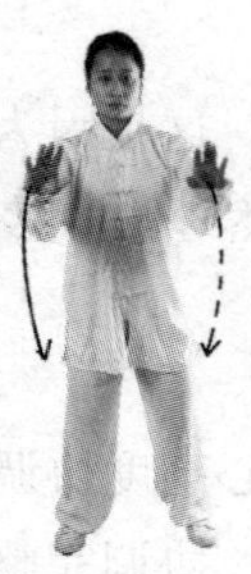
图8-3-3

图8-3-4

2.左右野马分鬃

（1）上体微向右转，身体重心移至右腿上；同时右臂收在胸前平屈，手心向下，左手经体前向右下划弧放在右手下，手心向上，两手心相对成抱球状；左脚随即收到右脚内侧，脚尖点地；眼看右手。（图8–3–5、图8–3–6）

（2）上体微向左转，左脚向前方迈出，右脚脚跟后蹬，右腿自然伸直，成左弓步；同时上体继续向左转，左、右手随转体慢慢分别向左上、右下分开，左手高与眼平（手心斜向上），肘微屈；右手落在右胯旁，肘也微屈，手心向下，指尖向前；眼看左手。（图8–3–7至图8–3–9）

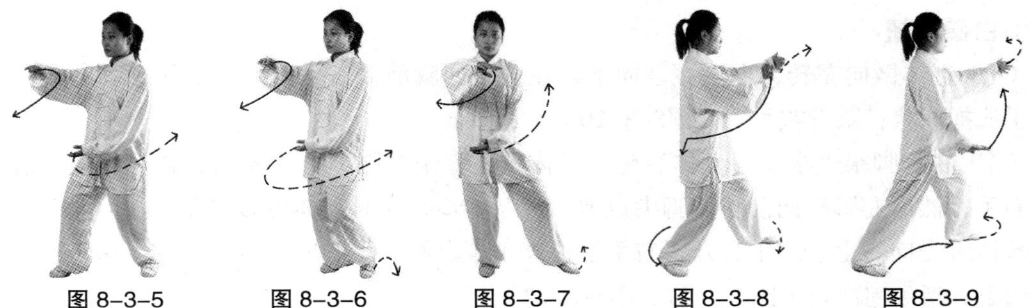
图 8–3–5　图 8–3–6　图 8–3–7　图 8–3–8　图 8–3–9

（3）上体慢慢后坐，身体重心移至右腿，左脚脚尖翘起，微向外撇（45°～60°），随后脚掌慢慢踏实，左腿慢慢前弓，身体左转，身体重心再移至左腿；同时左手翻转向下，左臂收在胸前平屈，右手向左上划弧放在左手下，两手心相对成抱球状；右脚随即收到左脚内侧，脚尖点地；眼看左手。（图8–3–10至图8–3–12）

（4）右腿向右前方迈出，左腿自然伸直，成右弓步；同时上体右转，左、右手随转体分别慢慢向左下、右上分开，右手高与眼平（手心斜向上），肘微屈；左手落在左胯旁，肘也微屈，手心向下，指尖向前；眼看右手。（图8–3–13、图8–3–14）

（5）与（3）解同，只是左右相反。（图8–3–15至图8–3–17）

（6）与（4）解同，只是左右相反。（图8–3–18、图8–3–19）

要点：上体不可前俯后仰，胸部必须宽松舒展。两臂分开时要保持弧形。身体转动时要以腰为轴。弓步动作与分手的速度要均匀一致。做弓步时，迈出的脚先是脚跟着地，然后脚掌慢慢踏实，脚尖向前，膝盖不要超过脚尖；后腿自然伸直；前后脚夹角成45°～60°（需要时后脚跟可以后蹬调整）。野马分鬃式的弓步，前、后脚的脚跟要分在中轴线两侧，它们之间的横向距离（以动作行进的中线为纵轴，其两侧的垂直距离为横向）应该保持在10～30厘米。

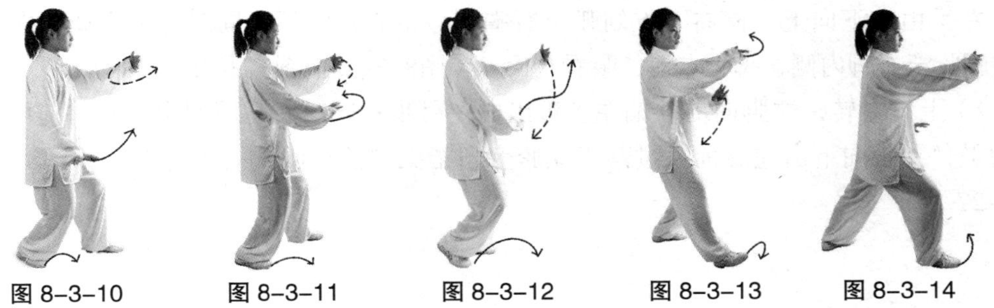
图 8–3–10　图 8–3–11　图 8–3–12　图 8–3–13　图 8–3–14

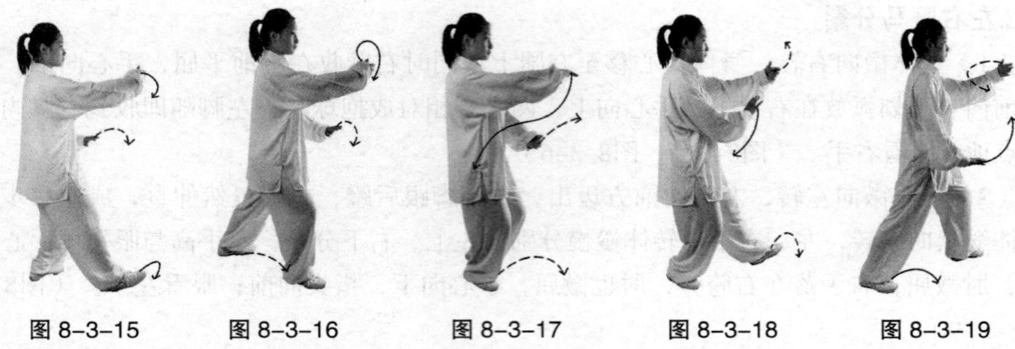

图8-3-15　图8-3-16　图8-3-17　图8-3-18　图8-3-19

**3. 白鹤亮翅**

（1）上体微向左转，左手翻掌向下，左臂平屈胸前，右手向左下划弧，手心转向上，与左手成抱球状；眼看左手。（图8-3-20）

（2）右脚脚跟进半步，上体后坐，身体重心移至右腿，上体先向右转，面向右前方，眼看右手；然后左脚稍向前移，脚尖点地，成左虚步；同时上体再微向左转，面向前方，两手随转体慢慢向右上、左下分开，右手上提停于头右侧，手心向左后方，左手落于左胯前，手心向下，指尖向前。（图8-3-21、图8-3-22）

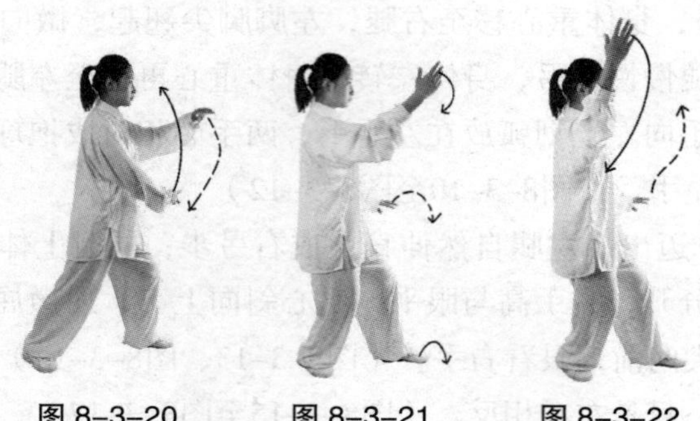

图8-3-20　图8-3-21　图8-3-22

要点：胸部不要挺出，两臂上下都要保持半圆形，左膝微屈。身体重心后移与右手上提、左手下按要协调一致。

（二）第二组

**1. 左右搂膝拗步**

（1）右手从体前下落，由下向后上方划弧至右肩外侧，肘微屈，手与耳同高，手心斜向上；左手由左下向上、向右下方划弧至右胸前，手心斜向下；同时上体先微向左再向右转；左脚收至右脚内侧，脚尖点地，眼看右手。（图8-3-23至图8-3-25）

（2）上体左转，左脚向前（偏左）迈出成左弓步；同时右手屈回由耳侧向前推出，高与鼻尖平，左手向下由左膝前搂过落于左胯旁，指尖向前；眼看右手手指。（图8-3-26、图8-3-27）

图 8-3-23　图 8-3-24　图 8-3-25　图 8-3-26　图 8-3-27

（3）右腿慢慢屈膝，上体后坐，身体重心移至右腿，左脚脚尖翘起微向外撇，随后脚掌慢慢踏实，左腿前弓，身体左转，身体重心移至左腿，右脚收到左脚内侧，脚尖点地；同时左手向外翻掌，由左后向上划弧至左肩外侧，肘微屈，手与耳同高，手心斜向上；右手随转体向上、向左下划弧落于左胸前，手心斜向下；眼看左手。（图8-3-28至图8-3-30）

（4）与（2）解同，只是左右相反。（图8-3-31、图8-3-32）

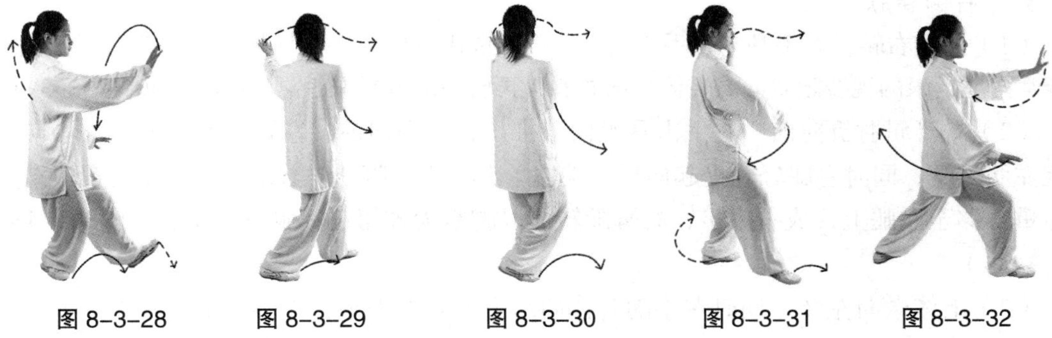

图 8-3-28　图 8-3-29　图 8-3-30　图 8-3-31　图 8-3-32

（5）与（3）解同，只是左右相反。（图8-3-33至图8-3-35）

（6）与（2）解同。（图8-3-36、图8-3-37）

要点：前手推出时，身体不可前俯后仰，要松腰松胯。推掌时要沉肩垂肘，坐腕舒掌，同时须与松腰、弓腿上下协调一致。搂膝拗步成弓步时，两脚跟的横向距离保持约30厘米。

图 8-3-33　图 8-3-34　图 8-3-35　图 8-3-36　图 8-3-37

### 2. 手挥琵琶

右脚脚跟进半步，上体后坐，身体重心转至右腿上，上体半面向右转，左脚略提起稍向前移，变成左虚步，脚跟着地，脚尖翘起，膝部微屈；同时左手由左下向上挑举，高与鼻尖平，掌心向右，臂微屈；右手收回放在左臂肘部内侧，掌心向左；眼看左手食指。（图8–3–38、图8–3–39）

要点：身体要平稳自然，沉肩垂肘，胸部放松。左手上举时不要直向上挑，要由左向上、向前，微带弧形。右脚跟进时，脚掌先着地，再全脚踏实。身体重心后移和左手上举、右手回收要协调一致。

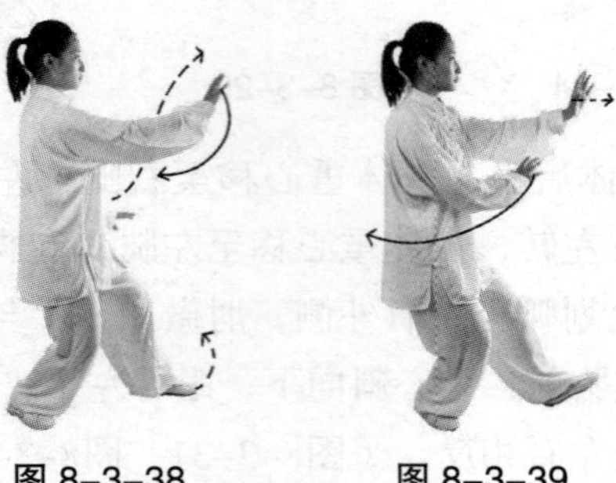
图 8–3–38　图 8–3–39

3. 左右倒卷肱

（1）上体右转，右手翻掌（手心向上）经腹前由下向后上方划弧平举，臂微屈，左手随即翻掌向上，眼的视线随着向右转体先向右看，再转向前方看左手。（图8–3–40、图8–3–41）

（2）右臂屈肘折向前，右手由耳侧向前推出，手心向前，左臂屈肘后撤，手心向上，撤至左肋外侧；同时左腿轻轻提起向后（偏左）退一步，脚掌先着地，然后全脚慢慢踏实，身体重心移至左腿上，成右虚步，右脚随转体以脚掌为轴扭正；眼看右手。（图8–3–42、图8–3–43）

（3）上体微向左转，同时左手随转体向后上方划弧平举，手心向上，右手随即翻掌，掌心向上；眼随转体先向左看，再转向前方看右手。（图8–3–44）

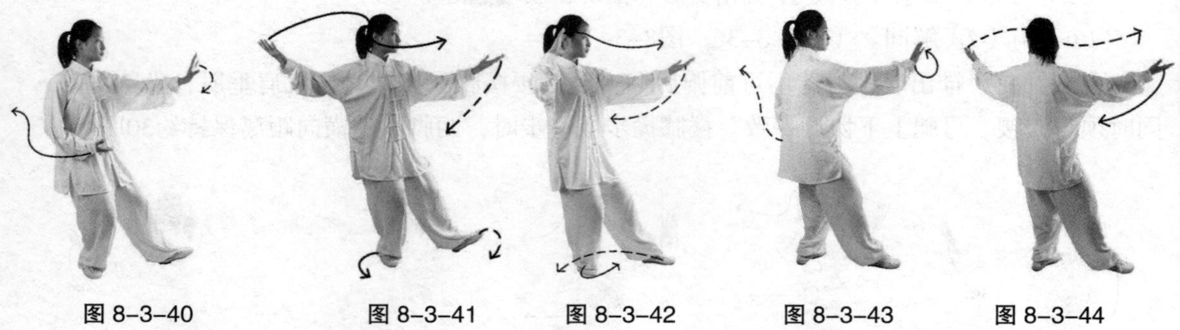
图 8–3–40　图 8–3–41　图 8–3–42　图 8–3–43　图 8–3–44

（4）与（2）解同，只是左右相反。（图8–3–45、图8–3–46）

（5）与（3）解同，只是左右相反。（图8–3–47）

（6）与（2）解同。（图8–3–48、图8–3–49）

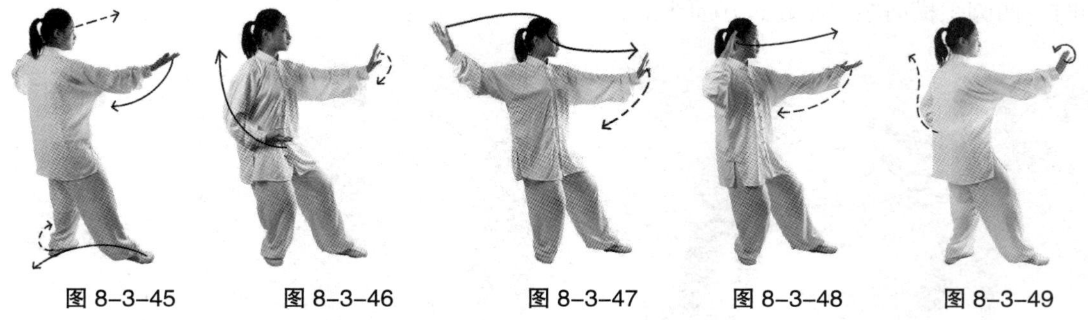

图 8-3-45　　图 8-3-46　　图 8-3-47　　图 8-3-48　　图 8-3-49

（7）与（3）解同。（图8-3-50）

（8）与（2）解同，只是左右相反。（图8-3-51、图8-3-52）

要点：前推的手不要伸直，后撤手也不可直向回抽，随转体仍走弧线。前推时，要转腰松胯，两手的速度要一致，避免僵硬。退步时，脚掌先着地，再慢慢全脚踏实，同时前脚随转体以脚掌为轴扭正。退左脚略向左后斜，避免使两脚落在一条直线上。后退时，眼神随转体动作先向左右看，然后再转看前手。最后退右脚时，脚尖外撇的角度略大些，便于接着做"左揽雀尾"的动作。

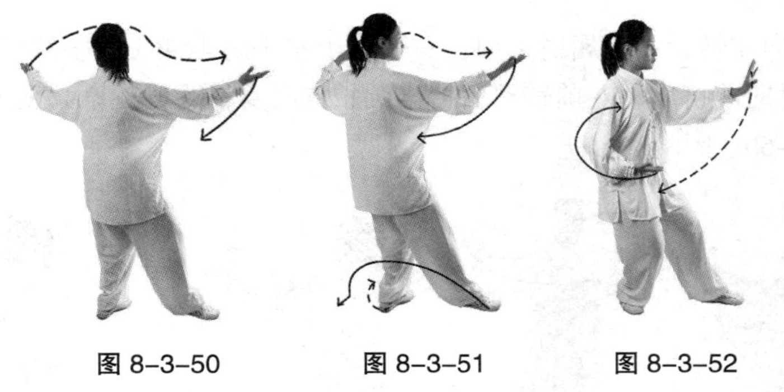

图 8-3-50　　图 8-3-51　　图 8-3-52

（三）第三组

**1. 左揽雀尾**

（1）上体微向右转，同时右手随转体向后上方划弧平举，手心向上，左手放松，手心向下；眼看左手。（图8-3-53）

（2）身体继续向右转，左手自然下落逐渐翻掌经腹前划弧至右肋前，手心向上；右臂屈肘，手心转向下，收至右胸前，两手相对呈抱球状；同时身体重心落在右腿上，左脚收到右脚内侧，脚尖点地；眼看右手。（图8-3-54、图8-3-55）

（3）上体微向左转，左脚向前方迈出，上体继续向左转，右腿自然蹬直，左腿屈膝，成左弓步；同时左臂向左绷出（左臂平屈呈弓形，用前臂外侧和手背向前方推出），高与肩平，手心向内；右手向右下落放于右胯旁，手心向下，指尖向前；眼看前臂。（图8-3-56、图8-3-57）

要点：掤出时，两臂前后均保持弧形。分手、松腰、弓腿三者必须协调一致。揽雀尾弓

步时，两脚跟横向距离不超过10厘米。

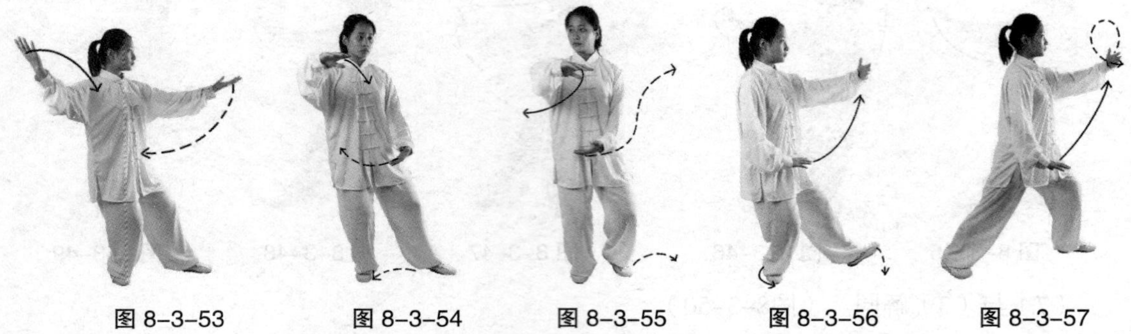

图 8–3–53　　图 8–3–54　　图 8–3–55　　图 8–3–56　　图 8–3–57

（4）身体微向左转，左手随即前伸翻掌向下，右手翻掌向上，经腹前向上、向前伸至左前臂下方；然后两手下捋，随即上体向右转。两手经腹前向右后上方划弧，直至右手手心向上，高与肩齐，左臂平屈于胸前，手心向后；同时身体重心移至右腿；眼看右手。（图8–3–58、图8–3–59）

要点：下捋时，上体不可前倾，臀部不要凸出。两臂下捋须随腰旋转，仍走弧线。左脚全掌着地。

（5）上体微向左转，右臂屈肘折回，右手附于左手腕里侧（相距约5厘米），上体继续向左转，双手同时向前挤出，左前臂要保持半圆；同时身体重心逐渐移变成左弓步；眼看左手腕部。（图8–3–60、图8–3–61）

图 8–3–58　　图 8–3–59　　图 8–3–60　　图 8–3–61

要点：向前挤时，上体要挺直。挤的动作要与松腰、弓腿一致。

（6）左手翻掌，手心向下，右手经左腕上方向前、向右伸出，高与左手齐，手心向下，两手左右分开至与肩同宽；然后右腿屈膝，上体慢慢后坐，身体重心移至右腿上，左脚脚尖翘起；同时两手屈肘回收至腹前，手心均向前下方；眼向前平视。（图8–3–62至图8–3–64）

（7）上式不停，身体重心慢慢前移，同时两手向前、向上按出，掌心向前；左腿在前成左弓步；眼平视前方。（图8–3–65）

要点：向前按时，两手须走曲线，手腕部高与肩平，两肘微屈。

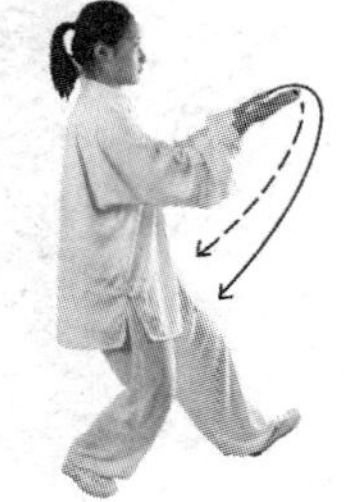

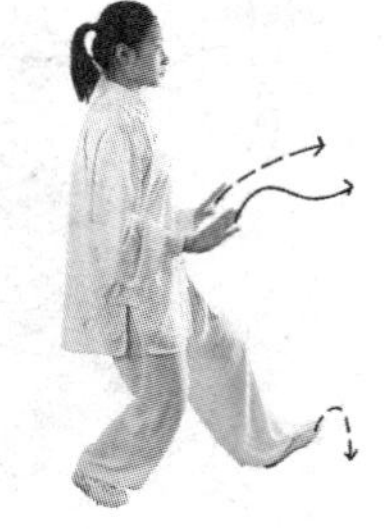

图 8–3–62　图 8–3–63　图 8–3–64　图 8–3–65

**2. 右揽雀尾**

（1）上体后坐并向右转，身体重心移至右腿，左脚脚尖内扣；右手向右平行划弧至右侧，然后由右下经腹前向左上划弧至左肋前，手心向上；左臂平屈于胸前，左手手掌向下与右手呈抱球状；同时身体重心再移至左腿上，右脚收至左脚内侧，脚尖点地；眼看左手。（图8–3–66至图8–3–69）

（2）同“左揽雀尾”（3）解，只是左右相反。（图8–3–70、图8–3–71）

图 8–3–66　图 8–3–67　图 8–3–68　图 8–3–69　图 8–3–70　图 8–3–71

（3）同“左揽雀尾”（4）解，只是左右相反。（图8–3–72、图8–3–73）

（4）同“左揽雀尾”（5）解，只是左右相反。（图8–3–74、图8–3–75）

图 8–3–72　图 8–3–73　图 8–3–74　图 8–3–75

（5）同“左揽雀尾”（6）解，只是左右相反。（图8–3–76至图8–3–78）

（6）同“左揽雀尾”（7）解，只是左右相反。（图8–3–79）

要点：均与“左揽雀尾”相同，只是左右相反。

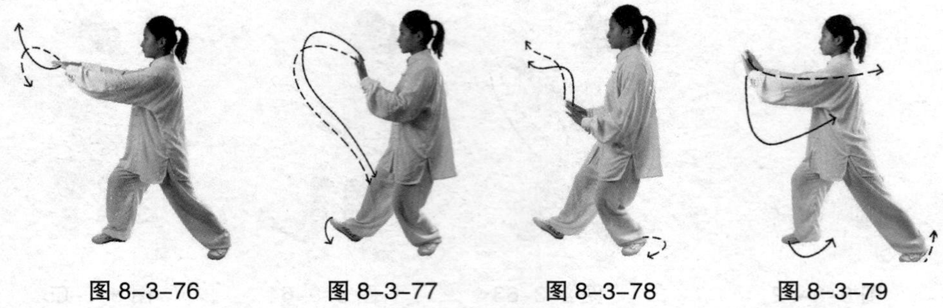

图 8-3-76　图 8-3-77　图 8-3-78　图 8-3-79

（四）第四组

1. 单鞭

（1）上体后坐，身体重心逐渐移至左腿上，右脚脚尖内扣；同时上体左转，两手（左高右低）向左弧形运转，直至左臂平举伸于身体左侧，手心向左，右手经腹前运至左肋前，手心向后上方；眼看左手。（图8-3-80、图8-3-81）

（2）身体重心再渐渐移至右腿上，上体右转，左脚向右脚靠拢，脚尖点地；同时右手向右上方划弧（手心由里转向外），至右侧方时变勾手，臂与肩平；左手向下经腹前向右上划弧停于右肩前，手心向里；眼看左手。（图8-3-82、图8-3-83）

（3）上体微向左转，左脚向左前侧方迈出，右脚脚跟后蹬，成左弓步；在身体重心移向左腿的同时，左掌随上体的继续左转慢慢翻转向前推出，手心向前，手指与眼齐平，臂微屈；眼看左手。（图8-3-84）

要点：上体保持挺直、松腰。完成时，右臂肘部稍下垂，左肘与左膝上下相对，两肩下沉。左手向外翻掌前推时，要随转体边翻边推出，不要翻掌太快或最后突然翻掌。全部过渡动作要上下协调一致。如面向南起势，单鞭的方向（左脚脚尖）应向东偏北（大约为15°）。

图 8-3-80　图 8-3-81　图 8-3-82　图 8-3-83　图 8-3-84

2. 云手

（1）身体重心移至右腿上，身体渐向右转，左脚脚尖内扣；左手经腹前向右上划弧至右肩前，手心斜向后，同时右手变掌，手心向右前；眼看左手。（图8-3-85至图8-3-87）

（2）上体慢慢左转，身体重心随之逐渐左移；左手由脸前向左侧运转，手心渐渐向左方；右手由右下经腹前向左上划弧，至左肩前，手心斜向后；同时右脚靠近左脚，成小开立步（两脚距离10～20厘米）；眼看右手。（图8-3-88至图8-3-90）

图 8-3-85　图 8-3-86　图 8-3-87　图 8-3-88　图 8-3-89　图 8-3-90

（3）上体再向右转，同时左手经腹前向右上划弧至右肩前，手心斜向后；右手向右侧运转，手心翻转向右；随之左腿向左横跨一步；眼看左手。（图8-3-91至图8-3-93）

（4）同（2）解。（图8-3-94、图8-3-95）

（5）同（3）解。（图8-3-96至图8-3-98）

（6）同（2）解。（图8-3-99、图8-3-100）

要点：身体转动要以腰为轴，松腰、松胯，不可忽高忽低。两臂随腰的转动而转动，要自然圆活，速度要缓慢、均匀。下肢移动时，身体重心稳定，两脚掌先着地再踏实，脚尖向前。眼的视线随左右手而移动。第三个“云手”，右脚最后跟步时，脚尖微向内扣，便于接“单鞭”动作。

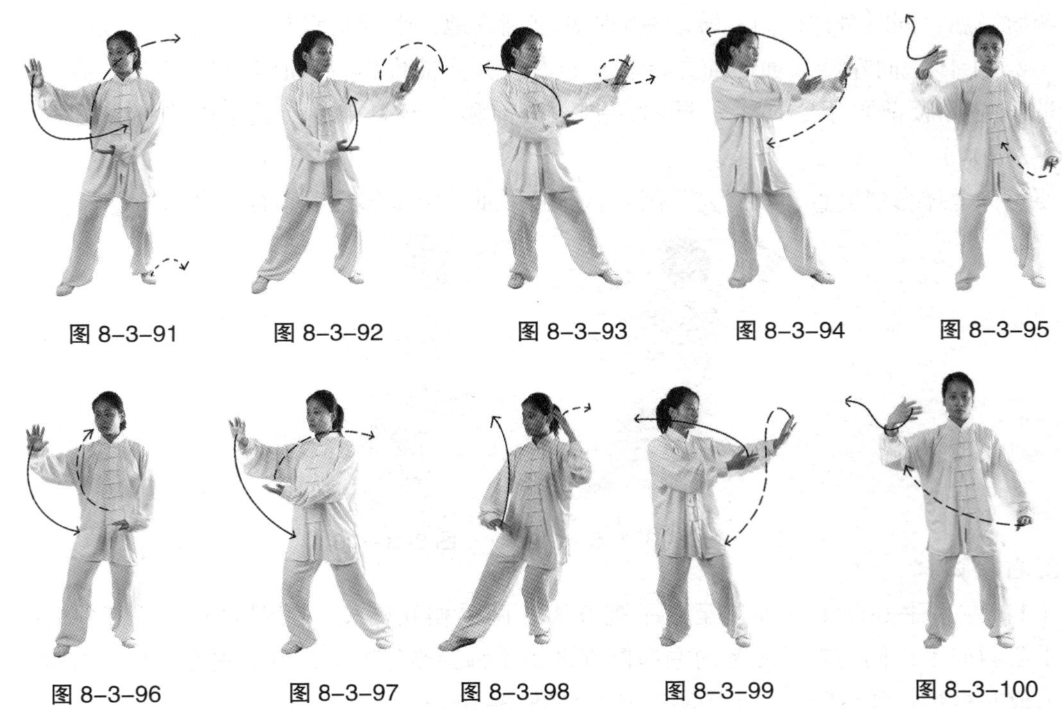

图 8-3-91　图 8-3-92　图 8-3-93　图 8-3-94　图 8-3-95

图 8-3-96　图 8-3-97　图 8-3-98　图 8-3-99　图 8-3-100

3. **单鞭**

（1）上体右转，右手随之向右运转，至右侧方时变成勾手；左手经腹前向右上划弧至右肩前，手心向内；身体重心落在右腿上，左脚脚尖点地；眼看左手。（图8-3-101、

图8-3-102）

（2）上体微向左转，左脚向左前侧方迈出，右脚脚跟后蹬，成左弓步；在身体重心移向左腿的同时，上体继续左转，左掌慢慢翻转向前推出，成“单鞭”式。（图8-3-103、图8-3-104）

要点：与前“单鞭”式相同。

图 8-3-101　图 8-3-102　图 8-3-103　图 8-3-104

（五）第五组

**1. 高探马**

（1）右脚跟进半步，身体重心逐渐后移至右腿上；右勾手变成掌，两手手心翻掌向上，两肘微屈；同时身体微向右转，左脚脚跟渐渐离地；眼看左前方。（图8-3-105）

（2）上体微向左转，面向前方；右掌经右耳旁向前推出，手心向前，手指与眼同高；左手收至左侧腰前，手心向上；同时左脚微向前移，脚尖点地，成左虚步；眼看右手。（图8-3-106）

要点：上体自然挺直，双肩要下沉，右肘微下垂。跟步移换重心时，身体不要有起伏。

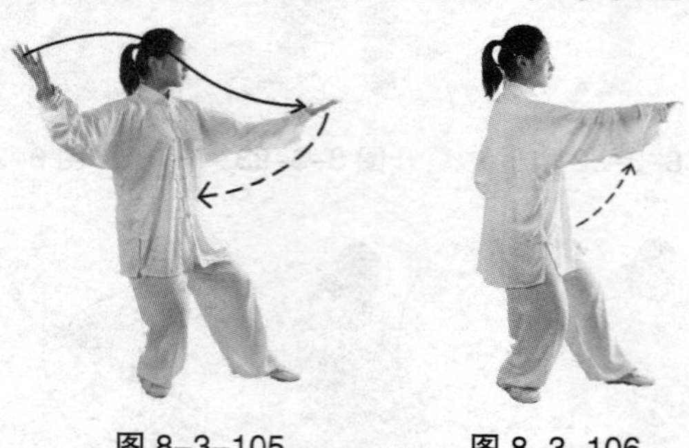

图 8-3-105　图 8-3-106

**2. 右蹬脚**

（1）左手手心向上，前伸至右手腕背面，两手相互交叉，随即向两侧分开并向下划弧，手心斜向下；同时左脚提起向左前侧方进步（脚尖略外撇）；身体重心前移，右腿自然蹬直，成左弓步；眼看前方。（图8-3-107至图8-3-109）

（2）两手由外圈向里圈划弧，两手交叉合抱于胸前，右手在外，手心均向后；同时右脚向左脚靠拢，脚尖点地；眼平看右前方。（图8-3-110）

（3）两臂左右划弧分开平举，肘部微屈，手心均向外；同时右腿屈膝提起，右脚向右

前方慢慢蹬出，眼看右手。（图8-3-111、图8-3-112）

要点：身体要稳定，不可前俯后仰。两手分开时，腕部与肩齐平。蹬脚时，左腿微屈，右脚脚尖回勾，劲使在脚跟。分手和蹬脚须协调一致。右臂和右腿上下相对。如面向南起势，蹬脚方向应为正东偏南（约30°　）。

图 8-3-107　图 8-3-108　图 8-3-109　图 8-3-110　图 8-3-111　图 8-3-112

### 3. 双峰贯耳

（1）右腿收回，屈膝平举，左手由后向上、向前下落至体前，两手手心均翻转向上，两手同时向下划弧分落于右膝盖两侧；眼看前方。（图8-3-113、图8-3-114）

（2）右脚向右前方落下，身体重心渐渐前移，成右弓步，面向右前方；同时两手下落，慢慢变拳，分别从两侧向上、向前划弧至面部前方，呈钳形，两拳相对，高与耳齐，拳眼都斜向内下（两拳中间距离10～20厘米）；眼看右拳。（图8-3-115、图8-3-116）

要点：完成时，头颈挺直、松腰松胯、两拳松握、沉肩垂肘，两臂均保持弧形。双峰贯耳式的弓步和身体方向与右蹬脚方向相同。弓步的两脚跟横向距离同“揽雀尾”式。

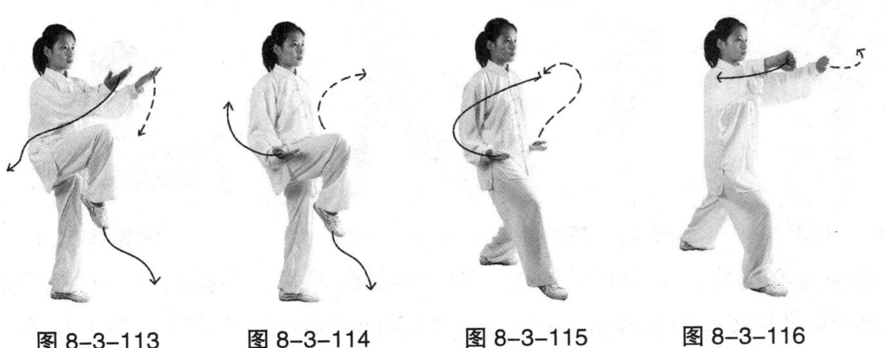

图 8-3-113　图 8-3-114　图 8-3-115　图 8-3-116

### 4. 转身左蹬脚

（1）左腿屈膝后坐，身体重心移至左腿，上体左转，右脚脚尖内扣；同时两拳变掌，由上向左右划弧分开平举，手心向前；眼看左手。（图8-3-117、图8-3-118）

（2）身体重心再移至右腿，左脚收到右脚内侧，脚尖点地；同时两手由外圈划弧合抱于胸前，左手在外，手心均向后；眼平看左方。（图8-3-119、图8-3-120）

（3）两臂左右划弧分开平举，肘部微屈，手心均向外；同时左腿屈膝提起，左脚向前方慢慢蹬出；眼看左手。（图8-3-121、图8-3-122）

要点：与右蹬脚式相同，只是左右相反。左蹬脚方向与右蹬脚成180°（正西偏北，约30°）。

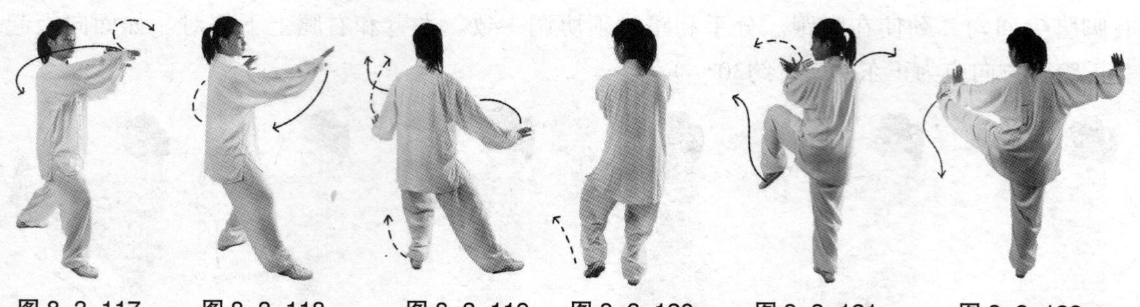
图8-3-117　图8-3-118　图8-3-119　图8-3-120　图8-3-121　图8-3-122

（六）第六组

**1. 左下势独立**

（1）左腿收回平屈，上体右转；右掌变成勾手，左掌向上、向右划弧下落，立于右肩前，掌心斜向后；眼看右手。（图8-3-123、图8-3-124）

（2）右腿慢慢屈膝下蹲，左腿由内向左侧（偏后）伸出成左仆步；左手下落（掌心向外）向左下顺左腿内侧向前穿出；眼看左手。（图8-3-125、图8-3-126）

要点：右腿全蹲时，上体不可过度前倾。左腿伸直，左脚脚尖须向内扣，两脚脚掌全部着地。左脚脚尖与右脚脚跟踏在中轴线上。

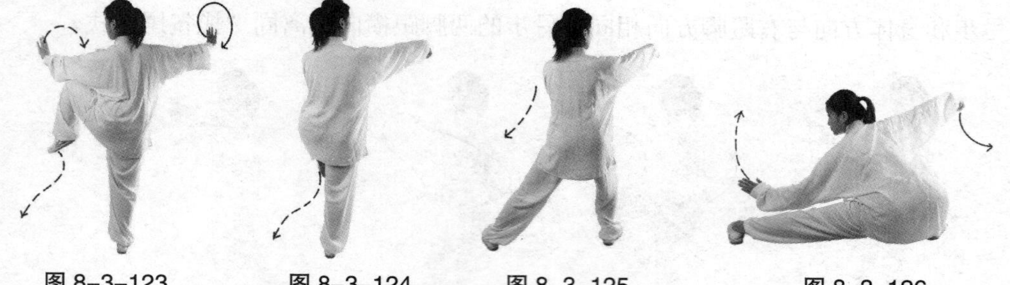
图8-3-123　图8-3-124　图8-3-125　图8-3-126

（3）身体重心前移，左脚脚跟为轴，脚尖尽量向外撇，左腿前弓，右腿后蹬，右脚脚尖内扣，上体微向左转并向前起身；同时左臂继续向前伸出（立掌），掌心向右，右勾手下落，勾尖向后；眼看左手。（图8-3-127）

（4）右腿慢慢提起平屈，成左独立式；同时右勾手变掌，并由后下方顺右腿外侧向前弧形摆出，屈臂立于右腿上方，肘与膝相对，手心向左；左手落于左胯旁，手心向下，指尖向前；眼看右手。（图8-3-128、图8-3-129）

要点：上体要挺直，独立的腿要微屈，右腿提起时脚尖自然下垂。

图 8-3-127　　图 8-3-128　　图 8-3-129

2. **右下势独立**

（1）右脚下落于左脚前，脚掌着地，然后以左脚前脚掌为轴脚跟转动，身体随之左转；同时左手向后平举变成勾手，右掌随着转体向左侧划弧，立于左肩前，掌心斜向后；眼看左手。（图8-3-130、图8-3-131）

（2）同“左下势独立”（2）解，只是左右相反。（图8-3-132、图8-3-133）

（3）同“左下势独立”（3）解，只是左右相反。（图8-3-134）

（4）同“左下势独立”（4）解，只是左右相反。（图8-3-135、图8-3-136）

要点：左脚脚尖触地后必须稍微提起，然后再向下仆腿。其他均与“左下势独立”相同，只是左右相反。

图 8-3-130　　图 8-3-131　　图 8-3-132　　图 8-3-133　　图 8-3-134

图 8-3-135　　图 8-3-136

（七）第七组

**1. 左右穿梭**

（1）身体微向左转，左脚向前落地，脚尖外撇，右脚脚跟离地，两腿屈膝成半坐盘式；同时两手在左胸前呈抱球状（左上右下）；然后右脚收到左脚的内侧，脚尖点地；眼看前臂。（图8–3–137、图8–3–138）

（2）身体右转，右脚向右前方迈出，屈膝弓腿，成右弓步；同时右手由脸前向上举并翻掌停在右额前，手心斜向上；左手先向左下再经体前向前推出，高与鼻尖平，手心向前；眼看左手。（图8–3–139至图8–3–141）

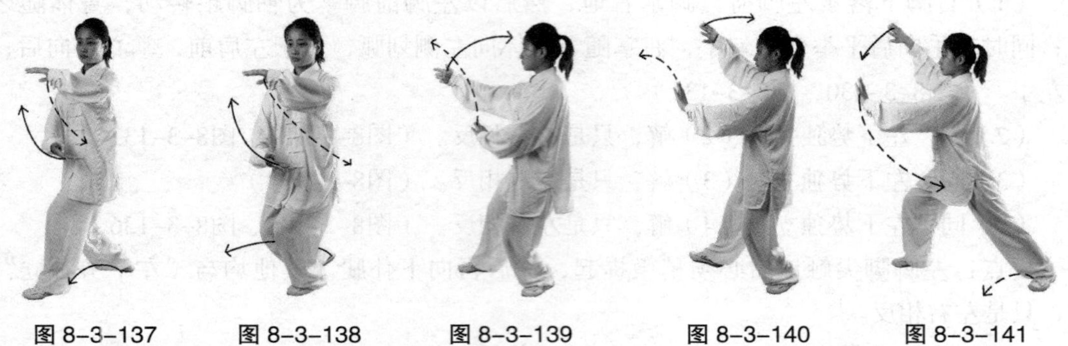
图 8–3–137　图 8–3–138　图 8–3–139　图 8–3–140　图 8–3–141

（3）身体重心略向后移，右脚脚尖稍向外撇，随即身体重心移至右腿，左脚跟进，停于右脚内侧，脚尖点地；同时两手在右胸前呈抱球状（右上左下）；眼看右前臂。（图8–3–142、图8–3–143）

（4）同（2）解，只是左右相反。（图8–3–144至图8–3–146）

图 8–3–142　图 8–3–143　图 8–3–144　图 8–3–145　图 8–3–146

要点：完成姿势面向斜前方（如果面向南起势，左右穿梭方向分别为正西偏北和正西偏南，均约30°）。手推出后，上体不可前俯。手向上举时，防止引肩上耸。一手上举一手前推，要与弓腿松腰上下协调一致。做弓步时，两脚跟的横向距离同搂膝拗步式，保持在30厘米左右。

**2. 海底针**

右脚向前跟进半步，身体重心移至右腿，左脚稍向前移，脚尖点地，成左虚步；同时身

体稍向右转，右手从右耳旁斜向下方插出，掌心向左，指尖斜向下；与此同时，左手向前、向下划弧落于左胯旁，手心向下，指尖向前；眼看前下方。（图8-3-147、图8-3-148）

要点：身体要先向右转，再向左转。完成姿势后，面向正西。上体不可太前倾，避免低头和臀部外凸。左腿要微屈。

**3. 闪通臂**

上体稍向右转，左脚向前迈出，屈膝弓腿成左弓步；同时右手由体前上提，屈臂上举，停于右额前上方，掌心翻转斜向上，拇指朝下；左手上起经胸前推出，高与鼻尖平，手心向前；眼看左手。（图8-3-149至图8-3-151）

要点：完成姿势上体自然挺直、松腰、松胯；左臂不要完全伸直，背部肌肉要伸展开。推掌、举掌和弓腿动作要协调一致。弓步时，两脚跟横向距离同“揽雀尾”式（不超过10厘米）。

图 8-3-147　图 8-3-148　图 8-3-149　图 8-3-150　图 8-3-151

（八）第八组

**1. 转身搬拦捶**

（1）上体后坐，身体重心移至右腿上，左脚脚尖内扣，身体向右后转，然后身体重心再移至左腿上；与此同时，右手随着转体向右、向下（变拳）经腹前划弧至左肋旁，拳心向下；左掌上举于头前，掌心斜向上；眼看前方。（图8-3-152）

（2）向右转体，右拳经胸前向前翻转撇出，拳心向上；左掌落于左胯旁，掌心向下，指尖向前；同时右脚收回后（不要停顿或脚尖点地）即向前迈出，脚尖外撇；眼看右拳。（图8-3-153）

（3）身体重心移至右腿上，左脚向前迈一步；左手上起经左侧向前上划弧拦出，掌心向前下方；同时右拳向右划弧收到右腰旁，拳心向上；眼看左手。（图8-3-154、图8-3-155）

（4）左腿前弓成左弓步，同时右拳向前打出，拳眼向上，高与胸平，左手附于右前臂内侧；眼看右拳。（图8-3-156）

要点：右拳不要握得太紧。右拳回收时，前臂要慢慢内旋划弧，然后再外旋停于右腰旁，拳心向上。向前打拳时，右肩随拳略向前引伸，沉肩垂肘，右臂要微屈。弓步时，两脚横向距离同“揽雀尾”式。

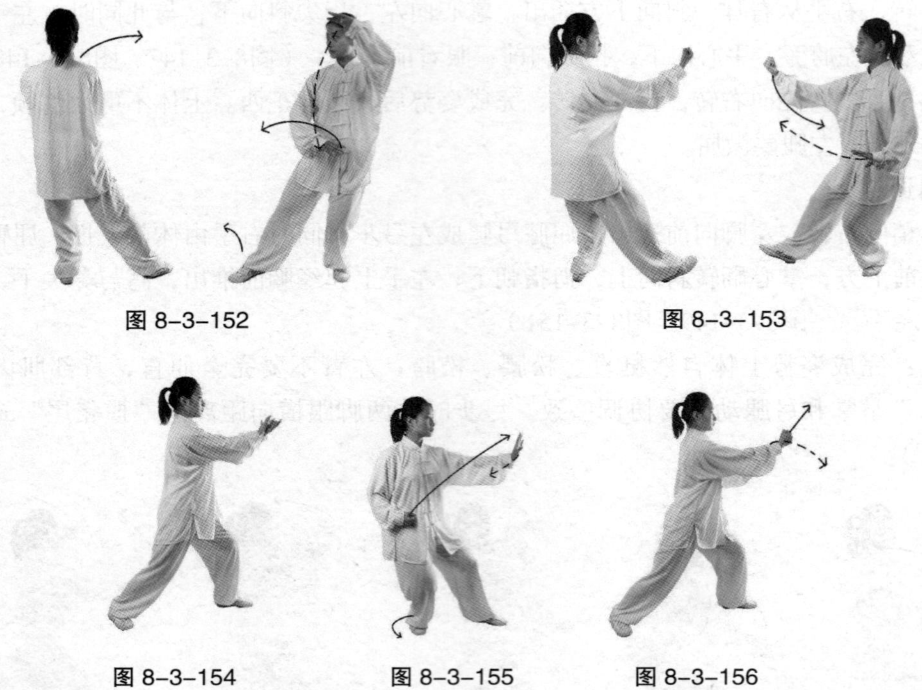

图 8-3-152　图 8-3-153

图 8-3-154　图 8-3-155　图 8-3-156

2. 如封似闭

（1）左手由右腕下向前伸出，右拳变掌，两手手心逐渐翻转向上慢慢分开回收；同时身体后坐，左脚脚尖翘起，身体重心移至右腿；眼看前方。（图8-3-157至图8-3-159）

（2）两手在胸前翻掌，向下经腹前再向上、向前推出，腕部与肩平，手心向前；同时左腿前弓成左弓步；眼看前方。（图8-3-160、图8-3-161）

要点：身体后坐时，避免后仰，臀部不可凸出。两臂随身体回收时，肩、肘部略向外松开，不要直着抽回。两手推出宽度不要超过肩宽。

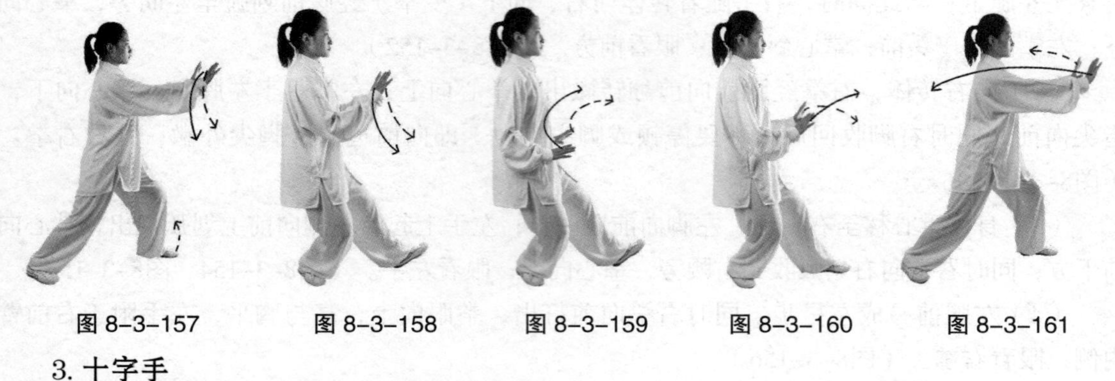

图 8-3-157　图 8-3-158　图 8-3-159　图 8-3-160　图 8-3-161

3. 十字手

（1）屈膝后坐，身体重心移向右腿，左脚脚尖内扣，向右转体；右手随着转体动作向右平摆划弧，与左手成两臂侧平举，掌心向前，肘部微屈；同时右脚脚尖随着转体稍向外撇成右侧弓步；眼看右手。（图8-3-162至图8-3-164）

（2）身体重心慢慢移至左腿，右脚脚尖内扣，随即向左收回，两脚距离与肩同宽，两腿逐渐蹬直成开立步；同时两手向下经腹前向上划弧交叉合抱于胸前，两臂撑圆，腕略高，与肩平，右手在外，成十字手，手心均向后；眼看前方。（图8–3–165、图8–3–166）

要点：两手分开和合抱时，上体不要前俯。站起后，身体自然挺直，头要微微上顶，下颌稍向后收。两臂环抱时须圆满舒适，沉肩垂肘。

图 8–3–162　图 8–3–163　图 8–3–164　图 8–3–165　图 8–3–166

**4. 收势**

两手向外翻掌，手心向下，两臂慢慢下落，停于身体两侧；眼看前方。（图8–3–167、图8–3–168）

要点：两手左右分开下落时，要注意全身放松，同时气也徐徐下沉（呼气略加长）。呼吸平稳后，把左脚收到右脚旁再走动休息。

图 8–3–167　图 8–3–168

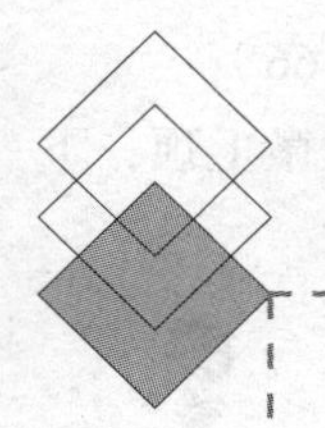

# 第九章

# 健美操运动

健美操 CZY

## 第一节　健美操运动基本技术动作

### 一、健美操的基本步法

基本步法是健美操动作中的最小单位，是组成组合动作、成套动作的基础。健美操的基本步法可以按照冲击力分为无冲击类动作、低冲击类动作和高冲击类动作。其中，许多低冲击类动作也可以做成高冲击类动作，而根据动作完成形式的不同，又将基本步法分为五类，即交替类、迈步类、点地类、抬腿类和双腿类（表9–1–1）。基本步法的练习，可以提高练习者的协调性、节奏感和韵律感。

表 9–1–1　健美操基本步法

| 类别 | 原始动作形式 | 无冲击力形式 | 低冲击力形式 | 高冲击力形式 |
|---|---|---|---|---|
| 交替类 | — | 踏步、走步、“一”字步、“V”字步、漫步 | 跑步 | — |
| 迈步类 | 侧并步 | — | 并步、迈步点地、迈步吸腿、迈步后屈腿、侧交叉步 | 并步跳、小马跳、迈步吸腿跳、迈步后屈腿跳、侧交叉步跳 |
| 点地类 | 点地 | — | 脚尖点地、脚跟点地 | — |
| 抬腿类 | 抬腿 | — | 吸腿、摆腿、踢腿 | 吸腿跳、摆腿跳、踢腿跳、弹踢腿跳、后屈腿跳 |
| 双腿类 | | 半蹲、弓步、提踵、弹动 | — | 并腿跳、分腿跳、开合跳、弓步跳 |

## （一）交替类

交替类动作是指两脚始终依次交替落地的动作。（图9-1-1）

**1. 踏步**

动作要领：两腿依次抬起，依次落地。在下落时，踝、膝、髋关节依次有弹性地缓冲。在落地时，由前脚掌过渡到全脚掌，两臂屈肘前后自然摆动，身体保持正直，抬头挺胸。

**2. 走步**

动作要领：迈步向前走时，脚跟先落地，过渡到全脚掌，向后走时则相反。在落地时，膝、踝关节有弹性地缓冲。

**3. “一”字步**

动作要领：一脚向前一步，另一脚向前并步，然后再依次还原。向前迈步时，先脚跟着地，过渡到全脚掌，前后均要有并腿过程，每一拍动作膝关节始终有弹性地缓冲。

**4. “V”字步**

动作要领：一脚向前侧方迈一步，另一脚随之向另一方迈一步，成两腿开立，屈膝，然后再依次退回原位。两腿膝、踝关节始终保持弹动状态，分开后成分腿半蹲，重心在两腿之间。

**5. 漫　步**

动作要领：一脚向前迈出，屈膝，重心随之前移，另一脚稍抬起，然后原地落下；或者向后撤一步，重心后移，另一脚稍抬起，然后原地落下。两脚始终交替落地，身体重心随动作前后移动，但始终保持在两脚之间。

图 9-1-1

（二）迈步类

迈步类动作是指一条腿先迈出一步，重心移到这条腿上；另一腿用脚跟、脚尖点地或吸腿、屈腿、踢腿等，然后反向迈步重复上面动作的过程。（图9-1-2）

**1. 并步**

动作要领：一脚迈出，另一脚随之并拢，屈膝点地，再向反方向迈步。两膝始终保持弹动，动作幅度和力度可随风格而定。

**2. 迈步点地**

动作要领：一脚向侧迈一步，两腿经屈膝移重心，另一脚再向前、侧或后用脚尖或脚跟点地。两膝同时有弹性地屈伸。

**3. 迈步吸腿**

动作要领：一脚迈出一步，另一腿屈膝抬起，然后向反方向迈步。动作要经过屈膝半蹲，抬膝时，支撑腿稍屈膝。

**4. 迈步后屈腿**

动作要领：一脚迈出一步，另一腿后屈，然后向反方向迈步。动作要经过屈膝半蹲，支撑腿稍屈膝，后屈腿的脚跟靠近臀部。

**5. 侧交叉步**

动作要领：一脚向侧迈一步，另一脚在其后交叉，随之再向侧迈一步，另一脚并拢，屈膝点地。第一步要脚跟先落地，身体重心快速随着脚步而移动，保持膝、踝关节的弹动。

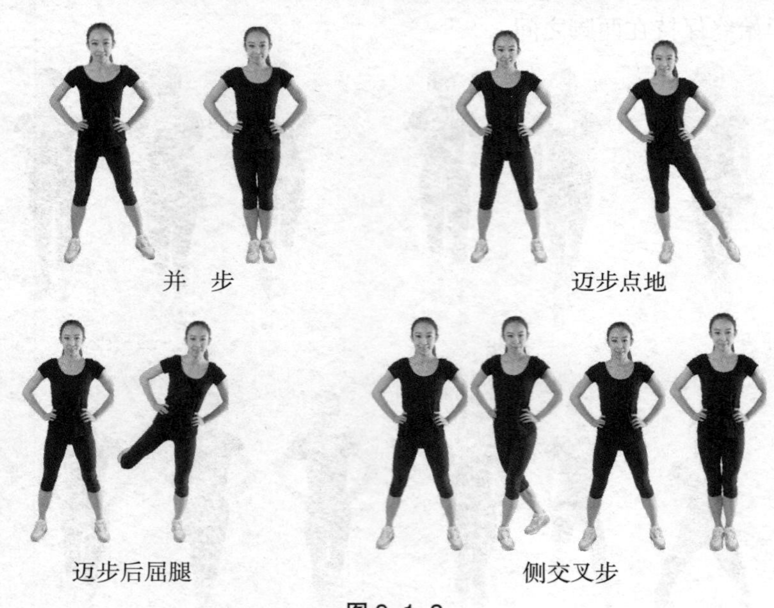


图 9-1-2

（三）点地类

点地类动作是指一腿屈膝站立，另一腿伸出，用脚尖或脚跟点地后还原并腿位置的动

作。（图9–1–3）

**1. 脚尖点地**

动作要领：一腿稍屈膝站立，另一腿伸出，脚尖点地，然后还原到并腿姿势。可做向前、侧、后的脚尖点地。

**2. 脚跟点地**

动作要领：一腿稍屈膝站立，另一腿伸出，脚跟点地，然后还原到并腿姿势。支撑腿要始终保持屈膝站立，并且随动作有弹性地屈伸。

（四）抬腿类

抬腿类动作是指一脚站立，另一脚抬起的动作。（图9–1–4）

**1. 吸腿**

动作要领：一腿屈膝抬起，落下还原。支撑腿要保持屈膝弹动，大腿上抬过水平，小腿垂直于地面，脚面绷直。落地时，由脚尖过渡到脚跟，两腿交替进行。跳起时，脚离地，上体保持正直。

**2. 弹踢腿**

动作要领：一脚站立（跳起），另一腿先向后屈，然后向前下方弹踢，还原。弹踢时要有控制，两膝之间要靠拢，前弹时不要过分用力，膝关节和髋关节的运动伸展要有控制。

脚尖地点　　跟点地　　吸　腿　　弹踢腿

图 9–1–3　　图 9–1–4

（五）双腿类

双腿类动作是站立、身体重心在两腿之间的动作。（图9–1–5）

**1. 并腿跳**

动作要领：两腿并拢跳起，落地缓冲要有控制。

**2. 开合跳**

动作要领：由并腿跳起，分腿落地。然后，再由分腿跳起，并腿落地。

**3. 弓步**

动作要领：两腿前后分开，两脚平行站立，蹲下、起来。一腿后摆由脚尖过渡到前脚掌（脚后跟无须着地），脚尖方向向前。半蹲时，后腿膝关节向下，身体稍前倾，收腹立腰，重心始终在两脚之间。

图 9-1-5

## 二、健美操上肢基本动作

### (一)常用手型

健美操的手型分为并掌、开掌、花掌、立掌和拳。(图9-1-6)

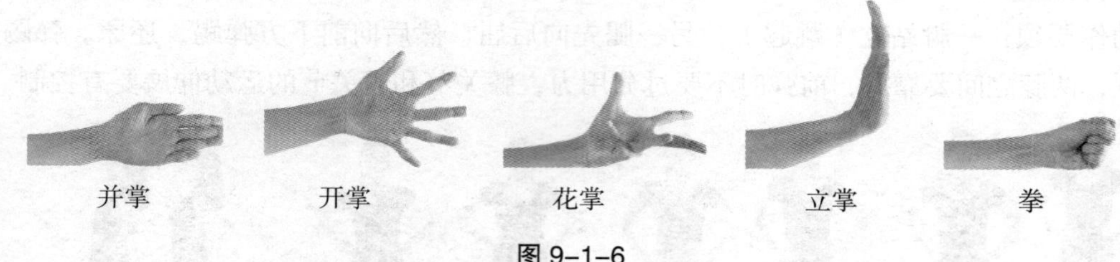

图 9-1-6

### (二)上肢动作

(1)自然摆动。(图9-1-7)
(2)举。(图9-1-8)
(3)冲拳。(图9-1-9)
(4)屈臂提拉。(图9-1-10)
(5)直臂上摆。(图9-1-11)
(6)交叉。(图9-1-12)

图 9-1-7　图 9-1-8　图 9-1-9

图 9-1-10

图 9-1-11

图 9-1-12

# 第二节　健美操的编排与实践

## 一、健美操编排的基本方法

健身健美操的动作编排是以32拍为一个单位，也就是4个八拍为一组。

（一）基本动作节拍

举例：1个下蹲=2拍=1×8拍（可做4次）；1个侧并步=2拍=1×8拍（可做4次）；1个侧交叉步=4拍=1×8拍（可做2次）；1个吸腿=2拍=1×8拍（可做4次）。

（二）组合动作的基本方式

掌握健美操基本步法后，利用这些动作就可以进行锻炼了。最初可以反复练习这些步法，目的是进一步理解和巩固这些动作，以提高练习的质量。当步法熟练后，再反复练习单一的动作就会感到枯燥。为此可以把这些单个步法按照自己的实际水平组合在一起，变成一组一组的动作。初学者1组动作可包括2～4种步法，对于中级水平的练习者来说1组动作可包括5～6种步法。通常4个8拍（32拍）为1个组合。

举例：2个动作组成1个组合。A=踏步，B=并步。（表9-2-1）

表 9-2-1　动作组合 1

| 动作节拍 | AABB | ABAB | ABABABAB |
|---|---|---|---|
| 1×8 拍 | 8 次踏步 | 8 次踏步 | 4 次踏步 +2 次并步 |
| 1×8 拍 | 8 次踏步 | 4 次并步 | 4 次踏步 +2 次并步 |
| 1×8 拍 | 4 次并步 | 8 次踏步 | 4 次踏步 +2 次并步 |
| 1×8 拍 | 4 次并步 | 4 次并步 | 4 次踏步 +2 次并步 |
| 共 32 拍 | AABB | ABAB | ABABABAB |

举例：3个动作组成1个组合。A=踏步，B=并步，C="V"字步。（表9-2-2）

表 9-2-2　动作组合 2

| 动作节拍 | AB C AB C | A BC A BC | AC B AC B |
|---|---|---|---|
| 1×8 拍 | 4 次踏步 +2 次并步 | 8 次踏步 | 4 次踏步 +1 次"V"字步 |
| 1×8 拍 | 2 次"V"字步 | 2 次并步 +1 次"V"字步 | 4 次并步 |
| 1×8 拍 | 4 次踏步 +2 次并步 | 8 次踏步 | 4 次踏步 +1 次"V"字步 |
| 1×8 拍 | 2 次"V"字步 | 2 次并步 +1 次"V"字步 | 4 次并步 |
| 共 32 拍 | AB C AB C | A BC A BC | AC B AC B |

举例：4个动作组成1个组合。A=踏步，B=并步，C=交叉步，D=开合跳。（表9-2-3）

表 9-2-3　动作组合 3

| 动作节拍 | ABCD | AB CD AB CD | AD CB AD CB |
|---|---|---|---|
| 1×8 拍 | 8 次踏步 | 4 次踏步 +2 次并步 | 4 次踏步 +2 次开合跳 |
| 1×8 拍 | 4 次并步 | 1 次交叉步 +2 次开合跳 | 1 次交叉步 +2 次并步 |
| 1×8 拍 | 2 次交叉步 | 4 次踏步 +2 次并步 | 4 次踏步 +2 次开合跳 |
| 1×8 拍 | 4 次开合跳 | 1 次交叉步 +2 次开合跳 | 1 次交叉步 +2 次并步 |
| 共 32 拍 | ABCD | AB CD AB CD | AD CB AD CB |

举例：5个动作组成1个组合。A=踏步，B=并步，C=交叉步，D=开合跳，E="V"字步。（表9-2-4）

表 9-2-4　动作组合 4

| 动作节拍 | AB C D E | A BC D E | AB C DE DE |
|---|---|---|---|
| 1×8 拍 | 4 次踏步 +2 次并步 | 8 次踏步 | 4 次踏步 +2 次并步 |
| 1×8 拍 | 2 次交叉步 | 2 次并步 +1 次交叉步 | 2 次交叉步 |
| 1×8 拍 | 4 次开合跳 | 4 次开合跳 | 2 次开合跳 +1 次"V"字步 |
| 1×8 拍 | 2 次"V"字步 | 2 次"V"字步 | 2 次开合跳 +1 次"V"字步 |
| 共 32 拍 | AB C D E | A BC D E | AB C DE DE |

### （三）动作变化的基本要素

在熟练掌握了健美操基本步法、学会了将几个单个步法组合成32拍的动作组合后，接下来要学习动作变化的基本要素，这些要素将会使动作或动作组合变得更加丰富，更具挑战性。

（1）方向的变化：在完成某一个动作时可以加上不同方向和不同角度的变化。例如，向左、向右、向后的转动；顺时针方向90°、180°、360°的转动，逆时针方向90°、180°、360°的转动等。例如，"V"字步第3～4拍时转体180°，开合跳转体90°。

（2）动作杠杆的变化：指完成动作时手臂和腿的长度变化。例如，由屈臂侧摆变成直臂侧摆，由前踢腿变成向前吸腿。

（3）冲击力的变化：在不改变动作结构的前提下，将冲击力进行改变。例如，低冲击力的漫步可变成有腾空的高冲击力的漫步，高冲击力的弹踢腿可变成低冲击力的弹踢腿。

（4）路线的变化：在进行健美操练习时，可以沿不同的路线做动作，如"Z"形"L"形"□"形"◇""W"形等。例如，交叉步可沿"□"形路线移动，并步可沿"Z"形路线移动。

（5）风格的变化：在不改变动作结构的前提下，改变动作的风格。例如，踏步加上摆髋可以变成拉丁操的风格，并步加弹动具有街舞的风格。

（6）手臂动作的变化：在不改变基本步法的基础上，对手臂动作不断进行变化。例如，"V"字步加击掌，吸腿加手臂上举。

## 二、健美操的实践

### （一）选择适合自己的锻炼方案

坚持健美操锻炼可以增进健康，缓解精神压力，预防心理疾病的发生。学习之余进行健美操锻炼能达到积极性休息的目的，能使智力水平得到更充分的发挥。由于每个人的身体状况及健美操锻炼水平不同，同一个锻炼方案对每个人所起的作用是不一样的。因此，要根据自己的实际情况选择恰当的锻炼方案，以达到最佳的锻炼效果。

**1. 初级水平锻炼者的锻炼方案**

初学者的锻炼内容应以基本动作和基本技术为主，动作应简单，重复次数要多，速度相对要慢，对身体协调性的要求较低，以低冲击力动作为主。

练习时间：30～40分钟。

锻炼频率：3次/周。

练习结构：热身—有氧—拉伸。

动作设计：以基本动作为主，1个动作组合（32拍组成）最多不超过4个动作，不同的动作组合不超过4组。

变化要素：可适当加入前后左右的移动路线和90°的方向变化。

音乐速度：130～140拍/分为宜。

**2. 中级水平锻炼者的锻炼方案**

中级水平锻炼者锻炼时动作变化较多、速度较快，对身体协调性的要求有所提高，以低冲击力和高冲击力相结合的动作为主。

练习时间：50～70分钟。

锻炼频率：3～4次/周。

练习结构：热身—有氧—拉伸。

动作设计：低冲击力与高冲击力动作组成32拍组合，1个组合不超过6个动作，其中高冲击力的动作不要过多；增加一些个性化风格的动作，但不能过于复杂。

变化要素：可适当加入“L”形、“Z”形等路线变化；转体的度数可增加至180°。

音乐速度：134～148拍/分为宜。

**3. 高级水平锻炼者的锻炼方案**

锻炼水平和技术水平较高的练习者，其锻炼内容较为复杂，变化较多，速度也较快，对身体协调性要求较高，并以高冲击力和低冲击力动作相结合或以高冲击力动作为主，此外还可增加局部肌肉的练习。

练习时间：70～90分钟。

锻炼频率：3～4次/周。

练习结构：热身—有氧—局部—拉伸。

动作设计：动作更加多样化，方向路线更复杂，以高冲击力和低冲击力相结合动作或以高冲击力动作为主组成32拍组合，每个组合可超过6个动作。

变化要素：在1个动作上同时添加多个变化要素。

音乐速度：148～154拍/分为宜。

### （二）避免有碍健康的锻炼方式

健美操锻炼应根据人体的生理特点和锻炼基础而进行。不注意自身特点、不考虑安全因素、扰乱体力和脑力劳动的生物节律以及盲目追求锻炼效果，这些都是有碍健康的锻炼方式。这样锻炼不仅会失去锻炼效果，有时甚至还会对身体造成损害。因此，锻炼时应注意以下几点。

（1）结合自身特点进行锻炼。

（2）锻炼要持之以恒。

（3）掌握正确的锻炼方法和手段。

（4）定期对健美操的锻炼效果进行评价。

# 第三节　健美操运动基本组合套路

## 一、大众健美操一级套路

一级套路图解和说明如下。

## （一）组合一

| 动作 | | 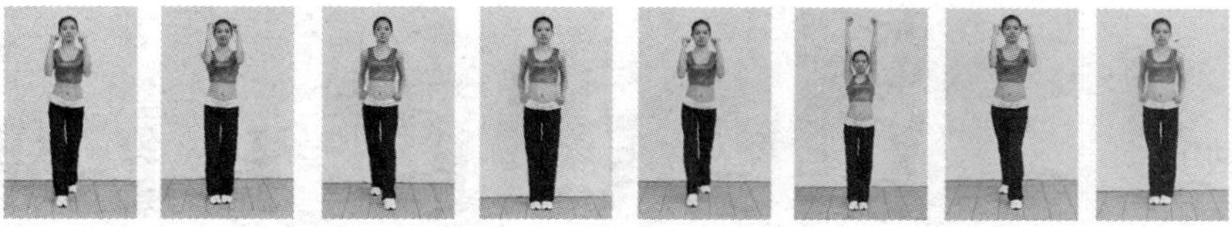 1　2　3　4　5　6　7　8 | |
|---|---|---|---|
| 节拍 | | 下肢步法 | 上肢动作 |
| 预备姿势 | | 站立 | |
| 一 | 1～8 | 右脚开始“一”字步 2 次 | 1～2 双臂胸前屈，3～4 后摆，5 胸前屈，6 上举，7 胸前屈，8 放于体侧 |
| 动作 | |  1　2　3　4 | |
| 节拍 | | 下肢步法 | 上肢动作 |
| 二 | 1～4 | 右脚开始向前走 3 步吸腿 | 1～3 双肩经前举后摆至肩侧屈，4 击掌 |
| | 5～8 | 左脚开始向后退 3 步吸腿 | 手臂同 1～4 |
| 动作 | |  1　2　3　4　5　6　7　8 | |
| 节拍 | | 下肢步法 | 上肢动作 |
| 三 | 1～4 | 右脚开始侧并步 2 次 | 1 右臂肩侧屈，2 还原，3 左臂肩侧屈，4 还原 |
| | 5～8 | 右脚向侧连续并步 2 次 | 5 双臂胸前平屈，6 还原，7～8 同 5～6 动作 |
| 动作 | |  1　2　3　4　5　6　7　8 | |
| 节拍 | | 下肢步法 | 上肢动作 |
| 四 | 1～4 | 左脚开始“十”字步 | 自然摆动 |
| | 5～8 | 左脚开始踏步 4 次 | 5 击掌，6 还原，7～8 同 5～6 动作 |
| 第五至第八个八拍，动作相同，但方向相反 | | | |

## （二）组合二

<table>
<tr><td colspan="2">动作</td><td colspan="2"><br>1 2 3 4 5 6 7 8</td></tr>
<tr><td colspan="2">节拍</td><td>下肢步法</td><td>上肢动作</td></tr>
<tr><td>一</td><td>1～8</td><td>右脚开始前点地 4 次</td><td>1 双臂屈臂右摆，2 还原，3 左摆，4 还原，5 右臂摆至侧上举、左臂胸前平屈，6 还原，7～8 同 5～6 动作，但方向相反</td></tr>
<tr><td colspan="2">动作</td><td colspan="2"><br>1 2 3 4 5 6 7 8</td></tr>
<tr><td colspan="2">节拍</td><td>下肢步法</td><td>上肢动作</td></tr>
<tr><td rowspan="2">二</td><td>1～4</td><td>右脚开始向右弧形走 270°</td><td>自然摆动</td></tr>
<tr><td>5～8</td><td>并腿半蹲 2 次</td><td>5 双臂前举，6 右臂胸前平屈（上体右转），7 双臂前举，8 放于体侧</td></tr>
<tr><td colspan="2">动作</td><td colspan="2"><br>1 2 3 4 5 6 7 8</td></tr>
<tr><td colspan="2">节拍</td><td>下肢步法</td><td>上肢动作</td></tr>
<tr><td>三</td><td>1～8</td><td>1～4 左脚上步吸腿右转转体 90°，5～8 右脚上步吸腿</td><td>1 双臂前举，2 屈臂后拉，3 前举，4 还原，5～8 同 1～4 动作</td></tr>
<tr><td colspan="2">动作</td><td colspan="2"><br>1 2 3 4</td></tr>
<tr><td colspan="2">节拍</td><td>下肢步法</td><td>上肢动作</td></tr>
<tr><td>四</td><td>5～8</td><td>左脚开始向侧迈步后屈腿 4 次</td><td>屈肘前后摆动</td></tr>
<tr><td colspan="4">第五至第八个八拍，动作相同，但方向相反</td></tr>
</table>

(三)组合三

<table>
<tr><td colspan="2">动作</td><td colspan="2">1　2　3　4　5～6　7～8</td></tr>
<tr><td colspan="2">节拍</td><td>下肢步法</td><td>上肢动作</td></tr>
<tr><td rowspan="2">一</td><td>1～4</td><td>右脚向右交叉步</td><td>1～3 双臂经侧至上举，4 胸前平屈</td></tr>
<tr><td>5～8</td><td>左脚向侧迈步成分腿半蹲</td><td>5～6 双臂前举，7～8 放于体侧</td></tr>
<tr><td colspan="2">动作</td><td colspan="2">1　2　3　4　5　6　7　8</td></tr>
<tr><td colspan="2">节拍</td><td>下肢步法</td><td>上肢动作</td></tr>
<tr><td rowspan="2">二</td><td>1～4</td><td>右脚开始侧点地 2 次</td><td>1 右臂左前举、左臂屈肘于腰间，2 双臂屈肘于腰间，3～4 同 1～2 动作，但方向相反</td></tr>
<tr><td>5～8</td><td>右脚连续 2 次侧点地</td><td>5～8 同 1～2 动作，重复 2 次</td></tr>
<tr><td colspan="2">动作</td><td colspan="2">1　2　3　4　5　6　7　8</td></tr>
<tr><td colspan="2">节拍</td><td>下肢步法</td><td>上肢动作</td></tr>
<tr><td>三</td><td>1～8</td><td>左腿开始向前走 3 步接吸腿 3 次</td><td>1 双臂肩侧屈外展，2 胸前交叉，3 同 1 动作，4 击掌，5 肩侧屈外展，6 腿下击掌，7～8 同 3～4 动作</td></tr>
<tr><td>四</td><td>1～8</td><td>右腿开始向后走 3 步接吸腿 3 次</td><td>同上</td></tr>
<tr><td colspan="4">第五至第八个八拍，动作相同，但方向相反</td></tr>
</table>

（四）组合四

<table>
<tr><td colspan="2">动作</td><td colspan="2"> 1 2 3 4 5 6 7 8</td></tr>
<tr><td colspan="2">节拍</td><td>下肢步法</td><td>上肢动作</td></tr>
<tr><td>一</td><td>1～8</td><td>1～4右腿开始“V”字步，5～8“A”字步</td><td>1右臂侧上举，2双臂侧上举，3～4击掌2次，5右臂侧下举，6双臂侧下举，7～8击掌2次</td></tr>
<tr><td colspan="2">动作</td><td colspan="2"> 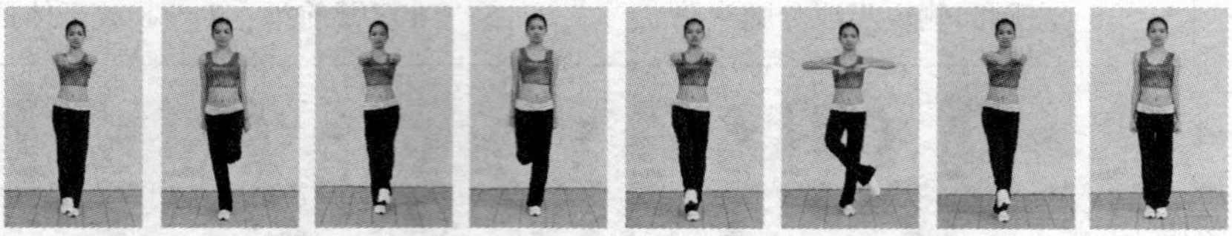1 2 3 4 5 6 7 8</td></tr>
<tr><td colspan="2">节拍</td><td>下肢步法</td><td>上肢动作</td></tr>
<tr><td rowspan="2">二</td><td>1～4</td><td>右脚开始弹踢腿跳2次</td><td>1双臂前举，2下摆，3～4同1～2动作</td></tr>
<tr><td>5～8</td><td>右脚连续弹踢2次</td><td>5双臂前举，6胸前平屈，7同5动作，8还原体侧</td></tr>
<tr><td colspan="2">动作</td><td colspan="2"> 1 2</td></tr>
<tr><td colspan="2">节拍</td><td>下肢步法</td><td>上肢动作</td></tr>
<tr><td>三</td><td>1～8</td><td>左腿漫步2次</td><td>双臂自然摆动</td></tr>
<tr><td colspan="2">动作</td><td colspan="2"> 1 2 3 4 5 6 7 8</td></tr>
<tr><td colspan="2">节拍</td><td>下肢步法</td><td>上肢动作</td></tr>
<tr><td>四</td><td>1～8</td><td>左脚开始迈步后点地4次</td><td>1～2右臂经肩侧屈至左下举，3～4同1～2动作，但方向相反，5～6右臂经侧举至左下举，7～8同5～6动作，但方向相反</td></tr>
<tr><td colspan="4">第五至第八个八拍，动作相同，但方向相反</td></tr>
</table>

## 二、大众健美操二级套路

二级套路图解和说明如下。

（一）组合一

| 动作 | | 1 2 3 4 5 6 7 8 | |
|---|---|---|---|
| 节拍 | | 下肢步法 | 上肢动作 |
| 预备姿势 | | 站立 | |
| 一 | 1～4 | 右脚“十”字步 | 1 右臂侧举，2 左臂侧举，3 双臂上举，4 下举 |
| | 5～8 | 向后走 4 步 | 屈臂自然摆动，7～8 同 5～6 动作 |
| 节拍 | | 下肢步法 | 上肢动作 |
| 二 | 1～8 | 动作同第一个八拍，但向前走 4 步 | |
| 动作 | | 1～2 3 4～5 6 7～8 | |
| 节拍 | | 下肢步法 | 上肢动作 |
| 三 | 1～6 | 右脚开始 6 拍漫步 | 1～2 右手前举，3 双手叉腰，4～5 左手前举，6 双手胸前交叉 |
| | 7～8 | 右脚向后 1/2 后漫步 | 双臂侧后下举 |
| 动作 | | 1 ～ 2 3 4 ～ 5～6 7～8 | |
| 节拍 | | 下肢步法 | 上肢动作 |
| 四 | 1～2 | 右脚向右并步跳 | 屈左臂自然摆动 |
| | 3～8 | 左脚向右前方做前、侧、后 6 拍漫步 | 3～4 前平举弹动 2 次，5～6 侧平举，7～8 后斜下举 |
| 第五至第八个八拍，动作相同，但方向相反 | | | |

(二)组合二

<table>
<tr><td colspan="2">动作</td><td colspan="2"> 1～2　3～4　5　6　7　8</td></tr>
<tr><td colspan="2">节拍</td><td>下肢步法</td><td>上肢动作</td></tr>
<tr><td rowspan="4">一</td><td>1～2</td><td>右脚向右侧滑步</td><td>右臂侧上举，左臂侧平举</td></tr>
<tr><td>3～4</td><td>1/2 后漫步</td><td>双臂屈臂后摆</td></tr>
<tr><td>5～6</td><td>左脚向左前方做并步</td><td>击掌 3 次</td></tr>
<tr><td>7～8</td><td>右脚向右后方做并步</td><td>双手叉腰</td></tr>
<tr><td colspan="2">动作</td><td colspan="2"> 1　2　3　4　5～6　7～8</td></tr>
<tr><td colspan="2">节拍</td><td>下肢步法</td><td>上肢动作</td></tr>
<tr><td rowspan="4">二</td><td>1～2</td><td>左脚向左后方做并步</td><td>击掌 3 次</td></tr>
<tr><td>3～4</td><td>右脚向右前方做并步</td><td>双手叉腰</td></tr>
<tr><td>5～6</td><td>左脚向左侧滑步</td><td>左臂侧上举，右臂侧平举</td></tr>
<tr><td>7～8</td><td>1/2 后漫步</td><td>双臂屈臂后摆</td></tr>
<tr><td colspan="2">动作</td><td colspan="2"> 1　2　3　4　5　6　7　8</td></tr>
<tr><td colspan="2">节拍</td><td>下肢步法</td><td>上肢动作</td></tr>
<tr><td rowspan="2">三</td><td>1～4</td><td>右转 90°，右脚上步吸腿 2 次</td><td>双臂向前冲拳、向后下冲拳 2 次</td></tr>
<tr><td>5～8</td><td>左脚“V”字步左转 90°</td><td>双臂由右向左水平摆动</td></tr>
<tr><td colspan="2">动作</td><td colspan="2"> 1　2　3　4　5　6　7　8</td></tr>
<tr><td colspan="2">节拍</td><td>下肢步法</td><td>上肢动作</td></tr>
<tr><td rowspan="2">四</td><td>1～4</td><td>左腿吸腿（侧点地）2 次</td><td>1 双臂胸前平屈，2 左臂上举，3 同 1 动作，4 还原</td></tr>
<tr><td>5～8</td><td colspan="2">5～8 同 1～4 动作，但方向相反</td></tr>
<tr><td colspan="4">第五至第八个八拍，动作相同，但方向相反</td></tr>
</table>

（三）组合三

| 动作 | | 1　2　3　4　5　6　7　8 | |
|---|---|---|---|
| 节拍 | | 下肢步法 | 上肢动作 |
| 一 | 1～4 | 向右侧并步跳，4 拍时右转 90° | 双臂上举、下拉 |
| | 5～8 | 左脚侧交叉步 | 双臂屈臂前后摆动，8 拍时，上体向左扭转 90°，朝正前方，双臂侧下举 |
| 动作 | | 图 1～4 同（一）1～4 拍动作，但方向相反　5　6　7　8 | |
| 节拍 | | 下肢步法 | 上肢动作 |
| 二 | 1～4 | 向右侧并步跳，4 拍时左转 90° | 双臂上举、下拉 |
| | 5～8 | 左脚开始侧并步 2 次 | 5～6 右臂前下举，7～8 左臂前下举 |
| 动作 | | 1　2　3　4　5～6　7～8 | |
| 节拍 | | 下肢步法 | 上肢动作 |
| 三 | 1～4 | 左脚向前“一”字步 | 1 双臂肩上屈，2 双臂下举，3～4 双臂肩前屈 |
| | 5～8 | 左、右依次分并腿 | 5～6 双臂上举掌心朝前，7～8 双手放膝上 |
| 动作 | | 1　2　3　4　5　6　7　8 | |
| 节拍 | | 下肢步法 | 上肢动作 |
| 四 | 1～4 | 左脚向后“一”字步 | 1～2 手侧下举，3～4 胸前交叉 |
| | 5～8 | 左、右依次分并腿 2 次 | 双臂经胸前交叉侧上举 1 次，侧下举 1 次 |
| 第五至第八个八拍，动作相同，但方向相反 | | | |

## （四）组合四

| 动作 | |  1　2　3～4　5～8同1～4 | |
|---|---|---|---|
| 节拍 | | 下肢步法 | 上肢动作 |
| 一 | 1～8 | 右脚开始小马跳4次，向侧向前成梯形 | 1～2右臂体侧向内绕环，3～4换左臂，5～8同1～4动作 |
| 动作 | |  1　2　3　4　5～6　7　8 | |
| 节拍 | | 下肢步法 | 上肢动作 |
| 二 | 1～4 | 右脚开始弧形跑4步，右转270° | 屈臂自然摆动 |
| | 5～8 | 开合跳1次 | 5～6双手放腿上，7击掌，8放于体侧 |
| 动作 | |  1　2　3　4　5　6　7　8 | |
| 节拍 | | 下肢步法 | 上肢动作 |
| 三 | 1～4 | 右脚向前上步后屈腿 | 1双臂胸前交叉，2右臂侧举、左臂上举，3同1动作，4双手叉腰 |
| | 5～8 | 右转90°，左脚向前上步后屈腿 | 动作同1～4，但方向相反 |
| 动作 | |  1　2　3　4　5　6　7　8 | |
| 节拍 | | 下肢步法 | 上肢动作 |
| 四 | 1～4 | 右、左侧点地各1次 | 1右手左前下举，2双手叉腰，3～4动作相同，但方向相反 |
| | 5～8 | 右脚上步向前转脚跟，还原 | 5双臂胸前平屈，6前推，7同5动作，8放于体侧 |
| 第五至第八个八拍，动作相同，但方向相反 | | | |

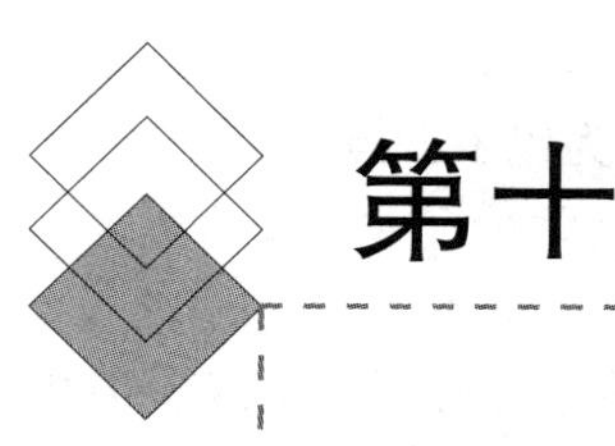

# 第十章 健美健身运动

## 第一节　健美健身运动概述

近年来，随着经济和科学技术的飞速发展，物质文明的不断提高，人们越来越注重健康投资，注意提高自己的生活质量。正是由于这种观念上的变化，健美健身运动的热潮，在全世界范围内迅速兴起。

### 一、健美健身运动的概念

健美健身运动是一项通过徒手或各种器械，运用专门动作方式和方法进行锻炼，以发展肌肉、增强体力、改善形体和陶冶情操为目的的运动项目。

健美健身运动可以采用各种徒手练习，如各种徒手操、韵律操、形体操以及各种自抗力动作；也可采用各种各样轻重不同的运动器械进行练习，如杠铃、哑铃和壶铃等举重器械，单杠、双杠等体操器械以及弹簧拉力器、滑轮拉力器、弹力带和各种特制的综合力量练习器。

健美健身运动作为一个项目，除了具有一般体育运动所共有的锻炼身体、增进健康、增强体质的作用外，还特别能发展全身各部位的肌肉，增强体力，改善体形体态，陶冶美好情操。

健美健身运动不仅包括以比赛为目的的竞技健美，还包括以减肥或改善体形体态为目的的群众性健美健身活动。

## 二、健美健身运动的特点

健美健身运动是一项有着自己特点的体育活动，这些特点可概括为以下四点。

### （一）“健”与“美”相结合的产物

健美健身运动将美育与体育融为一体，既可锻炼身体、增进健康，又可陶冶情操、美化身心。健美健身运动在练习中不仅要发展肌肉，还要注意改善自己的体形体态。不但要求体形体态的仪表美，而且要自觉地陶冶自己的美好情操，加强思想修养和艺术修养，注意语言美、心灵美，真正把体育与美育、外在美与内在美很好地融为一体。

### （二）能有效地发展肌肉

健美健身训练的主要目的之一是发展身体各部位的肌肉，健美健身比赛也是以全身肌肉发达程度为主要标准进行评分。为此，健美健身训练中应经常采用各种各样的运动方式，进行反复多次的负重练习，每次练习的次数都要接近或达到极限，给肌肉以强烈的刺激，从而促进新陈代谢，加强超量恢复的过程，使全身各部位的肌肉得到发展。

### （三）设备简单，易于开展

健美健身运动可以徒手或依靠自抗力进行练习，也可利用各种简单的轻重器械进行练习，还可以采用一些自制的器械乃至简单的家具进行锻炼。总的来说，器材设备比较简单，对场地的要求较低，因而比较易于开展。

### （四）练习方法灵活、机动、多样，男女老少皆宜

健美健身练习的动作多种多样，有徒手抗阻力动作，有利用轻重器械做各种动作，即使是重器械也可以根据需要自由调节重量、次数和组数，自由调节运动量。因此，健美健身运动能够充分满足男女老少以及不同健康状况的人的不同需要，受到广大群众的喜爱。

## 三、健美健身运动的锻炼价值

### （一）发达肌肉

肌肉在人体内分布很广，并与骨骼、关节和韧带共同组成了人体的运动器官，使人体能够进行各种各样的复杂运动。健美健身运动中的许多动作，特别是用哑铃、杠铃等举重器械进行练习的动作，都会直接对肌肉进行锻炼。人们通过长期和系统的科学锻炼，能够使肌肉产生适应性增进，使肌肉明显发达，显著增大。锻炼后肌肉维度变粗，肌肉中毛细血管网增多，肌肉的横断面积加大，肌肉变得丰满而发达。

健美健身运动不仅使肌肉发达，还可以促进骨骼的新陈代谢，提高骨骼的抗拉、抗压和

抗扭的性能，促进骨骼的生长发育，同时对关节韧带也可以起到良好的作用。

（二）改善和提高内脏器官的机能水平

健美健身运动可增大心脏的容积、增强血管的弹性、增强心脏的收缩力和血管的舒张能力，使心脏的每搏输出量增加，在安静时心脏跳动次数减少。健美健身锻炼还能使血液中的红细胞、白细胞和血红蛋白的数量增加，提高身体的营养水平、代谢能力和对疾病的抵抗能力。

健美锻炼还能提高呼吸系统的机能。在进行健美锻炼时，要促进人体新陈代谢，要求供给更多的氧，排出更多的二氧化碳，要求呼吸肌更强有力地收缩，以便使更多的肺胸张开，扩大与血液的接触面。在运动员激烈运动时，会加快呼吸频率。经常进行健美健身运动，可以提高呼吸系统的机能水平。

健美健身运动对提高消化系统的机能也有良好的作用。由于肌肉活动时要消耗大量的营养物质（尤其是能量物质），需要及时补充，同时肌肉的活动可使胃的蠕动增加，消化液分泌增多，使消化和呼吸能力得到提高。

（三）提高中枢神经系统的机能

健美健身运动与其他一切活动一样，都是在中枢神经系统的支配调节下进行的，这必然会锻炼和提高神经系统的功能，提高神经反应过程的强度、均衡性和灵活性，以及身体对环境的适应能力。

（四）调节心理活动和陶冶美的情操

人的心理活动本质是大脑对外界客观事物的反映。在紧张的体力劳动和脑力劳动后身体会产生疲劳。经常进行健美健身锻炼，可以起到调节心理活动的作用。优美轻快而有节奏的音乐、协调有力的健身操（主要指女子）和各种锻炼效果明显的肌肉活动，都可以起到调节身心的作用，产生积极的心理影响，陶冶人们的情操，使人们产生蓬勃向上、追求美好未来的健康情绪。

（五）改善体型体态

体型主要指全身各部位之间的比例。健美健身运动的各个动作，都能对身体某些相应部位的生长发育产生影响。进行科学的健美锻炼，就是要有目的地改善体型、体态不够健美的现状。

## 第二节　人体主要肌肉的锻炼方法

### 一、肱二头肌的锻炼

#### （一）俯坐弯举

（1）重点锻炼部位：肱二头肌。

（2）开始位置：坐或俯立，上体稍向前倾，一手握哑铃下垂于一腿内侧，另一手臂自然地屈肘，以手掌或肘部搁在一侧大腿上。

（3）动作过程：持哑铃慢慢屈肘向上弯起至胸前，上臂保持稳定，紧贴大腿内侧。（图10–2–1）

（4）训练要点：当持哑铃弯起时，腰背部不要放松。当持哑铃弯起至胸前时，使肱二头肌尽量收紧，并保持静止3秒钟，然后再慢慢放下。也可以立姿进行。

#### （二）杠铃弯举

（1）重点锻炼部位：主要是肱二头肌，其次是前臂肌。

（2）开始位置：自然站立，掌心向前，两手间距与肩同宽，在整个动作过程中，两上臂始终贴于体侧，杠铃下垂在腿前。

（3）动作过程：以肘关节为支点，前臂由腿前向上呈半圆状弯起至肩前。然后，慢慢放下至腿前。（图10–2–2）

（4）训练要点：当杠铃弯起时，上臂不准移动。在举杠铃的同时，使躯干稍微向后仰起会更有效果。弯起至完全收缩后，杠铃再按原路放下。放下动作要慢些，当杠铃放下还原时，前臂要下垂伸直。

图 10–2–1　　　　图 10–2–2

### （三）坐姿斜托双臂反握弯举

（1）重点锻炼部位：肱二头肌。

（2）开始位置：身体坐在固定的凳上，上体稍前倾，两臂伸直搁在斜板上，使腋窝卡在斜板的上沿，拳心向前，两手反握哑铃与肩同宽。

（3）动作过程：吸气，两臂以肘关节为轴用力弯举杠铃靠近锁骨，稍停2～3秒，然后呼气，两臂放松还原，重复练习。

（4）训练要点：屈臂上举时上臂保持不动，伸臂时要缓慢且充分伸直。做此动作时因受斜板的限制，不可能借用身体其他部位的力量，因此对肱二头肌的训练效果显著。初练健美健身的人，开始不宜做此动作，达到初级锻炼水平或具有初级训练水平的人可做此练习。

### （四）站姿哑铃锤式弯举

（1）重点锻炼部位：肱肌和肱二头肌肌群。

（2）开始位置：直立，两手臂伸直自然下垂，手握哑铃，虎口朝前。

（3）动作过程：两上臂同时以肘为轴，经体侧弯起带哑铃，上、前臂用力收紧，稍停2～3秒，然后呼气，持铃缓慢放下还原至体侧，重复练习。

（4）训练要点：对握弯举时，两上臂固定不动，直腕握铃，不得借助上体摆动的惯性力。

### （五）坐姿哑铃交替弯举

（1）重点锻炼部位：肱二头肌。

（2）开始位置：正坐在凳的一端，两手各持哑铃，下垂于体侧。

（3）动作过程：一手持哑铃弯起至肩前，然后慢慢放下，同时另一手持哑铃弯起，两手交替做弯举。

（4）训练要点：有些健美健身冠军喜欢在开始时掌心向下，弯起时，使手腕向外转至肩前。放下时再转回还原，他们认为这样练更有效。

## 二、肱三头肌的锻炼

### （一）窄握推举

（1）重点锻炼部位：胸大肌的内侧部位，三角肌前束和肱三头肌。

（2）开始位置：俯卧在长凳上，两脚平踏在地上，以维持身体平衡。两手握住横杠中间，间距10～15厘米，两臂伸直持杠铃支撑，在两肩上方。

（3）动作过程：两臂慢慢弯曲落下至横杠触及胸部，然后向上推起至开始位置，重复练习。（图10-2-3）

图 10–2–3

（二）仰卧后撑

（1）重点锻炼部位：肱二头肌、胸大肌、三角肌和大圆肌等。

（2）开始位置：身体仰卧，两手背后撑在稍高的凳子上，两脚放在较矮的凳子上，身体其他部分悬空。

（3）动作过程：呼气，两肩放松，两臂慢慢屈肘，身体尽量下沉（尤其要沉臀），稍停2～3秒，然后吸气，用力伸两臂撑起身体还原，重复做。

（4）训练要点：臂屈伸时中速平稳，身体要直，两肘要向内夹臂。抬高脚的高度或负重可提高训练难度，加大负荷刺激。

（三）仰卧屈臂上拉

（1）重点锻炼部位：胸大肌、肱三头肌、前锯肌和背阔肌。

（2）开始位置：仰卧在长凳上，使头部露出凳端，后脑靠在凳的端面，两脚着地支撑。两手握住横杠中央，两手间距比肩稍窄，两手持杠铃放在头后地上，使下背部稍挺起。

（3）动作过程：稍屈臂持杠铃，把杠铃上拉起至胸部上方。然后，屈臂按原路放下至杠铃在头后稍离地面（杠铃不接触地面），再用力上拉提起，重复做。

（4）训练要点：可以用较大重量做屈臂上拉，并与直臂上拉比较一下，这样训练会收到较好的效果。

（四）坐姿颈后臂屈伸

（1）重点锻炼部位：肱三头肌。

（2）开始位置：正坐在凳上，两脚平踏在地上，两手正握或反握杠铃，上臂弯曲固定在头的两侧。

（3）动作过程：吸气，以肘关节为轴，用力将前臂伸直上举，稍停2～3秒，然后吸气，屈臂慢慢落下还原至颈后，重复练习。（图10–2–4）

（4）训练要点：上臂必须紧贴耳侧，两肘夹紧，上臂保持与地面垂直状，两肘肘尖垂直向上，不要向前后移动借力。

图 10–2–4

### （五）俯立臂屈伸

（1）重点锻炼部位：肱三头肌。

（2）开始位置：自然站立在凳的一端，上体前屈至背部与地面平行，左手以手掌支撑在凳上，右手持哑铃，屈肘，使右上臂紧贴体侧与背部平行，前臂下垂。

（3）动作过程：手持哑铃，上臂贴身，固定肘部位置，持哑铃向后上方举起至臂伸直，再慢慢放下还原，只有前臂上下活动。

（4）训练要点：持哑铃至全臂伸直时，使肱三头肌彻底收缩，保持静止并默数1、2、3，然后再放下还原。

## 三、胸大肌的锻炼

### （一）杠铃卧推

（1）重点锻炼部位：胸大肌、三角肌和肱三头肌。

（2）开始位置：仰卧在平的卧推凳上，两脚平踏在地上。两手掌向上伸直握住杠铃。

（3）动作过程：使两臂向两侧张开，两臂慢慢弯曲，杠铃垂直落下，下降至最低处时，即做上推动作，上推时呼气，然后，向上推起至开始位置，再重复做。（图10–2–5）

（4）训练要点：不要把背部和臀部拱起或憋气，这样会使肌肉失去控制。

图 10–2–5

### （二）上斜（下斜）杠铃卧推

（1）重点锻炼部位：胸大肌上部，其次是三角肌前束和肱三头肌。

（2）开始位置：仰卧在上斜角度为35°～45°的卧推凳上。

（3）动作过程：两手间距比肩稍宽，两臂伸直支撑住杠铃位于肩的上部。放下至胸部上方（接近锁骨处）时吸气。当横杠一接触胸部，即做上推动作，上推时呼气。（图10-2-6）

（4）训练要点：一般都采用较宽的握距，横杠放下在锁骨处，使胸部肌肉更加用力。

图 10-2-6

### （三）平卧（上斜）哑铃飞鸟

（1）重点锻炼部位：胸大肌和三角肌。

（2）开始位置：仰卧在平的卧推凳上，两手各持哑铃，掌心相对，推起至两臂伸直，支撑在胸部上方。

（3）动作过程：两手持哑铃平行地向两侧落下，手肘稍微弯曲，哑铃落下至感到胸部两侧肌肉有充分的拉伸感，并使上臂落下至低于肩部水平线。当哑铃落下时，要深深吸气。持哑铃按原路举起回原位时呼气。

（4）训练要点：如果哑铃向两侧落下时，两臂成伸直状态，胸部肌肉便很难得到拉伸和肌肉收缩的感觉。

### （四）站姿双臂侧下拉夹胸

（1）重点锻炼部位：胸大肌和三角肌。握把的位置高，锻炼的是上胸部；握把的位置在中部或下部，锻炼的是中胸部或下胸部肌群。

（2）开始位置：两脚开立，与肩同宽，身体站在拉力器的下方，两臂侧上举，肘关节稍微弯曲，两手掌心向下分别握住拉力器的各一端把柄。重心方向应该由上向下成45°角（不小于30°角）。

（3）动作过程：吸气，上体稍前倾，两臂由上往下斜线用力夹至胸前呈交叉状，直至两拉力器把柄相碰。稍停2～4秒，然后再呼气，缓慢还原。重复练习。

（4）训练要点：上体始终保持稍前倾，不准前后摆动助力；要充分伸展胸肌，动作需缓慢而有节奏地进行；完成动作时两臂均衡用力，防止猛拉或突然性还原动作。

### （五）坐姿屈臂夹胸

（1）重点锻炼部位：胸大肌和肩部三角肌群。

（2）开始位置：坐在蝴蝶训练器固定椅上，收腹、挺胸、紧腰，上身直立，两前臂放在前臂阻力器的护垫上，前臂与地面保持垂直，上臂与地面平行。

（3）动作过程：吸气，两臂同时用力向中间夹胸，使两个相分离的阻力器尽可能触到一起，稍停2～3秒，然后呼气，缓慢还原。

（4）训练要点：注意动作完成要圆滑、从容，防止突然性的猛夹动作。

## 四、肩部肌群的锻炼

### （一）立正颈前（颈后）推举

（1）重点锻炼部位：主要是三角肌和肱三头肌，其次是胸大肌、斜方肌。

（2）开始位置：两手握住横杠，间距与肩同宽，把杠铃提起至肩上，掌心向上。

（3）动作过程：把杠铃向上推起至两臂伸直在头顶上方。然后，慢慢循原路放下至肩上。再重复做。

（4）训练要点：上推时，上体不要后仰。最好是使用举重护腰皮带来练习。另外，不要在推举时憋气。颈后宽握对锻炼三角肌较有利，窄握则集中锻炼肱三头肌。

### （二）哑铃推举

（1）重点锻炼部位：躯干上部的大肌肉群。例如，三角肌、斜方肌、上胸肌、肱三头肌和上背肌群。

（2）开始位置：两手持哑铃握于肩部两侧。

（3）动作过程：两手垂直方向把哑铃推起至两臂伸直，然后再慢慢放下至起始位置。

（4）训练要点：哑铃握法与杠铃相比有很大的自由度。

### （三）俯立侧平举

（1）重点锻炼部位：三角肌后束和上背肌群。

（2）开始位置：两脚分开站立与肩宽，两手掌心相对持哑铃，上体向前屈体至与地面平行，两腿稍屈，使下背部没有拉紧感。

（3）动作过程：两手持铃向两侧举起，直至上臂与背部平行（或略为超过），稍停，然后放下哑铃还原，再重复做。

（4）训练要点：如果在持铃向两侧举起时，使肘部和腕部稍微弯曲，则会使三角肌群得到更好的收缩。在整个动作过程中，思想要集中在收缩的肌肉群上。

（四）侧平举

（1）重点锻炼部位：三角肌外侧中束部位。

（2）开始位置：自然站立，两手各持哑铃下垂体前，两肘部稍弯曲，拳眼向前。

（3）动作过程：两手持铃同时向两侧举起，直到举起至与头部齐高位置。然后，慢慢地循原路落下回原位，再重复做。（图10–2–7）

（4）训练要点：在持铃提起和放下过程中，使肘部和腕部始终稍微弯曲，对三角肌的收缩更为有效。当哑铃向两侧提起时，同时使手腕向上转起至比大拇指稍高些，直到提起至最高位置。哑铃落下时，手腕再转回。

图 10–2–7

（五）立正划船

（1）重点锻炼部位：三角肌和斜方肌，其次是肱二头肌和前臂。

（2）开始位置：自然站立，手背向前握住横杠中间，两臂下垂腿前。

（3）动作过程：持哑铃慢慢贴身提起，两肘上提始终处于握手上方，直到上拉至接近颈前水平位，稍停。然后，循原路慢慢贴身放下至下垂于腿前，重复做。（图10–2–8）

（4）训练要点：每次放下杠铃要慢些，上提时要比放下时还要慢些，这样训练效果会更好。

图 10–2–8

（六）哑铃前平举（侧举）

（1）重点锻炼部位：上胸部和三角肌前束。

（2）开始位置：自然站立，两手各持哑铃下垂于腿前。

（3）动作过程：把哑铃向前上方举起（肘部稍屈），直至与视线平行高度。然后，慢慢放下还原，再重复做。

（4）训练要点：以拳眼向前，持哑铃于体前上举，这种方法主要锻炼三角肌前束。

（七）耸肩

（1）重点锻炼部位：肩侧斜方肌、颈肌和上背肌群。

（2）开始位置：自然站立，两手背向前，持杠铃或哑铃，下垂在腿前。

（3）动作过程：两肩同时向上耸起，使肩峰尽量触及耳部，然后在这个顶点位置上慢慢地使两肩向后转，再慢慢由后向下转至两臂下垂的原位，再重复做。在耸肩过程中，不要屈肘。

（4）训练要点：如果使手腕稍屈，并使两肘肘尖向外转，对肩侧斜方肌的收缩效果会更好。

## 五、背部肌群的锻炼

（一）颈后（颈前）宽握引体向上

（1）重点锻炼部位：背阔肌和肩部肌群。

（2）开始位置：两臂悬垂在单杆上，两手宽握距，正手握紧横杆，使腰背以下部位放松，背阔肌充分伸长，两小腿弯曲抬起。

（3）动作过程：吸气，集中背阔肌的收缩力，屈臂引体上升至颈后，使之接近或触及单杠，稍停2～3秒。然后呼气，以背阔肌的收缩力量控制，使身体慢慢下降还原，重复练习。

（4）训练要点：动作过程中身体不要前后摆动；全身下垂时，肩胛骨要放松，使背阔肌充分伸长。

（二）杠铃俯立划船

（1）重点锻炼部位：主要是锻炼上背部最大的肌肉群——背阔肌，其次是斜方肌、冈下肌、挺直脊柱、三角肌后束、肱二头肌和前臂部。

（2）开始位置：两脚开立同肩宽，上体前屈与地面平行，两膝稍屈使下背肌群没有拉紧感。两手掌心向内，间距同肩宽，两臂下垂伸直持杠铃。

（3）动作过程：使两上臂移向两侧，横杠贴身提起，直到横杠接触上腹部，然后慢慢

放下还原，再重复做。（图10–2–9）

（4）训练要点：大多数运动员在练这一动作时，采用较宽的握距，这就使不同部位的肌群受到刺激。在提杠铃时，应感到运用背部肌群的收缩力，而不是只把重量向上提。

图 10–2–9

### （三）俯卧挺身

（1）重点锻炼部位：骶棘肌等腰部肌群。

（2）开始位置：俯卧垫上或鞍马上，上体前屈，两脚固定，两手抱头或肩负杠铃。

（3）动作过程：吸气，上体向前弯下，然后再以腰背肌肉的力量，挺身还原，还原后再自然呼吸，重复练习。

（4）训练要点：在动作过程中，腰背部必须始终挺直，不准松腰含胸弓背；上体前屈时，尽量慢些，切忌突然快速屈体，防止腰背部肌肉拉伤。

### （四）站姿负重俯身弯起

（1）重点锻炼部位：骶棘肌等腰部肌群。

（2）开始位置：两手持杠铃置于颈后肩上，挺胸、收腹、紧腰，两手必须托牢杠铃，全身直立。

（3）动作过程：吸气，上体向前弯下，至腰背部与地面平行为止，这时臀部应向后移，使身体重心处于脚跟后方，稍停3～4秒。再以腰背肌肉的力量，挺身起立还原，还原后再自然呼吸。重复练习。

（4）训练要点：在动作过程中，腰背部必须始终挺直，不准松腰含胸弓背；上体前屈时，尽量慢些，切勿突然快速屈体，防止腰背部肌肉拉伤。

### （五）坐姿颈后（颈前）下拉

（1）重点锻炼部位：三角肌后束、斜方肌、上背肌和上臂肌。

（2）开始位置：坐在拉背练习机的固定座位上，两手分别握住上方横杠两端的把柄。

（3）动作过程：吸气，从头上方位置垂直下拉横杠至颈后与肩平，稍停2～3秒。然后呼气，沿原路缓慢还原，再重复做。

（4）训练要点：注意完成动作时两臂均衡用力，防止猛拉或无控制地突然还原。采用宽握距抓握把柄；也可以采用颈前下拉的方法来练习，即下拉时把横杠拉至胸前。

（六）哑铃俯立划船

（1）重点锻炼部位：上背肌群，特别是背阔肌以及上臂肱二头肌。

（2）开始位置：一腿屈膝跪在长凳上，一手扶在凳面上。另一手拳眼向前握住哑铃，下垂于体侧。另一腿伸直站立，上体前屈至背部与地面平行。

（3）动作过程：持哑铃贴近腿侧，向上提起至肩前或更高些，提铃上拉时，集中用背阔肌收缩用力，然后循原路慢慢放下还原，再重复做。一手练完，再换另一只手。

（4）训练要点：当哑铃提起至最高点（肩前高度）时，同时使上体稍稍向另一侧转体，这样会更有利于背部肌群收缩。

## 六、腿部肌群的锻炼

（一）颈后深蹲

（1）重点锻炼部位：大腿肌群、臀大肌和下背肌群，同时也能锻炼腹部、上背、小腿和肩部。

（2）开始位置：把杠铃置于颈后肩上，两手握住横杠的两端，使杠铃重心两边平衡。两脚分开间距为38～50厘米，脚尖稍向外分开。

（3）动作过程：两眼始终向前方看，然后使两膝慢慢弯曲，直至下蹲到全蹲的位置。在下蹲和起立的过程中，使躯干挺直，背部保持平直，头部稍微抬起（始终看在一点上）。当大腿起立超过水平位置时，即慢慢伸直至原位置，两脚始终平踏在地上。（图10-2-10）

（4）训练要点：如果使脚踝放松或脚跟离地，你会感到深蹲过程中很难掌握身体重心的平衡。你可以使两脚脚跟站在5厘米×10厘米的垫木上来练。

图 10-2-10

（二）腿弯举

（1）重点锻炼部位：股二头肌。

（2）开始位置：俯卧在伸腿架的卧凳上，使膝关节正好抵住凳端，两腿伸直使脚跟紧贴在上托垫棍的下缘，两手握住凳前端两侧。

（3）动作过程：集中以股二头肌的收缩力使小腿向上弯起至股二头肌彻底收紧，保持静止默数1、2。然后，循原路慢慢回到起点，重复做。（图10-2-11）

（4）训练要点：你可以坐在伸腿机上，用一条腿单独练，也可以使两脚脚背绷直来练，还可以把脚跟转向内或转向外来练。

图 10-2-11

（三）斜架负重蹲起

（1）重点锻炼部位：大腿股四头肌。

（2）开始位置：背靠在斜架蹲起训练机上，两腿并拢，屈膝下蹲（尽可能蹲得深些），上体收腹、紧腰、挺胸，紧贴靠背板，肩负重力架。

（3）动作过程：吸气，两腿用力伸膝蹲起，向上扛起重力架，直至两腿完全伸直，同时尽力收缩股四头肌，稍停3～4秒，呼气，缓慢还原，重复练习。

（4）训练要点：在完成动作过程中，上体必须保持挺胸、收腹和紧腰的姿势，不准松腰弓背；下蹲时要缓慢，使股四头肌在紧张的状态中逐渐伸长，直至两腿成全屈膝蹲状态；蹲起时，腰臀部要有向前顶的意识，不能利用屈膝反弹力量做伸膝蹲起动作；伸腿起立至两腿伸直时，使大腿股四头肌彻底收紧。

（四）箭步蹲

（1）重点锻炼部位：臀大肌和股四头肌。

（2）开始位置：两脚并立，把杠铃置于颈后肩上（或再手持哑铃）。先使右脚向前跨出一大步，然后慢慢蹲下，右膝前屈，左腿稍稍挺直下沉。

（3）动作过程：当下蹲至最低位置时，再使两腿同时向上伸直，左脚向前收回，并向右脚靠拢并立。然后，再使左脚向前跨出一大步下蹲，再重复做。

（五）硬拉

（1）重点锻炼部位：下背、臀部、中背、大腿和斜方肌，也能增强手握力。

（2）开始位置：两脚开立同臀宽，两手一正一反握住横杠（增强手握力），间距同肩宽。屈膝蹲握住横杠，使横杠贴近身体处于脚背上方，挺胸收腹，腰背挺直，目视前方。

（3）动作过程：集中用腿和腰背肌群力量，使杠铃离地提起至全身直立。横杠要尽量

贴近身体上升。然后，慢慢放下还原，再重复做。

（4）训练要点：当你能熟练地做上述动作后，可以改做直腿硬拉。这种方法下背的负担较大，一般是高水平运动员训练的动作。

## 七、小腿、腹部和前臂的锻炼

### （一）仰卧起坐

（1）重点锻炼部位：上腹部位。

（2）开始位置：仰卧在地上，把小腿平行地放在凳上，使大腿垂直于地面，两手可以交叉在胸前或两手放于耳侧。

（3）动作过程：慢慢地使两肩向膝部弯起，直至肩胛骨离地面2.5～5厘米，保持静止一秒钟，然后，还原到开始位置，再重复做。

（4）训练要点：当屈体收缩时，为了更好地使腹部肌群收缩，应使下背紧贴地面。完成每次腹部收缩，要避免用头或腿的借力动作。

### （二）仰卧腿上举

（1）重点锻炼部位：下腹部位和大腿上部肌群。

（2）开始位置：仰卧在凳上或斜板上，下背部紧贴凳面，两腿并拢自然伸直。

（3）动作过程：使躯干和下背部紧贴在地上，两膝稍稍弯曲，两腿向上举起直至大腿与躯干成垂直位。然后，两腿慢慢放下，再重复做。（图10-2-12）

（4）训练重点：当背部始终紧贴凳面时，下腹部位肌群会处于收紧状态。如果下背弯曲或离开凳面，就会影响下腹肌群的收缩效果。为了加强训练强度，也可以仰卧在斜板上来练。

图 10-2-12

### （三）正提腕弯举

（1）重点锻炼部位：前臂肌群。

（2）开始位置：坐在凳的一端，两手掌心向上握住杠铃，间距20～25厘米，使两前臂贴在大腿上，手腕放松，手背贴住膝关节；也可以交换成手背向前，用同样间距，手腕下垂，掌心贴住膝关节。

（3）动作过程：手腕放松下垂，用力将杠铃弯起至不能再弯高时为止。然后，放松还原，再重复做。（图10-2-13）

（4）训练要点：手掌向上的腕弯举，主要是练前臂内侧的屈指肌。手背向上的腕弯举，主要练前臂外侧的伸指肌。

图 10-2-13

（四）坐姿提踵

（1）重点锻炼部位：小腿肌群。

（2）开始位置：正坐在凳上，两前脚掌站在垫木上，在两腿部放上负重物或杠铃，两手托住不使其滑动。

（3）动作过程：吸气，以小腿三头肌的收缩力量，使脚跟抬起到最高位置，小腿肌肉群完全收紧，稍停2～3秒。再呼气，慢慢放下脚跟还原，重复练习。（图10-2-14）

（4）训练要点：两脚站在垫木上，两脚脚跟要露在垫木外。

图 10-2-14

## 第三节　健美健身运动竞赛规则与技巧

健美健身运动是一项新兴的竞技项目。在竞赛中，运动员要比体形、比肌肉、比身姿、比动态，因此，在比赛中要求运动员最大限度地表现身材和肌肉，男运动员必须穿窄小的三

角裤，女运动员则穿三点式的比基尼。

## 一、健美健身竞赛规则（中国）简介

### （一）健美健身竞赛级别

**1. 男子成年组（21周岁以上）**

羽量级：体重60公斤以下（含60公斤）。

雏量级：体重60.01～65公斤。

轻量级：体重65.01～70公斤。

次中量级：体重70.01～75公斤。

轻中量级：体重75.01～80公斤。

中量级：体重80.01～85公斤。

轻重量级：体重85.01～90公斤。

重量级：体重90公斤以上。

**2. 女子成年组（21周岁以上）**

羽量级：体重46公斤以下（含46公斤）。

雏量级：体重46.01～49公斤。

轻量级：体重49.01～52公斤。

次中量级：体重52.01～55公斤。

中量级：体重55.01～58公斤。

重量级：体重58公斤以上。

**3. 男子青年组（21周岁以下）**

轻量级：体重65公斤以下（含65公斤）。

中量级：体重65.01～70公斤。

次中量级：体重70.01～75公斤。

重量级：体重75公斤以上。

**4. 女子青年组（21周岁以下）**

轻量级：体重49公斤以下（含49公斤）。

中量级：体重49.01～52公斤。

重量级：体52公斤以上。

**5. 男子元老组（45周岁以上）**

A组：45～50周岁。

B组：50周岁以上。

**6. 女子元老组（35周岁以上）**

A组：35～40周岁。

B组：40周岁以上。

**7. 各组别的年龄界定**

以出生年月日为准。

（二）健美评选项目

男子个人、女子个人、男女混合双人、女子双人（国际比赛不设）和集体造型表演（男女比例不限，每队5～8人）。

（三）健美运动服饰

（1）男运动员穿单色比赛裤。

（2）女运动员穿单色比基尼比赛服。

（3）参加男女混合双人比赛的运动员，其比赛服必须一致。

（4）禁止运动员在比基尼比赛服内使用垫衬物，比赛裤必须包臀。

（5）禁止运动员穿鞋袜、贴胶布、扎绷带、佩戴装饰品、咀嚼食物等。

（6）在比赛中，检录长有权检查运动员的比赛服。对比赛服不符合规定的运动员，裁判长有权取消其比赛资格。

（7）允许使用人工色剂，但不得有任何勾画。

（8）允许参赛运动员擦抹植物油、润肤膏，但用量必须适度。

（四）健美竞赛动作

**1. 自然站立**

运动员自然站立，吸腹挺胸，头部正直，两眼平视，两臂自然下垂于体侧，身体各部位肌肉不得故意收缩，从前后左右四个方位展示体形。

**2.竞赛规定动作**

（1）前展肱二头肌。

面向裁判员自然站立，吸腹成空腔，抬起两臂，弯曲肘部略高于肩，两手握拳，屈腕，用力收缩肱二头肌及全身肌肉。

（2）前展背阔肌。

面向裁判员自然站立，吸腹成空腔，两手握拳置于腰部，用力收缩背阔肌及全身肌肉。

（3）侧展胸部。

侧向（以右侧为例）裁判员自然站立，右腿屈膝，前脚掌着地，吸腹挺胸，左手握住右手腕，屈肘，用力收缩胸部及全身肌肉。

（4）后展肱二头肌。

背向裁判员自然站立，一腿后移，屈膝，前脚掌着地，抬起两臂，弯曲肘部略高于肩，两手握拳，屈腕，用力收缩肱二头肌及全身肌肉。

（5）后展背阔肌。

背向裁判员自然站立，一腿后移，屈膝，前脚掌着地，吸腹含胸，两手握拳置于腰部，

用力收缩背阔肌及全身肌肉。

（6）侧展肱三头肌。

侧向（以右侧为例）裁判员自然站立，左腿后移，屈膝，前脚掌着地，右臂垂于体侧，左手经体后握住右手腕，用力收缩肱三头肌及全身肌肉。

（7）前展腹部和腿部。

面向裁判员自然站立，一腿前伸，身体重心置于后腿，屈膝，两手置于头后，用力收缩腹部、腿部及全身肌肉。

**3.女子个人竞赛五个规定动作**

前展肱二头肌、侧展胸部、后展肱二头肌、侧展肱三头肌、前展腹部和腿部。其动作规格同男子个人竞赛规定动作。

**4.男女混合双人竞赛五个规定动作**

前展肱二头肌、侧展胸部、后展肱二头肌、侧展肱三头肌、前展腹部和腿部。其动作规格同女子个人竞赛规定动作。

**5.自由造型**

（1）造型：应从前、后、左、右、上、下等方位展示身体各部位肌群和体形。

（2）动作数量：男子不得少于15个，女子不得少于20个。每个造型应有停顿。

（3）造型时间：男子个人为60秒，女子个人为90秒，男女混合双人为120秒。

### （五）健美比赛评分标准

**1.正式健美比赛如何评分**

（1）男子个人。

肌肉：指全身结构统一的发达肌群，包括围度、力度和密度，约占评分比重的60%。

匀称：指平衡的骨架、端正而又比例协调的人体外观以及布局观对称的肌肉形态，约占评分比重的10%。

造型：指用肌肉控制的能力，以展示身体各部肌群的动作。规定动作要规范，自由造型要连贯流畅具有艺术感，气质要与音乐、动作融为一体，整套动作要有鲜明个性，约占评分比重的10%。

仪表：与气势指运动员的形象、姿态、发型以及赛场表现，约占评分比重的10%。

皮肤：指全身皮肤健康情况，有无文身、斑痕及着色不当，约占评分比重的10%。

（2）女子个人。

体格健康、强壮，约占评分比重的20%。

骨架匀称、举止优雅，约占评分比重的20%。

肌肉发达、线条清晰、四肢比例合适、肌肉分布匀称，约占评分比重的40%。

气质高雅，仪态端庄，约占评分比重的 20%。

（3）男女混合双人。

体型和肌肉发达水平是否和谐。

表演的动作在姿势、节奏、幅度、体位、舞台气势和福韵等方面是否和谐。

准确完成规定动作，做到动作配合默契。

自由造型整齐一致，此起彼伏，你追我进、左右对称、前后呼应、刚柔相济。

**2. 评分规则**

由美国全国体育委员会赞助的美国业余健美运动所采用的方法如下。

（1）二轮制：规定动作和自由造型。

（2）采用名次法。

（3）竞赛结束时每一个裁判给每一位选手打分。

由国际健美联合会赞助的国际业余及职业竞赛采用的方法如下。

（1）三轮制：预赛（自然站立）、复赛（规定动作）、决赛（自由造型）。

（2）三轮之后前五名选手一起做自由造型。

（3）每一位裁判可给三轮中每一轮的每一位参赛者打分并可给参加自由造型的前五名打分。

（4）采用名次法。

## 二、参加健美比赛的技巧

### （一）练习摆动姿势

专业的姿势是取胜的关键。姿势是直接展现给裁判，因此对照着镜子好好纠正自己的姿势，不论是肌肉收紧还是肌肉放松，都要有一个很自然的过渡。

### （二）挑选合适的比赛服装

大多数女性健美选手需要花心思去准备合适的三角裤，特别是比基尼选手，需要配合比基尼来展现完美的臀部圆度和丰满度。

男性健美选手需要花心思去准备适合他们腰部的短裤，当然，长度也是在考虑的范围内。不合身的短裤不利于运动员在比赛中的发挥。

### （三）选择正确的服装颜色

在比赛中，服装的颜色也是一个重要的细节。因此，选择与肤色和发色搭配的服装颜色，会使你在竞技台上让裁判眼前一亮。

常规上，深色和纯色在舞台上看起来好一些；金色头发不宜穿黄色；黑色头发适合红色或者亮绿色的服装。

对于男性选手，宽松的短裤是一个展示个性的不错方式。选择的衣服要避免太过于大众化，如果和其他选手服装一样，不利于在比赛中的表现。

### （四）保持适当的发型

对于女选手而言，在健美比赛中，发型的选择最好要新颖。

对于男选手而言，发型与女选手相比较就比较宽松。如果两个健美选手实力差不多，但裁判又不得不做出一个选择的时候，新颖、有活力，给人眼前一亮的发型也许就成了胜利的关键因素。

### （五）选择正确的妆容

健美比赛的化妆与日常生活中的化妆是完全不一样的。它不仅要求严肃，更要求在舞台灯光下看起来更有整体的魅力。

### （六）选择油彩

在舞台灯的照射下，棕褐色可以让肌肉更具视觉美感。对于大多数选手而言，棕褐色是不错的选择。但由于肤色的不同，并不是所有人选择棕褐色都是正确的。

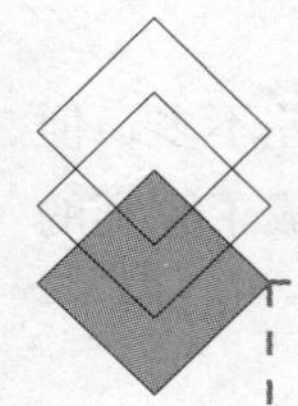

# 第十一章 游泳运动

## 第一节 熟悉水性练习

熟悉水性练习包括水中行走练习、呼吸练习、浮体练习与滑行练习等。

### 一、水中行走练习

（一）练习目的

体会水的阻力、压力和浮力，学会水中行走及跳跃时维持平衡的方法，消除怕水心理。

（二）练习方法

（1）扶边行走：手扶池边向前、后、两侧行走。

（2）拉手行走：集体手拉手向前、后、两侧行走。（图11-1-1）

（3）划水行走：两手掌与水面垂直并向前推水，向后行走；两手向后划水，向前行走；两手向侧划水，向相反方向行走。

（4）扶边跳跃：两手扶池边，两脚蹬池底，向上跳起。

单独进行各种方向的走、跑、跳跃练习。

图 11-1-1

### 二、呼吸练习

（一）练习目的

掌握正确的游泳呼吸技术，防止喝水、呛水现象的出现，克服怕水心理。

（二）练习方法

（1）闭气练习：手扶池边或拉同伴的手，在水面上用口深吸气后闭气，下蹲并将脸没入水中；停留片刻后，脸部出水，在水面上先呼气再深吸气。水中闭气时间应逐渐延长，没水部位由脸部逐步过渡至整个头部。（图11–1–2）

图 11–1–2

（2）呼吸练习：同上练习，头部没水稍闭气后用口鼻同时缓慢、均匀地呼气，呼气的后段应边呼边抬头；当口将出水面时，应用力将气呼完。在水中不要急于将气呼完，当脸部即将离开水面前才须将气吐尽。练习时，可先拉着同伴的手进行练习，然后自己扶池边进行练习。（图11–1–3）

图 11–1–3

（3）连续呼气练习：同上练习，练习次数逐渐增加，直至连续做20～30次。吸气要快而深，呼气要慢而均匀，并逐渐加大呼气量。口离水面前快速用力将气呼完，紧接着在水面上快而深地吸气。练习时，可按“快吸”“稍闭”“慢呼”“猛吐”的要领进行。掌握抬头呼吸后，可进行连续呼吸练习。

## 三、浮体练习

（一）练习目的

体会水的浮力，初步掌握在水中浮起、维持身体平衡及在水中站立的方法，增强学习游泳的信心。

（二）练习方法

两脚开立，两臂放松前伸。深吸气后，身体前倾并低头，屈膝下蹲，两脚轻轻蹬池底，两腿放松上浮，成俯卧展体姿势漂浮于水中（图11–1–4）。站立时，收腹、屈膝、收腿，两臂向下压水并抬头；同时两腿下伸，脚触地后站立，两臂在体侧拨水以维持身体平衡。

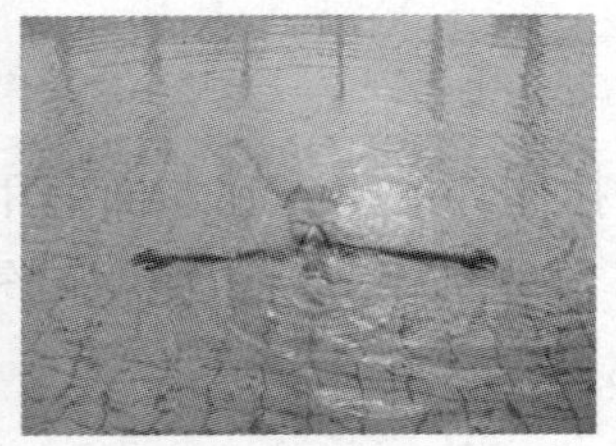

图 11–1–4

## 四、滑行练习

（一）练习目的

体会和掌握游泳时身体的水平位置和流线型姿势，为各种泳式的腿部动作学习打好基础。

（二）练习方法

（1）蹬底滑行：两脚前后开立，两臂前伸，两手并拢；深吸气后，上体前倾，屈膝；当头和肩没入水中时，前脚掌用力向后下蹬池底，随后两腿并拢，使身体成俯卧、流线型姿势，在水面下向前滑行。（图11–1–5）

图 11–1–5

（2）蹬壁滑行：背对池壁，一手扶池边，一臂前伸，同时一脚站立，另一脚的脚掌紧贴池壁。深吸气后低头，上体前倾，提臀，向上收支撑腿，两脚的脚掌紧贴池壁，臀部后移，两臂前伸、并拢，头夹于两臂之间；两脚用力蹬池壁，使身体成俯卧、流线型姿势，在水面下向前滑行。（图11–1–6）

图 11–1–6

# 第二节　游泳基本技术

## 一、自由泳

严格来说，自由泳不是一种泳姿，而是竞技游泳的一个比赛项目。由于它的竞赛规则对游泳姿势几乎没有任何限制，而爬泳这种姿势结构合理、阻力小，速度均匀、快速，是最省力、速度最快的一种游泳姿势，参加自由泳比赛项目的运动员往往都会选择爬泳这种泳姿游进。因此，人们通常把自由泳与爬泳等同看待。本节主要介绍爬泳的基本技术。

自由泳在奥运会游泳比赛中占有很重要的地位。奥运会自由泳项目男子有50米、100米、200米、400米、1500米、4×100米接力和4×200米接力；女子有50米、100米、200米、400米、800米和4×100米接力。自由泳项目在全部34个游泳项目中占13项，而且混合泳和混合泳接力中也包括自由泳。因此，自由泳往往被看作是衡量一个国家游泳水平的标志。

### （一）身体姿势

采用爬泳游进时，身体要尽量保持俯卧的水平姿势。为了取得更好的动作效果，头部应自然稍抬，两眼注视前下方，头的三分之一露出水面，水平面接近发际，两腿处于最低点，身体纵轴与水平面成3°～5°的仰角（图11-2-1）。游进中，身体可以围绕身体纵轴做有节奏的转动，转动的角度一般为35°～45°。头部与身体纵轴成20°～30°角。如果速度加快，则角度就会相对减少。身体俯卧水中时，背部和臀部肌肉保持适当紧张，身体自然伸展成流线型，两眼正视前下方。

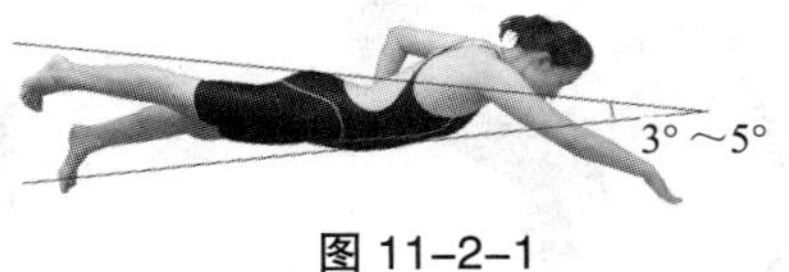


图 11-2-1

### （二）腿部动作

爬泳腿部动作虽有一定的推进力，但主要起平衡作用，能保持身体的稳定、协调两臂有力地划水。要求两腿自然并拢，脚稍内旋，踝关节放松，以髋关节为轴，由大腿带动小腿和脚掌，两腿交替做鞭打动作。两脚脚尖上下移动的最大距离为30～40厘米，膝关节弯曲的最大角度约为160°。（图11-2-2）

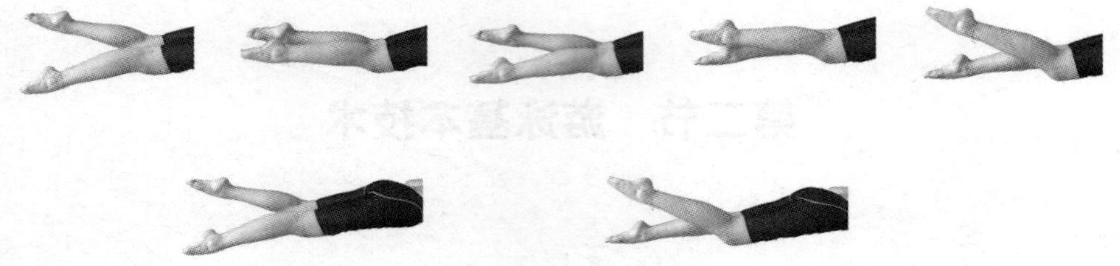

图 11-2-2

（三）臂部动作

爬泳臂部动作是推动身体前进的主要动力。一个臂部动作周期分为入水、抱水、划水、出水和空中移臂五个不可分割的阶段。

1. 入水

手在有控制的情况下自然放松地入水。手的入水点一般在身体纵轴和肩关节的前后延长线之间。入水时，手指自然伸直并拢，臂内旋使肘关节抬高处于最高点，手掌斜向外侧下方，使手指首先触水，然后是前臂，最后是上臂自然插入水中。（图11-2-3）

图 11-2-3

2. 抱水

臂入水后，在积极向下方插入的过程中，手掌从斜外下方转向斜内后方并，同时始屈腕、屈肘，肘高于手，以便能迅速过渡到较好的划水位置。抱水结束后，手掌已经接近对水状态，肘关节屈至150° 左右，整个手臂好像抱着一个大圆球，为划水做准备。（图11-2-4）

图 11-2-4

3. 划水

划水是发挥最大推进作用的主要阶段，其动作过程可分为拉水和推水两个部分。紧接抱水阶段进入拉水，这时要保持抬肘，上臂内旋，同时继续屈肘。手的动作要迅速赶上身体的前进速度，使拉水动作产生合理的动作方向，同时也使主要肌肉群在良好的工作条件下进入推水动作。拉水至肩的垂直平面后，即进入推水部分，这时肘关节弯曲90° ～120° 。上臂保持内旋姿势，带动前臂用力向后推水；同时，肩部后移，以加长有效的划水路线。

向后推水有一个从屈臂到伸臂的加速过程，手掌以从内向上、从下向上的动作路线加速划至大腿旁。整个划水动作过程中，手的轨迹始于肩前，继之到腹下，最后到大腿旁，呈S形。（图11-2-5）

图 11-2-5

自由泳时两臂划水发生的交叉位置有前交叉、中交叉和后交叉三种类型。前交叉是指一臂入水时，另一臂已前摆至肩前方且与水平面成30° 角左右（图11-2-6）。中交叉是指一臂入水时，另一臂处在向内划水阶段且与水平面约成90° 角。后交叉是指一臂入水时，另一臂划至腹下，手与水平面成150° 角左右。

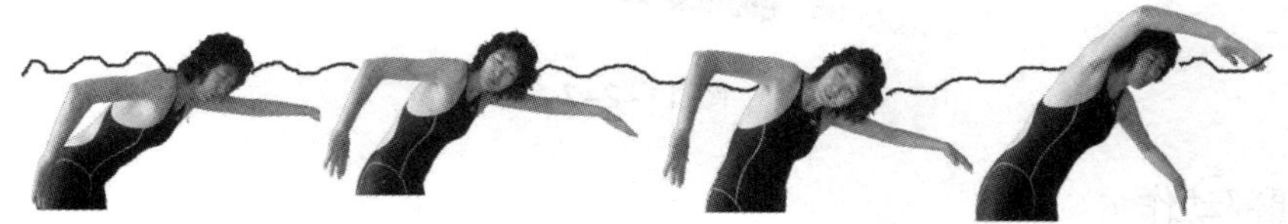

图 11-2-6

**4. 出水**

划水结束时，掌心转向大腿。出水时，小指向上，手臂放松，微屈肘。由上臂带动，肘部向外上方提拉，带动前臂和手出水面，掌心转向后上方。出水动作必须迅速而不停顿，同时应该柔和、放松。

**5. 空中移臂**

紧接出水不停顿地进入空中移臂，移臂时，肘高于手。

（四）完整的动作配合技术

爬泳时，一般是在两臂各划水一次的过程中进行一次呼吸。以向右边吸气为例，右手入水后，嘴和鼻开始慢慢呼气。右臂划水至肩下时，开始向右侧转头和增大呼气量。右臂推水即将结束时，则用力呼气。右臂出水时，张嘴吸气至空中移臂的前半部分为止，并开始转头还原。然后，直至臂入水结束，有一个短暂的闭气过程，脸部转向前下。头部稳定时，右臂入水，再开始下一个慢慢呼气的过程。

爬泳的呼吸与臂、腿配合：初学者一般采用1 : 2 : 6的方法，即呼吸1次、划臂2次、打腿6次。这种配合方法易保持平衡和协调掌握爬泳技术。

## 二、蛙泳

蛙泳是指身体俯卧水中，两肩与水面平行，依靠两臂对称向后划水，两腿向后对称蹬夹水而向前游进的姿势。因为整个动作与青蛙游水十分相似，所以取名为蛙泳。蛙泳的特点是游时省力，容易学，游动时动作全部在水下，声音较小，头部可以出水面呼吸，视野开阔，容易对准目标。蛙泳较省力，易持久，实用价值大，常用于渔猎、泅渡、救护、水上搬运等。蛙泳比赛项目有男子100米、女100米、男子200米、女子200米等。

蛙泳动作教学

### （一）身体姿势

滑行时，身体俯卧水中，两臂前伸并拢，头略抬，水齐发际，稍挺胸，腹部和下肢尽量处于水平姿势，身体纵轴与前进方向成5° ～10° 角（图11-2-7）。在游进时，身体随划臂和呼吸动作有一定幅度的上下起伏。

图 11-2-7

### （二）腿部动作

蛙泳腿部动作是游进中产生主要推进力的动作之一，分为收腿、翻脚和蹬夹水三个不可分割的动作阶段。

**1.收腿和翻脚**

在两腿完全伸直并稍下沉时，屈髋、屈膝；同时两小腿向大腿后折叠且与臀部靠拢，边分边收；两膝距离与肩同宽，大腿和躯干距离30～40厘米。当小腿、脚跟接近臀部时，两膝稍向里扣，脚尖向两侧外翻做翻脚动作。（图11-2-8）

图 11-2-8

**2. 蹬夹水**

腿后蹬时，边后蹬边内夹，以蹬为主，先伸髋，使髋、膝和踝关节相继伸直。（图11-2-9）

图 11-2-9

### 3.滑行

蹬夹水结束后，由于蹬腿的惯性作用，两腿有一个短暂的滑行阶段。这时，两腿应尽量伸直并拢，腿部肌肉和踝关节自然放松，为下一个动作周期做好准备。

## （三）臂部技术

### 1.划水与抓水

开始时，手臂前伸内旋，掌心转向外斜下方，两手分开向斜下方抓水。当手感到有压力时，便开始向侧、向下、向后和向内呈椭圆形划水。要求划水以肩为轴，动作连贯，肘部保持比手高的位置。（图11-2-10）

图 11-2-10

### 2.收手与伸臂

划水结束后，臂由内向前收，两手相对，最后掌心向下、两臂前伸。当两手收至下颌前下方时，借收手惯性向前弧形伸肘，两手靠近，掌心向下。

## （四）呼吸

呼吸要与臂的动作协调配合，即划水结束时抬头用鼻和口呼气，手臂划水时用口吸气，收手时低头闭气，伸臂时徐徐呼气。

## （五）臂、腿与呼吸的配合技术

蛙泳一般在一个动作周期中吸一次气。臂、腿与呼吸的配合比例多采用1∶1∶1配合。

蛙泳在一个动作周期中，一般采用一次呼吸、一次划水、一次打腿的配合。臂开始划水时，腿伸直不动；划水将结束时，两腿自然放松，并在收手时开始收腿。手臂开始前伸时，收腿结束并做好翻脚动作；手臂接近伸直时，开始向后蹬腿。伸臂蹬腿结束后，身体伸直向前滑行。（图11-2-11）

图 11-2-11

# 三、仰泳和蝶泳

## （一）仰泳

仰泳是人体仰卧在水中进行游泳的一种姿势。仰泳技术有较长的发展历史，早在1794年就有了关于仰泳技术的记载，但是直到19世纪初，仰泳仍采用两臂同时向后划水的臂部动作和两腿做蛙泳的蹬水动作，即现在的“反蛙泳”。自1902年出现爬泳技术后，由于爬泳技术合理和速度快，就开始有人采用类似爬泳的两臂轮流向后划水的游法。直到1921年才初步形成了现在的仰泳技术。

由于头部露出水面，呼吸方便，躺在水面上，比较省力，学习起来比较容易，因此仰泳技术深受中老年人和体质较弱者喜爱。仰泳技术由身体姿势、腿部技术、手臂技术和配合技术组成。

（二）蝶泳

蝶泳技术是在蛙泳技术动作基础上演变而来的，是四种竞技游泳姿势中最后发展起来的泳姿。由于它的腿部动作酷似海豚，又被称为“海豚泳”。

蝶泳的身体姿势与其他泳姿不同，它没有固定的身体位置。在游进中，躯干各部分和头不断改变彼此间的相对位置。头和躯干有时露出水面，有时潜入水中，形成波浪形上下起伏的位置变化。

蝶泳以横轴（腰际）为中心，躯干和腿做有节奏的摆动，发力点在腰腹部，然后以大腿带动小腿，两腿一起做上下的鞭状打水动作。这些动作与头和臂部的动作紧密联系在一起，形成蝶泳所特有的波浪动作，因此前进时身体的阻力较小。蝶泳技术在四种泳姿的游速中排名第二的泳姿。

## 第三节　游泳卫生、安全与救护

### 一、游泳的安全措施

游泳是在水这种特定环境中进行的。如果没有掌握好游泳技术，就有可能发生溺水，甚至危及生命。因此，游泳者必须加强自我保护意识，树立“安全第一”的思想。

（一）要选择安全的游泳场地

游泳场地要有鲜明的标记以标明水的深度，设有安全监督哨、救护器材和救护人员。初学游泳的人，不要到深水中去。

（二）要做好下水前的准备工作

由于泳池中的水温低于人体体温（一般27℃左右），人们在下水后往往会发生肌肉痉挛、关节伸展不开等现象。为此，要求下水前进行各种徒手操、原地跑跳等准备活动，以增加人体热量，同时使颈、肩、腰、膝等关节和全身肌肉活动开。

（三）切勿推人入水

如在同伴毫无准备之际，突然推他入水，极容易发生意外伤害事故。因此在泳池边，切勿嬉戏打闹推人下水。

（四）不要在泳池中潜泳

在泳池中潜泳，耗氧大，容易引起缺氧窒息，且容易被人踢到或撞伤。

（五）游泳活动量要循序渐进

游泳练习的开始阶段活动量宜小。经过一段时间练习后，再逐渐增加活动量，循序渐进，使身体有个适应和提高的过程。

（六）水温达 23 ～ 27℃方可游泳

由于泳池中的水温低于人的体温，身体在水中散热快，能量消耗大。若水温低于23℃，肌肉容易发生痉挛，甚至引发疾病。

## 二、游泳救护

游泳救护是保障游泳者生命安全的一项重要措施。要贯彻“以防为主、以救为辅”的精神，加强游泳救护。

（一）自我救护

（1）手指痉挛时，可将手握拳，然后用力张开，这样迅速反复做几次，直至手指恢复正常。

（2）小腿或脚趾痉挛时，可先吸一口气仰浮于水面上，用发生痉挛肢体对侧的手握住该肢体的脚趾部位，先用力向身体方向拉，同时用同侧的手掌压在该肢体的膝盖上，帮助其伸直。

（3）大腿发生痉挛时，可同样采用拉长肌肉的办法使症状得到缓解。

（二）间接救护

间接救护是指利用救生器材对较清醒的溺水者施救的一种方法。施救时要先吸引溺水者的注意力，并尽快选择救护器材进行施救，如将绳索、树枝或竹竿抛给溺水者，待他抓住后将其拖上岸，或将救生圈、球或木板等漂浮物掷给溺水者，使他扶住漂浮物保持镇静。

（三）直接救护

直接救护是指救护者徒手对溺水者施救的一种技术。救护者必须有较好的游泳技术和救护知识。要选择能尽快游近溺水者的入水点，最好从背后接近，避免被溺水者抱住。接近溺水者后，用两手托其头部或腋下（使其口鼻露出水面），采用侧泳将其拖带上岸。溺水者面对救护者时的救护方法：救护者用左（右）手抓住溺水者的左（右）手腕，用力向左（右）一拉，借助水的浮力使溺水者身体转动180°，背向自己，然后进行拖运。如果救护者抓不住溺水者的手，则应迅速潜入水中，用两手拖住溺水者的髋部，用力使其向左（右）旋转，背对自己，然后将其拖上岸。

图 11–3–1

（四）对溺水者实施救护

**1. 入水前的观察**

救护者入水前，若无其他人看见，则应大声呼救，让其他人听到后前来增援；同时迅速脱去外衣裤和鞋袜，辨明水流方向、水面宽窄等以选择入水地点。

**2. 入水**

在熟悉的水域可采用跳得远、出水快的游泳动作入水。在不熟悉的水域或地势较高处入水时，应屈腿团身，脚先入水，两臂展开压水，以防碰到水下不明物体。

**3. 游近溺水者**

入水后采用抬头自由泳或蛙泳，以便观察溺水者的情况。若同时有两个以上溺水者，则应先救体力最差的一个，不要同时接触几个溺水者，以免被其抱住难于解脱。救护者要冷静、沉着，游到溺水者身边后，用左手抓住溺水者左手腕，用力向左拉，使溺水者背向自己后再进行拖运，右手动作方向则相反。

**4. 水中解脱**

在水中救护时，若被溺水者抓住或抱住，则应设法解脱。解脱动作要迅速、熟练、突然，方能奏效。如果解脱不了，则可深吸气做翻滚动作，将溺水者压没水中。一般情况下，溺水者为了向上呼气容易松手。常用解脱方法有以下几种。

（1）虎口解脱法：在水中救护时，若被溺水者抓住或抱住时，可采用虎口解脱法，即利用溺水者的虎口为支点，运用杠杆原理，救护者用手臂将溺水者的手撬开，摆脱被抓的状态。

（2）推扭解脱法

被溺水者从前面抱住腰时，可采用推托溺水者下颌或扭转其颈部的方法解脱。（图11–3–2）

（3）扳指解脱法

被溺水者从背后抱住腰时，可采用扳溺水者中指的方法解脱。

（4）托肘解脱法

若溺水者从前方或后方将救护者躯干和手臂都抱住，可上托溺水者的肘部解脱。

（5）拖运

拖运时，必须让溺水者口鼻露出水面，一手拉、拖溺水者，另一手划水，两腿做蛙泳腿部动作或侧蹬水动作。（图11–3–3）

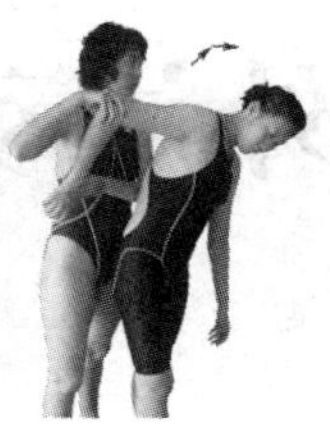

图 11–3–2

图 11–3–3

（五）岸上急救

将溺水者拖上岸后，先观察溺水者的状况，然后决定做人工呼吸或做心脏按压，同时找救护车。

**1. 人工呼吸**

如溺水者心脏跳动，则救护者应立即进行人工呼吸。在进行人工呼吸前，先清除溺水者口腔中的分泌物和其他异物等，使其上呼吸道通畅，再迅速进行排水。排水的方法是救护者一腿跪下，另一腿屈膝，将溺水者的腹部放在屈膝的大腿上，一手扶着溺水者的头，使其嘴向下，另一手压其背部，使其把水排出。排出水后，要立即进行人工呼吸。操作方法是使溺水者仰卧，救护者一手托其下颌，另一手捏其鼻孔，然后深吸一口气，对准溺水者的口将气吹入。吹气后，松开捏鼻孔的手，如此反复进行。每分钟做14～20次，不能间断，直至溺水者恢复呼吸为止。

**2. 心脏按压**

如溺水者无心跳或心跳极弱，则救护者要立即进行心脏按压。具体方法是使溺水者仰卧，救护者跪在溺水者的身旁，将一手掌置于其胸骨下端，另一手掌覆在上面，两手掌重叠在一起，两臂伸直，借助身体的重力，稳健有力地向下垂直加压，压力集中在手掌根部，使溺水者胸骨下陷3～4厘米，随后将手腕抬起，使胸廓扩张。心脏按压的频率为每分钟60～80次。

当溺水者失去知觉时，最好是人工呼吸与心脏按压同时进行。方法是先做2次人工呼吸，然后做15次连续心脏按压，这样反复进行。

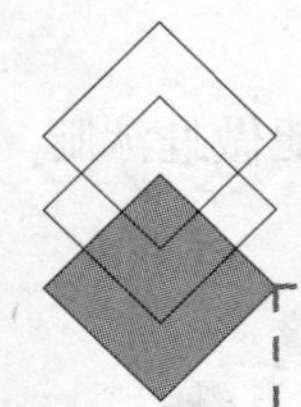

# 第十二章 户外运动

## 第一节 定向运动

### 一、定向运动概述

定向运动是指运动员利用地图和指北针到访地图上所标示的各个点标，以最短时间到达所有点标者为胜的运动项目，是户外运动的一种形式。它既是一项户外休闲、娱乐运动，又是一项竞技运动，且对选手的体力和智力要求较高。

#### （一）定向运动的起源和发展

在19世纪末至20世纪初，欧洲北部斯堪的纳维亚半岛广阔而崎岖不平的土地上覆盖着一望无际的森林，散布着无数的湖泊，城镇和村庄稀疏散落，还有着隐现在林中、湖畔的弯弯曲曲的小路。为了更好地作战，那些经常在斯堪的纳维亚半岛山林中行动的军人便成了开展定向运动的先驱。

1897年，第一次面向群众的定向运动比赛在挪威举行，其后在挪威还举行了一些小规模的比赛。1919年，一次影响深远的定向运动比赛在斯德哥尔摩南部的山林中举行，它的组织模式和规格标志着定向运动成为一项独立的体育运动项目。

为使定向运动在全世界得到更好、更健康的发展，1961年，国际定向运动联合会在丹麦首都哥本哈根成立，该组织科学地划分、确定了全世界统一的正式专业项目、主要赛事、主要比赛项目，并制定了一系列的比赛规则与技术规范。

#### （二）定向运动的不同形式

定向运动分为多种形式，下面介绍几种常见的定向运动。

**1. 定向越野**

定向越野是各种定向运动形式中组织方法较为简便、开展最为广泛的一种。它最能考验个人的识图用图、野外选择路线、奔跑等能力。

**2. 接力定向**

接力定向是展现团队实力的较佳竞赛形式，其成绩的好坏有赖于每个队员个人能力是否正常发挥。在接力定向比赛中，比赛的路线被分为若干段，每位选手只需完成其中的一段（使用一张同地点地图），各段选手的成绩相加为该队的最后成绩。为便于观众欣赏各个选手之间的激烈竞争，接力定向在赛场上设有比赛中心，各段选手的交接均在这里以触手方式进行。

**3. 滑雪定向**

滑雪定向可以按个人、团体或接力比赛等形式进行。它与徒步定向的区别在于选手需要使用滑雪装具（非机动）。供比赛用的滑道，需要使用摩托雪橇提前开辟。同一比赛路线上的滑道通常不止一条，以便选手自行选择最有利于自己的滑行路线。

**4. 夜间定向**

夜间定向是定向运动中极具挑战性的一种比赛形式。由于比赛是在能见度不良的夜间进行的，这不仅增加了比赛的难度，同时还给观众和参赛选手带来更具刺激性的感官体验。

夜间所使用的器材主要是点标本身或其上附有的被动式反光材料（只要有一点光线投射到它上面即反光）。此外，运动员亦需携带用于查看地图的照明设备：它可以很小，如微型手电筒；也可以很大、很专业，如洞穴探险头灯等；也可以自制其他方便携带的照明装置。

**5. 公园定向**

公园定向是指主要在城市公园、小城镇、居民小区或类似地形上举行的徒步定向比赛。

### （三）定向运动的文化价值

**1. 定向运动是一项竞技体育项目**

定向运动不仅是体力的竞争，还是智力、技巧等方面的竞争。奔跑的速度靠体力，方向的判断和路线的选择正确与否，要靠地图与指北针的运用及大脑的分析判断，是智力的较量。定向运动就是这样一项带有强烈的对抗竞争性的体育运动。

**2. 定向运动是一项大众体育项目**

从普及地形学的角度看，定向运动不仅有助于普及全民识图和用图知识，还有助于培养人们在野外活动和陌生城市中的自我生存能力。

**3. 定向运动是一项颇具商业价值的体育项目**

定向运动是一项适应性强、参加人群广泛、绿色环保的体育项目。对于运动者来说，只需一张定向地图和一个指北针，就可以参加了。

总之，定向运动作为一项个人体验型项目，参与性极强；除了亲身体验，旁人很难体会到其中的挑战性、刺激性和乐趣。

(四)定向运动在中国

1983年3月10日，中国人民解放军体育学院首次在广州白云山上组织了一次“定向运动试验比赛”。这次比赛虽然准备的时间短暂，又缺乏组织经验，但由于定向运动自身的特点，比赛进行得很顺利，并取得了良好的成绩——取得第一名的运动员王清林仅用了2小时28分11秒，就在大雨中完成了设于山地密林中的10千米比赛路程。这表明了定向运动在我国的适用性和巨大的发展潜力。其后，一些军队院校也相继举办了此类比赛，郑州的测绘学院还举办了难度较大的夜间定向运动比赛，并将其列为该院每年举办的运动会项目。

此后，各种形式的定向运动比赛在我国如火如荼地开展起来。随着我国经济的发展和人们生活水平的提高，以及体育事业的发展，定向运动这项十分有益于人们身体素质的体育活动必将更加广泛地在我国开展起来。

## 二、定向运动的装备与器材

### (一)个人装备

**1. 服装**

定向运动对服装没有特殊的要求。一般来讲，个人对衣裤的选择应该是紧身而又不至于影响呼吸和肢体自如活动为宜，为防止草木的刺碰及虫蚁的侵袭，最好穿面料结实的长袖衣、长腿裤等。

专业的定向运动选手普遍选用一种有弹性的轻质化纤服装。它能防止草籽钩粘，减少丛林羁绊，在被浸湿的情况下依然能保持身体动作的最大灵活度，并且具备速干的优点。

**2. 鞋**

定向运动对鞋的要求：合脚、轻便而又结实，鞋底的材料和造型能牢牢地抓住所有类型的地面，包括湿滑的泥泞地和坎坷坚硬的岩石地面。

**3. 指北针**

目前常用的指北针分为两类：基板式和拇指式。(图12–1–1)

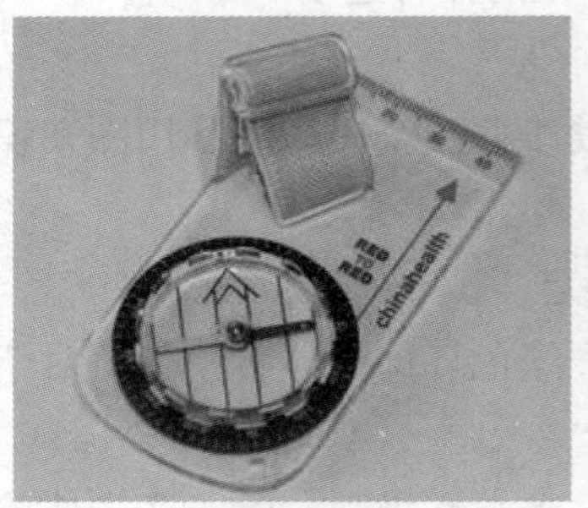

基板式定向专业指北针

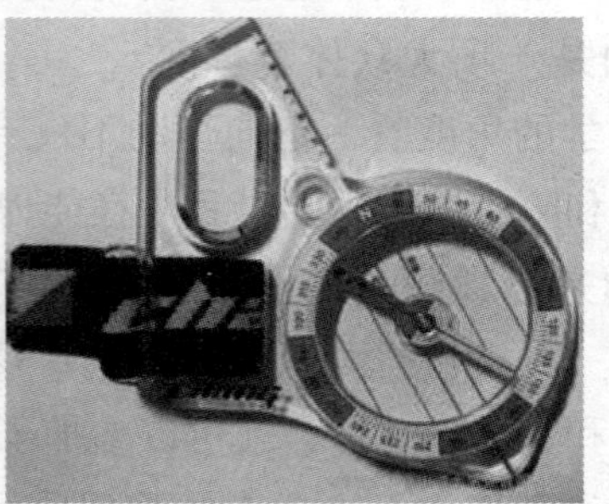
拇指式定向专业指北针

图 12–1–1

（二）赛会需准备的器材

**1. 地图**

地图是定向运动最重要的器材，其质量的好坏直接关系到比赛过程是否安全、结果是否公正。因此，国际定向运动联合会专门为定向运动比赛制定了《国际定向运动图制图规范》，规定比例尺通常为1∶15000或1∶10000，等高距为5米。

**2. 比赛路线**

比赛路线由活动组织方印刷或手绘在地图上，与地图一起发给参赛运动员使用。

定向运动比赛路线通常被设计成环形，其难度、长度主要根据参赛者的水平、比赛预定时间来确定。

**3. 检查卡**

为了证明参赛人员找到并到访了每个检查点，赛事组织人员会在比赛前发给每位参赛者一种验证成绩的设备——检查卡或电子指卡。（图12-1-2）

检查卡是传统的成绩验证装置，用厚纸片制成。有的比赛需要回收地图，这时检查卡也可能会直接印在地图的空白处。

电子指卡是最近几年兴起并使用的一种基于电子点签系统的成绩验证装置。

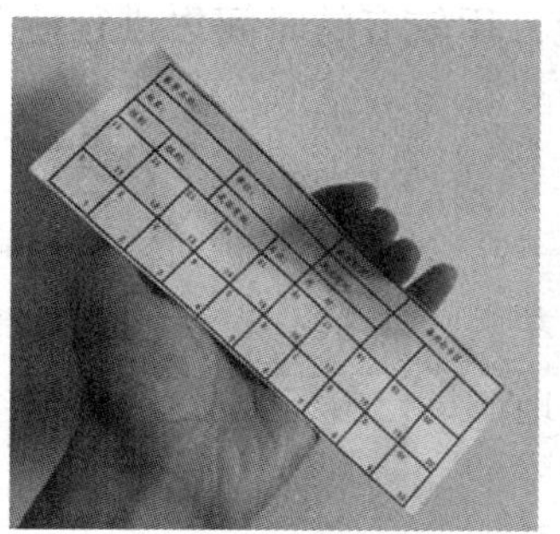

定向运动检查卡

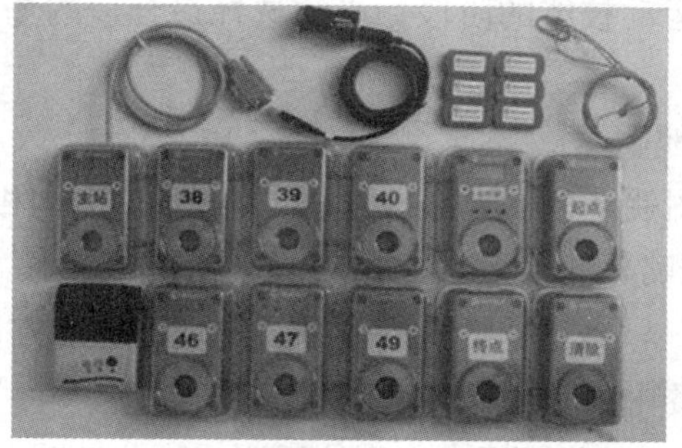


定向运动电子指卡

图 12-1-2

**4. 检查点**

检查点是工作人员于比赛前在比赛场地中摆放的标志。严格意义上的检查点由三个部分组成：点标、点签、地物及其特征。

（1）点标：用三面标志旗围成的“三角形灯笼”，每个面的标志旗呈正方形，沿对角线分开，左上为白色，右下为橙红色，尺寸为30厘米×30厘米。点标上编有代号，以便在比赛时根据此代号来判断自己是否找到了正确的检查点。

（2）点签：主要是提供找到检查点的凭据。传统的点签是夹钳式的，用弹性较佳的塑料或金属材料制成，顶端装有钢针。每个检查点的点签钢针以不同的方式排列，这样能使点签可以夹出不同的图案印痕，以证实参赛者找到了这个检查点。

电子式的点签，我们称其为“卡座”。它的前端有一个圆洞，在插入电子指卡时，会把当时的时间写入指卡。当运动员完成比赛并携带指卡返回终点时，指卡上不但记录了参赛者的比赛总用时，而且还记录了达到每个检查点的具体时间。

（3）地物及其特征：地物是指现地存在的并在图上被正确表示出的地面物体。有的地物较大或者较长（如湖泊、道路等），其明显的弯曲处、转角处就是特征。

**5. 号码布**

比赛的规格较高、人数较多时，号码布是用来识别运动员的必需物品，以利于裁判工作的进行。

**6. 检查点说明符号**

检查点说明符号是一种以表格形式在赛前发给运动员的一套统一的符号和文字系统。它可以使参赛者在进入地图上的检查点圆圈之后，不必再为寻找点标的位置而东奔西走，以保证参赛者的主要精力和时间都用在比赛的途中。

## 三、定向运动基础技能

### （一）地图的识别

地图在定向运动中具有特殊的重要意义。认识地图是为了正确地使用地图。因此，我们在学习定向运动技能的阶段，必须选择最合适的场地，用较多的时间去进行使用地图与指北针的训练。

**1. 标定地图**

标定地图就是为了使地图的方位与现地的方向相一致。这是使用越野图的最重要的前提。

（1）概略标定：地图上的方位是上北、下南、左西、右东。当我们在现地正确地辨别了方向之后，只要将越野图的上方对向现地的北方，地图即已标定。这种方法简便迅速，是定向运动比赛中最常用的方法。

（2）利用磁北线标定：先使透明式指北针圆盒内的定向箭头“↑”朝向地图上方，并使箭头两侧的平行线与越野图上的磁北线重合（或平行），然后转动地图，使磁针北端对正磁北方向，地图即已标定。

（3）利用直长地物标定：利用直长地物（如道路、土垣、沟渠、高压线等）标定地图时，首先应在图上找到这段直长地物，对照两侧地形，使其在图上的位置关系与现地各地形点的位置关系概略相符；然后转动地图，使图上的直长地物与现地的直长地物方向一致，地图即已标定。

（4）利用明显地形点标定地图：当你位于明显地形点上并已从图上找到该地形点的位置（即自己所在的站立点）时，可以利用明显地形点标定地图。方法：先选择一个图上与现地都有的远方明显地形点（目标），然后转动地图，使图上的站立点至目标的连线与现地的站立点至目标的连线相重合，此时地图即已标定。

**2. 对照地形**

对照地形就是要通过仔细的观察，使图上与现地的各种地物、地貌一一“对号入座”，

即相互对应。对照地形在定向运动比赛中的作用主要有两个：一是在站立点尚未确定时，只有正确地对照地形，才能在地图上找出正确的站立点位置；二是在站立点已经确定且需要变换行进方向时，只有通过对照地形，才能在现地找到已选定的最佳行进路线。对照地形一般应先标定地图，然后根据不同的需要采用不同的对照方法。

在站立点确定前，首先应概略地标定地图，然后迅速地观察一下周围，记清最大或最有特征的地物、地貌的大概方位与距离，并从图上找到它们，此时站立点的位置即可概略地确定。

在站立点已经确定之后，同样首先应概略地标定地图，然后从图上查明自己选定的运动路线上近前方两侧的特征物，同时记清它们的大概方位与距离，并将它们在现地辨别出来，然后再前进。如果因为地形太复杂，如山丘重叠、形状相似等，不易进行对照，则可以先采用较精确的方法标定地图，然后用带刻度尺的指北针的长边切于站立点和特征物，并沿这条直长边向前瞄准，则特征物一定在此方向线上。如此方法还不能解决问题，则应变换对照位置或者登高观察和对照。在这里需要特别强调的是，无论在什么情况下进行现地对照地形，都必须特别注意观察和对照地形的顺序与步骤问题。现地对照地形的顺序一般是先对照大而明显的地形后对照一般地形，由近及远、由左至右，由点及线、由线及面，逐段分片、有规律地进行对照。在步骤方面，首要且必不可少的是要保持地图方位与现地方位的一致，然后再根据不同需要进行下面的步骤。

熟练地掌握在图上确定站立点的各种方法是学习使用地图的关键。对于这些方法，除了要记住它们各自的步骤、要领，尤其重要的是要学会根据不同情况进行选择使用和结合使用。

（1）直接确定：当自己所处位置是在明显地形点上时，只要从图上找出该地形点，则站立点即可确定。这是一种在行进中特别是奔跑中最常用的方法。但是，采用直接确定法的困难在于：在紧张的行进中，怎样才能迅速地发现可供利用的明显地形点？当同一种明显的地形点互相靠近时，怎样才能够正确地区别他们，防止张冠李戴？

可以称得上是明显地形点的地物主要有以下几种：

·单个的地物：

——线状地物的拐弯点、交叉点（呈十字形）、交汇点（呈丁字形）和端点；

——面状地物的中心或者有特征的边缘。

可以称得上是明显地形点的地貌主要有以下几种：

——山地、鞍部、洼地等；

——特殊的地貌形态如陡崖、冲沟等；

——谷地的拐弯、交叉、交汇点等；

——山脊、山背线上的转折点、坡度变换点。

（2）位置关系确定：当站立点位于明显地形点附近时，可以采用位置关系法。利用位置关系法确定站立点主要是依据两个要素：一是站立点至明显点的方向，二是站立点至明显点的距离。在地形起伏明显的地方，还可以结合高差情况进行判定。

（3）“交会法”确定：当站立点附近无明显地形点时，可以利用“交会法”确定站立点。按不同情况，它又可以具体分为90° 法、截线法、后方交会法和磁方位角交会法。这些方法的优点是不需要判断或测量距离也能确定出较为准确的站立点位置。这对于初学者学习、巩固使用地图的技能是很有意义的。但是，它们中的一些方法，要么只能在某些特定的条件下才能运用，要么就是步骤繁琐，费时费力，因此在定向运动比赛中一般较少使用。以下介绍90° 法和截线法。

90° 法：当待测点位于线状地形（包括道路、沟渠、山背线、谷底线、坡度变换线等）上时，如果在与运动方向相垂直的方向上能够找出一个明显地形点，那么确定站立点就简单得多，线状地形符号与垂直方向线的交点即为站立点。

截线法：当待测点位于线状地形上且在其与运动方向相垂直的方向上没有明显的地形点时，可以采用此方法。

**3. 利用地图行进**

利用地图行进是定向运动的基本运动方式，它有赖于定向运动员对前面所述各种专项技能的综合运用。也就是说，学习辨别方向、识别地图、标定地图、最适合照地形确定站立点，都是为了能够熟练地利用地图行进。因此，在实践中要根据地形情况、个人特点，选择最适合自己的一两种方法，反复练习、融会贯通，以便在比赛时能以不降低或少降低运动速度的状态，始终正确地行进在自己选定的路线上，顺利到达目的地。

（1）记忆法：一般要按行进的顺序分段地记住路线的方向、距离、经过的地形点、两侧的辅助（参照）物。通过记忆，应该使自己具备这样一种能力：现地的情景能够不断地与记忆的内容“迭影”、印证，即“人在地上跑，心在图上移”。

（2）拇指辅行法：在行进的过程中，不断移动地图，使地图与现地方向一致，拇指始终压在站立点上，做到“人在地上走，指在图上移”。具体步骤：① 转动地图，使地图与现在方向一致；② 将左手拇指压在站立点一侧上，先上大路；③ 到大路后转动地图，移动拇指（沿大路跑，看到路旁小屋后向右转）；④ 再转动地图，移动拇指（沿大路跑，经过右侧路口后在下一路口左转弯，可直达目标点）。（图12–1–3）

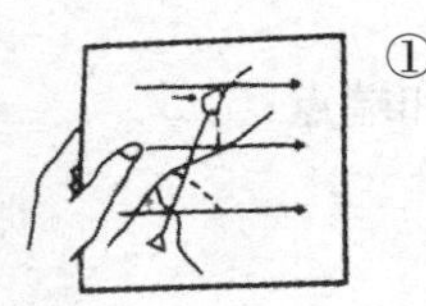

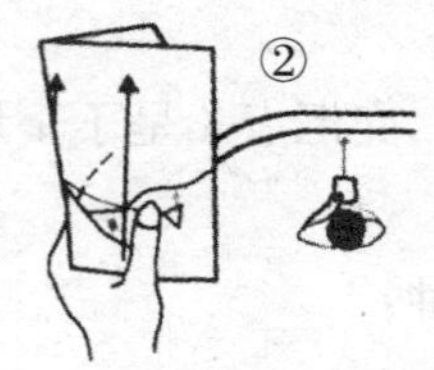

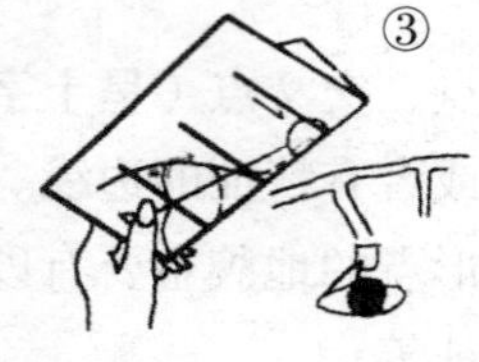

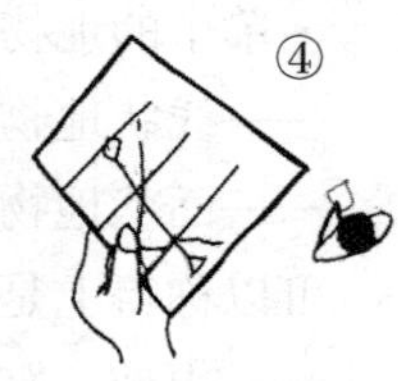


图 12–1–3

（3）借线法：当检查点位于线状地形或其附近时，可以采用此方法。行进时，要先明确站立点，而后利用易于辨认的线状地形，如道路、围栏、高压线、山背线、坡度变换线等，作为行进的“引导”，使自己运动时更有信心。由于沿着线状地形前进犹如扶着楼梯的栏杆行走，这种方法又被称为“扶手法”。

（4）借点法：当检查点附近有高大、明显的地形点时，可用此方法。行进前，要先将

目标辨认清楚（亦可用其他物体佐证），然后以最快的速度前往检查点。

（5）导线法：当站立点距离检查点较远且途中地形又很复杂时，可以采用此法。在行进的过程中，要多次利用各个明显的地形点，确保前进方向与路线的正确性。但需注意：切勿将相似的地形点用错。

**4. 迷失方向怎么办**

当在现地找不到目标且无法确定站立点时，就是迷失了方向。下面介绍的是寻找正确方向的几种常用方法，可分为以下几种情况。

（1）沿道路行进时：标定地图，对照地形，判明是从哪里开始发生的错误及偏差有多大，然后根据情况另选迂回的道路前进。如果只是稍微偏离方向，则可返回原路再行进。

（2）越野行进时：应尽早停止行进，标定地图后选择最适用的方法确定站立点，然后尽量取捷径插到原来正确的路线上去，不得已时再返回原路。

（3）在山林地中行进时：根据错过的基本方向、大概距离找出最近的那个开始发生偏差的地点，并以此为基础，确定站立点的概略位置。如果偏离太远，既确定不了站立点，又不能返回原路，就要在图上看一看，迷失地区附近是否有较大型或较突出的明显地形（最好是线状的）。如果有，就要果断地放弃原行进方向而向它靠拢，并利用它确定站立点。如果没有这个条件，那么就继续按原定方向前进，待途中遇到能够确定站立点的机会后，再迅速取捷径插向目的地。在山林中行进时，最忌讳在尚未查明差错程度及不清楚正确的行进方向的情况下，匆忙而轻易地取捷径斜插，这样很可能造成在原地兜圈子。

如果在山林地中迷失了方向，甚至连“总的正确方向”都无法确定，此时须使用指北针。

### （二）使用指北针

**1. 指北针的作用**

指北针在定向运动中的主要作用有辨别方向、标定地图、确定站立点与目标点的方向和简易测绘等。

下面介绍的这种指北针使用方法，最初是瑞典的SILVA公司所研发的指北针的使用方法，因此又被称为“SILVA1–2–3系统”。其具体步骤：① 将指北针直尺边切于目标方向线，指北针上的方向箭头指向所要到达的位置；② 把指北针和地图作为一个整体，水平放置在面前，转动身体，使指北针上的红色指针和地图上磁北方向线重合或平行；③ 指北针上方向箭头所指方向即为所要前进的方向。（图12–1–4）

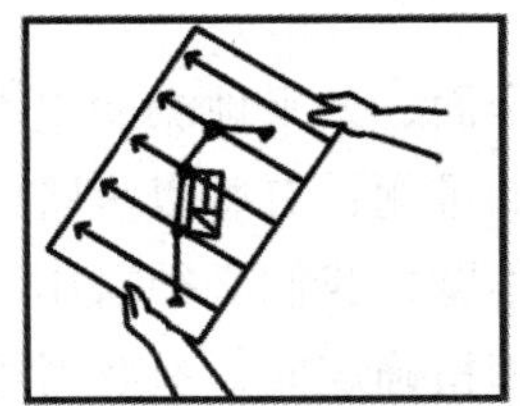
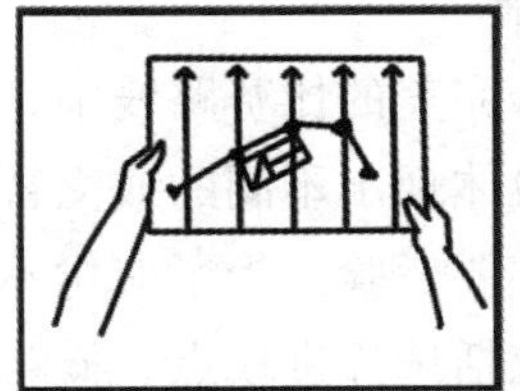

图 12–1–4

**2. 使用指北针的注意事项**

（1）使用前要检查磁针是否灵敏。用一铁制物体（如小刀）多次扰动磁针，若磁针每次都能迅速摆动并停止于同一处，则表明磁针灵敏；反之则说明该指北针已经不能使用。

（2）使用时应避开各种电器或铁制类物体。

（3）指北针不能在磁力异常的地区使用。

（4）在靠近南、北极的地区，必须使用针对南、北极磁力不同而专门制造的指北针。

## 四、定向运动比赛技能与规则简介

### （一）比赛技能

**1. 比赛中运用“SILVA1-2-3系统”**

“SILVA1-2-3系统”是定向运动比赛中最为简便、最为快速的一种确定检查点方位的方法。它特别适合在特征物少、植被密度低和地形起伏不大的树林中使用。

**2. 步测、目测距离**

在地物稀少、地物密集、夜间定向等情况下，运用“SILVA1-2-3系统”加步测或目测距离的方法寻找检查点是参赛人员必须具备的技能。

步测就是按照自己步幅的大小计算距离。为了计算方便，通常我们采用“复步”的方法——以两个单步为一个复步。若参赛者在平坦的道路上以中速行进时，每个单步的跨度大约为75厘米，一个复步就是1.5米。每个人的身高、腿长和步速是不同的；平坦的、斜地的、崎岖的草地、树林和地形类别不同，复步的大小也会有差别。理论上，一个成年人的步长大约等于他的眼睛距离地面高度的一半。

目测就是用眼睛估计、测算出距离。眼睛虽然不能测量精确的距离数值，但是，只要经过勤学苦练，还是可以测得较准确的距离的。在高速奔跑的定向运动比赛中，掌握目测这一技术具有非常实际的作用。我们可以运用“物体的距离近，视觉清楚；物体的距离远，视觉就模糊”的规律对距离进行目测。在练习的阶段，需要特别留意观察、体会各种物体在不同距离上的清晰程度，观察得多了，印象深了，就可以根据所观察到的物体形态，目测出它们的距离。需要注意的是，眼睛的分辨力常会受到天气、光线照射角度、物体自身颜色、观察的位置角度等条件的影响，因此目测的距离常常会因为这些因素而产生非常大的误差。

**3. 定向运动的战术**

在一条设计得十分完美的比赛路线中，为了全面、公平地测验出参赛人的定向水平，路线设计者会让各个赛段体现出不同的或交替出现的难题；有些以考验体能为主，有些以考验技能为主，有些两者都要考验。为了应付不同的难题，我们必须采用不同的定向运动战术。定向运动的战术一般包括选择进攻点、概略定向和精确定向，参赛者可根据具体情况选择使用或组合使用。

（1）选择进攻点：这是决定采用任何战术前首先要从图上判断的问题。

选择进攻点通常就是选择检查点附近的某个明显的特征物，这是参赛人借以接近并最后找到检查点的依托——就像战场上的士兵们向对方的碉堡发起进攻前选择一个地物，借以隐蔽身体、接近对方那样，故名进攻点。并非在任何情况下都需要选择进攻点，如当检查点位于明显地形点上时，利用按图行进的借线法、借点法等就足以找到该点，选择进攻点就显得没有必要了。是否有进攻点供选择，通常是参赛人员采用概略定向或者精确定向战术的依据。

（2）概略定向：采用拇指辅行法、借点法、偏向瞄准、水平移位法等基本的按图行进的方法，或者单纯采用“SILVA1-2-3系统”径直找点的方法，以较快的速度、少看图或者是不看图的办法前进。

（3）精确定向：当一个比赛路段中没有较大、较明显的特征物可用，或者检查点位于细碎特征物之上、之中时，就需要采用精确定向的战术。精确定向最重要的是细心，读图要细心，运用指北针瞄准前进方向要细心，并且经常离不开步测、目测等方法的辅助。

**4. 定向运动战略**

既果断又细心，能够迅速选择最佳的比赛路线，这是定向运动对运动员提出的要求。选择最佳比赛路线时，选手总是需要根据每一赛程的具体情况，综合判断是否能够发挥及如何发挥自己的技术、战术或体能优势。因此可以说，选择路线是更高一层意义上的技能或称定向的战略。

选择最佳路线需要考虑以下几个问题：

——是否节省体力？

——是否节省时间？

——是否最稳妥？

——是否最能发挥自己的特长（技能或体能的优势）？

**5. 定向运动的体能基础**

虽然从总的方面来说，定向运动的成绩是由运用定向战术、技术的能力决定的，但问题是，人们在野外应该掌握什么样的奔跑技术、注意哪些问题才能发挥最大的体能，使比赛既有高速度，又能避免一切可能发生的危险。也就是说，要想取得好的定向运动比赛成绩，还需要经过科学的越野跑训练。

定向运动的越野跑实际上是一种长距离的间歇式赛跑，这种在野外环境中的奔跑可以使肌肉不断地紧张与放松，身体的负荷与精神的专注不断地交替进行。在这种情况下，参加者的全身，特别是呼吸系统与心血管系统都将得到较大程度的锻炼。

**6. 提高找点的速度**

开展定向运动的一个重要目标，就是通过寻找检查点的方式提高参加人员识别、使用地图的能力。因此，与定向运动的雏形“寻宝游戏”有着本质区别的现代定向运动，测验选手能力的重点不在找到检查点之时，而是在找检查点的过程之中。

为使选手们在到达检查点附近之后不需要花费太多的时间就能找到检查点点标，国际定向运动联合会专门颁布了一套“明确的指示检查点特征物、检查点点标的位置与该特征物之间的相互关系”的符号和文字说明系统——《检查点说明》。

**7. 善于进行赛后总结**

赛后总结对定向运动的参赛人员具有特别重要的意义，它是参赛人员了解自己的弱点、学习他人长处，同时又是全面学习和掌握各种战术、技术在比赛中的运用方法的最好时机，对提高参赛人员定向运动水平具有其他任何方法都无法比拟的作用。

赛后总结的重点，就是将参赛人员在比赛中的行进路线在图纸上回忆、描绘出来，将其与原设计路线、他人的行进路线进行比较。这是参赛人员在赛后心智恢复平静、精力完全集中的情况下进行的重现比赛的过程，此时进行的自我分析评价会更加客观准确。

赛后总结的主要内容有自己在比赛各段中的路线选择，运用的技术、战术，遇到的问题，各路段的用时等，然后绘制成一条完整的行进路线。

赛后总结最好是在对比赛的过程还有清晰、详细的记忆时完成。此外，在比赛现场与同路线的其他参赛人员进行即时交流也是一个不错的办法。

（二）练习与运用

**1. 寻找藏身者**

练习准备：在地图上选择4～6个区域，每个区域至少有3处以上的类似特征，如第一个区域为凹地，第二个区域为慢跑区域，第三个区域为有山顶的区域，第四个区域为悬崖有壁区域，这些区域最大跨度为300米；然后把它们画在地图上，不需要设置检查点。

练习方法：首先分发地图并解释游戏，然后一组中的第一个人有3分钟的时间去找藏身之处，在按照事先说好的地物特征处隐藏好，区域也是事先选择好的，剩下的人去找这个人的藏身之处。第一个找到的人要提前出发藏身于第二个区域处，当其他人找到第一个人的藏身之处后在原地等待，直到所有人都到达。如果10分钟后还有人没到齐，就可以通过站起身或呼喊的方式提醒迷失的伙伴，然后按前面的方向再向下一个区域出发。

**2. 按序寻宝**

练习方法：在每一个锥体上标一个数字，给游戏者一个序列，让他们按序或逆顺序奔跑，在这个过程中要经常改变号码序列，计算其需要的时间。该游戏要求游戏者思维敏捷、行动快速，因此能有效提高游戏者在一定压力下快速做出决定的能力。

**3. 障碍跑**

练习方法：按照规定路线越过障碍奔跑。该游戏可以设计不同的障碍，可在室内进行，也可在室外进行。

**4. 室内体验定向运动运动**

练习方法：如图12–1–5布置教室，在标定好序号的课桌（即检查点）内放上不同颜色的粉笔。参赛者依据地图从讲台出发，选择自认为最短的路径按序号依次从检查点（编有序号的课桌内）取回不同颜色的粉笔，最先回到讲台的参赛者获胜。

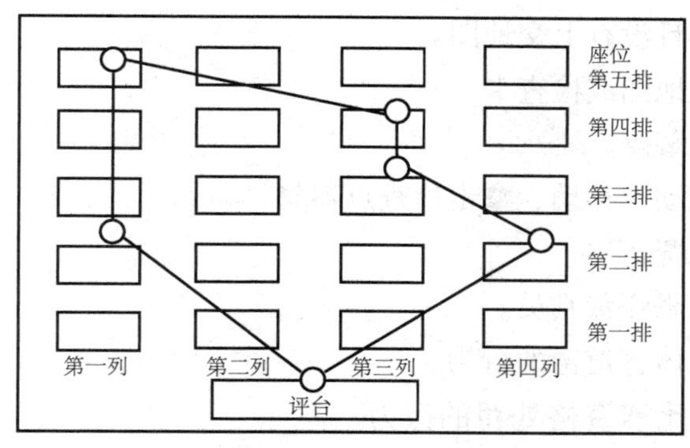


图 12-1-6

## 五、比赛规则简介

### （一）出发顺序

（1）第七十九条间隔出发是指运动员按相等的时间间隔逐一出发。集体出发是指同一组别的所有运动员同时出发。在接力赛中，集体出发方式仅适用于第一棒队员。

（2）在间隔出发的比赛中，同一个代表队的运动员不能先后连续出发。如果同队两名运动员抽到先后连续出发，下一位出发的其他代表队的运动员应插在该两名队员之间。如果同队两名运动员抽到在最后出发，在他们前一位出发的其他代表队的运动员应插在他们之间。

（3）在集体出发的比赛中，应首先为每种线路组合分配出发号码，然后通过抽签决定运动员的出发号码。各线路组合应保密到最后一个运动员出发。

### （二）犯规及处罚

**1. 给予通报批评或警告的行为**

（1）擅自出入隔离区、出发区。

（2）携带通讯设备进入隔离区。

（3）携带涉及赛区的旧版地图进入隔离区。

（4）在起点区或终点区不听从现场工作人员指挥。

（5）在出发区影响他人准备比赛。

（6）整个代表队完成比赛后，在离开赛场前未到竞赛中心签到处签到。

（7）第一次出发犯规。

（8）有违反环保指南的行为。

（9）没有按规定着装。

**2. 给予取消个人比赛资格处罚的行为**

（1）中途退出比赛，未到成统处读取检查卡信息。

（2）中途退出比赛且没有上交地图。

（3）在场地中交换地图或检查卡。

（4）替跑或找他人替跑。

（5）蓄意破坏、改动、移动、拿走检查点器材。

（6）无故不参加比赛。

（7）诽谤、威胁或恐吓裁判员。

（8）其它严重违反体育道德的行为。

**3. 给予取消代表队比赛资格处罚的行为**

（1）在一场比赛中同队有2名以上（含2名）运动员被取消比赛资格。

（2）代表队相关人员或没有参加比赛的运动员擅自进入赛场。

（3）经警告和通报后，再次在完成比赛、离开终点区前未到竞赛中心签到处签到。

（4）对将重复使用的比赛场地，在第一次使用时其运动员没有交回该比赛场地地图。

（5）有预谋的组织集团作弊，多人帮助某一人取得名次。

# 第二节　野外生存

## 一、野外生存概述

### （一）野外宿营用品

**1. 帐篷**

（1）帐篷分类。

帐篷可以在野外搭建一个临时的“家”。尤其是在雨雪天气里，帐篷的作用更是不可替代的。（图12-2-1至图12-2-5）

（2）选择帐篷时需考虑的问题。

野外地区属于哪种气候类型？多雨的地区所要配备的帐篷首先要有良好的防水性。防水性好的帐篷应该有较好的防水涂层，在缝合线处要有压胶处理；外帐下裙应该稍长，底部的材料应该同样是防水的材料。

选择的帐篷是用来探险、登山，还是野外露营？如果是前者，账蓬必须要非常结实，不会轻易倒塌或被折弯。帐篷面料的拉力应适中，要方便搭建。因为如果在探险时遇到恶劣气候帐篷的搭建工作要快速完成。

颜色：绿色和土黄色帐篷适合隐蔽；红色、橙色帐篷适合登山（方便被找到）；白色和浅色系列帐篷有反光作用，适合用于炎热的地区。如果经济条件允许，野外生存者最好选择

双层帐篷。

图 12-2-1

图 12-2-2

图 12-2-3

图 12-2-4

图 12-2-5

**2. 睡袋**

睡袋的作用主要是保暖。睡袋是被和褥结合在一起的寝具。在睡袋的一侧有一个带拉链的入口（有的被设计成松紧的）。人钻进去后，把拉链拉好，仅在头部留一个通气的通道。睡袋整体看上去就像婴儿的襁褓一样。（图12-2-6）

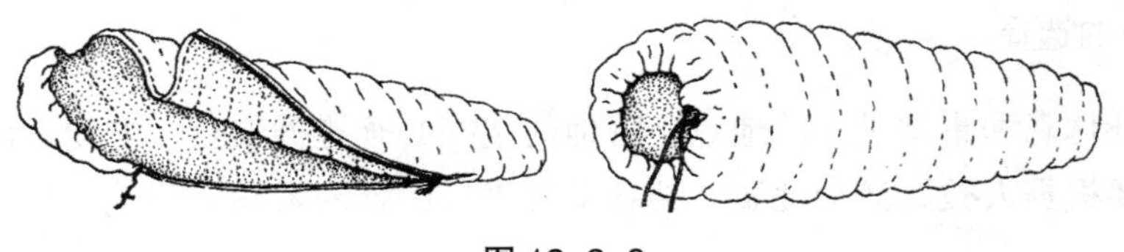

图 12-2-6

**3. 防潮垫**

到目前为止，行业还没有关于防潮垫的统一的固定模式和行业标准。一般来讲，凡是能在野外宿营时起到防潮隔凉作用的天然或人造制品都可以用作防潮垫的材料。另外，轻便和便于携带是同样重要的指标。

**4. 炉具**

除非是驾车探险者，或者是由大队人马组成的考察队、探险队，否则难以在旅途时带上齐全的餐具。对于参加野外生存训练的人来说，最便利的做法是携带一只有折叠把手的饭盒。

如果野外生存地点难以找到生火的材料，或者不能点篝火，则可以带上固体或气体燃料和一个小炉具。（图12–2–7）

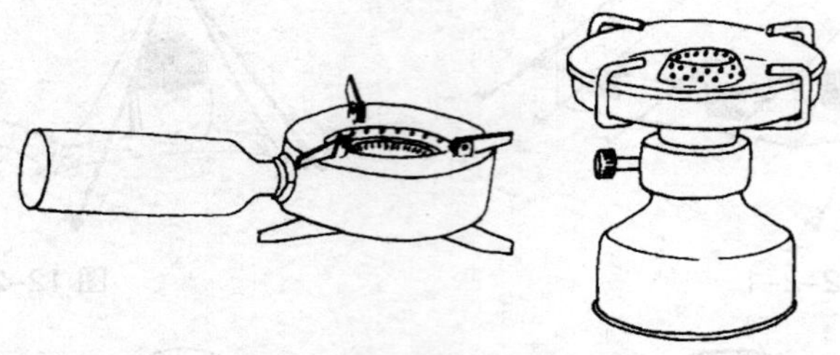

图 12–2–7

（二）其他装备

（1）GPS：全球卫星定位系统，用于在野外辨别方向和方位。

（2）移动电话：在野外生存过程中，与外界保持联络是非常重要的。因此，在去往野外生存地区前，野外生存者应向有关电信部门咨询移动电话网络覆盖和信号情况，避免移动电话网络覆盖不到。

（3）绳索：若干条直径不小于8毫米、长50米的主绳和直径不小于6毫米、长50米的辅绳；主绳用于人身保护，特别是攀岩和岩降时使用，辅绳用于捆扎物品。

（4）放大镜：可用于聚集太阳光以点燃易燃物。

（5）望远镜、瑞士军刀、当地地图、岩石锤、升降器、救生衣等专用技术设备。

（6）其他较小的常备物品：指北针、打火机、火柴、蜡烛、塑料袋、铅笔、缝纫包、抗生素药片、高锰酸钾、创可贴、钢锯等。

## 二、野外生存基本技能

（一）营地的选择

营地是野外休息和集结供应的地点。营地的选择必须遵循安全、方便、舒适性的原则，在此基础上还要根据人数、活动性质、装备量等进行综合的考察。营地的选择一般应注意以下几点。

（1）营地要在接近水源的地方，但要与水源保持一定距离，以避免发生危险。

（2）不能在容易发生落石、滑坡等危险的地方扎营。

（3）营地要选择在背风、保持一定日照的地方。

（4）不要在野生动物容易出没的地方扎营。

（5）营地要选择在平整的地方。

（二）野外饮食

野外饮食主要包括准备野外食品、野外饮水、野外搭灶、野外烹饪等技能。学习和实践

操作这些技能，可以培养野外生存者的生存能力、团队合作能力等。

**1. 野外食品**

野外食品必须具备三个条件：不易腐坏、方便食用、富含营养。如果准备的野外食品不但营养丰富，而且重量轻、体积小、简单易做，就能减轻野外生存者的负担，便于其保存体力，也能增加野外活动的乐趣。

**2. 野外饮水**

（1）鉴别水质的方法。

看：清洁的水在水层浅时呈无色透明，水层深时呈浅蓝色。野外生存者还可用玻璃杯或白瓷碗盛水观察。一般水越清说明水质越好，水越浑说明水里含的杂质较多。

闻：一般清洁的水是无味的，而被污染的水则常有一些异味。为了准确地辨别水的气味，野外生存者可用一只干净的小瓶装半瓶水，摇荡几下，或者把盛水的瓶子放在60℃左右的热水中，打开瓶塞后立即闻。若瓶中的水有异味，水就不能饮用。

辨：野外生存者可以用水迹来鉴别水质。找一张白纸，将水滴在上面晾干后观察水迹。清洁的水是无斑迹的；若白纸上有斑迹，则说明水中的杂质多，水质差，不能饮用。

（2）野外饮用水的净化方法。

• 渗透法。

当寻找到的水源里有飘浮的异物或水质混浊不清时，野外生存者可以在离水源3～5米之处向下挖一个50～80厘米深、直径约1米的坑，让水从砂、石、土的缝隙中自然渗出，然后轻轻地将已渗出的水取出，并放入盒或壶等存水容器中。在取水时不要搅起坑底的泥沙，要保持水的清洁干净。

• 过滤法。

当找到的水源里泥沙混浊，有异物飘浮且有微生物或蠕虫及水蛭幼虫等，水源周围的环境又不适宜挖坑时，野外生存者可找一个塑料袋（质量好，不容易破的）在底部刺些小眼，或者用棉制单手套、手帕、袜子、衣袖、裤腿等，也可将一个可乐瓶去掉瓶底后倒置，再用小刀在瓶盖扎出几个小孔，然后自下而上依次填入2～4厘米厚的土质干净的细沙5～7层，压紧按实，将不清洁的水慢慢地倒入自制的简易过滤器中。等到过滤器下面有水溢出时，即可用盒或水壶将过滤后的干净水收集起来。如果对过滤后的水质不满意，则可将过滤后的水再次进行过滤，直到满意为止。

• 沉淀法。

将所找到的水收集到盒或壶等存水容器中，放入少量的明矾或木棉枝叶（捣烂）、仙人掌（捣烂）、核桃仁（捣烂）等，搅拌匀后沉淀30分钟。时间到后，轻轻舀起上层的清水，不要搅起已沉淀的浊物，这样便能得到较为干净的水了。

（3）饮用水的消毒处理。

一般来说，除了泉水和井水（地下深水井）可直接饮用外，不管是河水、湖水、溪水、雪水、雨水、露水等，还是通过渗透、过滤、沉淀而得到的水，最好都应消毒处理后再饮用。

将净水药片放入存水容器中，搅拌摇晃，静置几分钟即可饮用。多余的水可灌入壶中存储备用。一般情况下，一片净水药片可对1升的水进行消毒，对于较浑浊水质，可用2片。军队在野外都采用此法对水进行消毒。

### （三）野外方向辨别

**1. 利用指北针测方向**

指北针水平放置，使水平气泡居中，待磁针静止后，标有“N”的黑色端指的方向就是北方。在具体测定某一方位时，可将指北针上的零刻度对准目标，使目标、零刻度和磁针中点在同一直线上。当指北针水平静止后，“N”端所指的刻度便是测量点至目标的方位。为了准确使用指北针，应尽量使它保持水平，并且不要靠近磁性物质。

**2. 利用北极星判定**

在天气晴朗的夜间，野外生存者可以根据北极星的位置来确定方位。北极星是正北天空的一颗较亮的恒星，位于小熊星座的尾端。大熊星座（即北斗七星）由7颗明亮的星组成，形状像一把勺子；将勺底端两星的连线向勺子口的方向延长约两星间隔的五倍距离处有一颗比较大且较明亮的星，就是北极星。仙后星座由几颗明亮的星组成，形状像一个“W”。大熊星座和仙后星座分别位于北极星的两侧。因此，野外生存者也可以根据仙后星座来判定方向。

**3. 利用地物特征判定**

有的地物的特征与方向有关。独立大树，通常是朝南方的枝叶茂密、树皮光滑，朝北方的枝叶则相反。独立树的年轮通常朝北方间隔小，朝南方间隔大。朝南方的山坡干燥、青草茂密，冬季积雪融化比较快；朝北方的山坡潮湿，易生青苔，冬季积雪比较快，冬雪融化比较慢。

**4. 利用太阳判定**

选择一块平整的地面，在地面上立一根细直的长杆。在太阳的照射下，地面上就会出现长杆的影子。之后，野外生存者可以将影子标示在地面上；等待片刻，再标示出此时的影子；然后将两个影子的端点连成一条直线，此直线就是概略的东西方向线。如何判别东西方向呢？由于太阳基本上是东出西落，其影子则沿相反方向移动，第一个影子偏西，第二个影子偏东。

## 三、野外伤害的预防与处理

### （一）水蛭叮咬

水蛭广泛分布于我国各地的河流、湖泊、池塘、水田、水库等水域。

处理方法如下。

（1）被水蛭叮咬时，不要用手直接拽下，那样会增加伤口的流血量，也可能会在伤口

上留有动物残留物。可以用手或其他扁平物拍打，或者用烟头或打火机烤，使水蛭自行蜷缩落下。

（2）如果没有消毒水，可以用盐水或清水冲洗伤口。然后用手压法止血10分钟以上，或者用加压法包扎。

（3）向医生咨询。

### （二）旱蛭叮咬

旱蛭为陆生，属于外寄生虫，常栖息在山林的草丛和灌木中，我国南方分布较广。（图12–2–8）

被旱蛭叮咬后的处理方法：同水蛭。

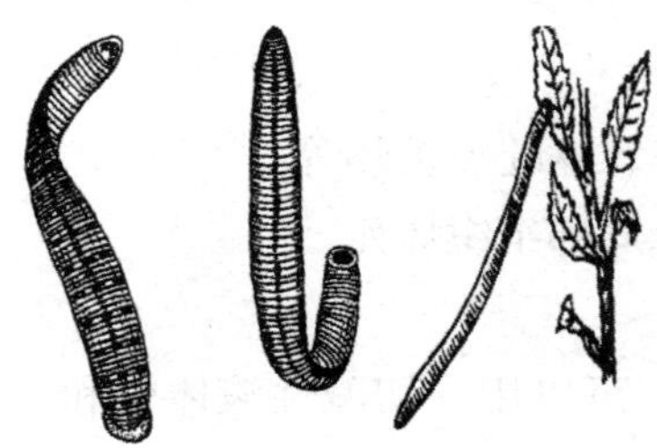

① 水蛭　② 旱蛭　③ 等待寄生

图 12–2–8

### （三）蝎子蜇刺

蝎子能分泌神经性毒素。人被蝎子蜇刺后，疼痛难忍，并伴随局部或全身中毒。如果多处被蜇刺，人甚至有性命之忧。（图12–2–9）

图 12–2–9

中毒症状如下。

（1）伤口剧痛，局部红肿，出现水泡、血泡，局部组织坏死。

（2）2小时内，出现烦躁、出汗、流口水、气喘、恶心，甚至呕吐。

（3）多处蛰刺者会出现呼吸困难、昏迷，严重者会出现呼吸麻痹，甚至死亡。

处理方法如下。

（1）咨询医生后，将3%的氨水泡洗患处。

（2）拔出毒刺，用肥皂清洗伤口。

（3）咨询医生后，将结扎肢体，防止毒素扩散。

（4）蛇药溶解涂抹患处。

（5）将大青叶、半边莲捣烂外敷。

（6）到医院救治。

（四）蜈蚣咬伤

蜈蚣内有毒腺。毒腺虽然不能致命，但人被蜇刺后疼痛难忍。（图12-2-10）

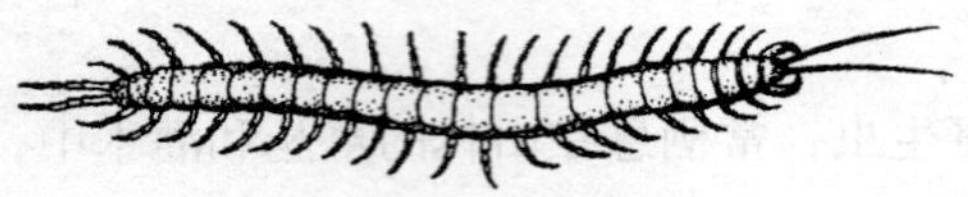

图 12-2-10

中毒症状如下。

（1）局部红肿、疼痛。

（2）严重者出现眩晕、恶心、呕吐、发热等。

（3）治疗不及时可能会发生局部组织坏死。

处理方法如下。

（1）蜈蚣的毒素属于酸性。可以用一切碱性液体中和，如肥皂、石灰水、氨水等都可以涂抹患处。

（2）将明矾调匀涂于患处。

（3）将蛇舌草捣烂外敷。

（4）将蛇药片溶化外敷。

（五）蜂类蜇刺

蜂类有毒腺。（图12-2-11）

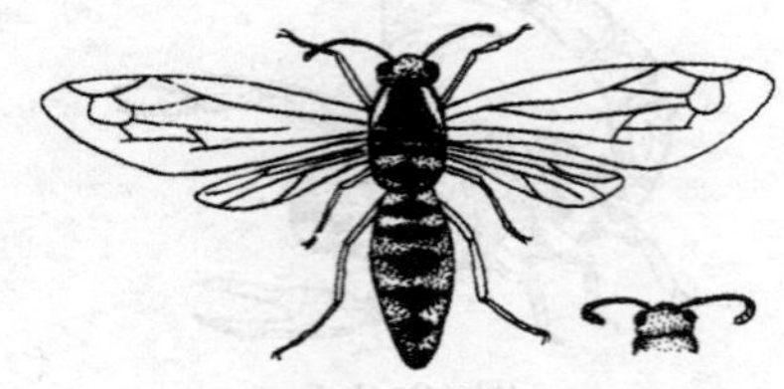

图 12-2-11

比较凶悍的属于胡蜂科，马蜂就是胡蜂科中的一种。蜜蜂科的许多种类也有蜇刺，但是没有胡蜂科恐怖。

蜂类蜇刺症状如下。

（1）局部有红肿、发热、剧痛等症状，5～7天后逐渐消退。

（2）严重者出现头晕、眼花、气喘等症状。

（3）多处、大面积蜇刺可引起过敏性休克，甚至导致死亡。

处理方法如下。

（1）千万不要挤压伤口，以免毒液扩散。

（2）认真检查是否有蜇刺留在皮肤内。如果有，应及时用小刀或针挑出。

（3）大多数蜂毒属于碱性。不要用肥皂去清洗。可以用酸性液体冲洗，如3%的硼酸、1%的醋酸，也可以直接用醋清洗。

（4）最好能判断伤处是被什么蜂蜇刺的。如果蜜蜂的毒液是酸性的，则可以用肥皂等碱性液体冲洗。

（5）如果情况严重，应该到医院救治。

### （六）毒蛇咬伤

在野外，被毒蛇咬伤而死亡的概率在动物伤害的死亡率中是最高的。因此，对于野外工作者和野外生存爱好者来说，学习有关毒蛇方面的知识非常重要。

首先要学会鉴别毒蛇与无毒蛇（表12–2–12），如果一旦被咬到，先通过头形和咬痕（图12–2–13）判断前来攻击的是毒蛇还是无毒蛇，然后再进行处理。

表 12–2–12　毒蛇与无毒蛇的区别

| 鉴别项目 | 毒蛇 | 无毒蛇 |
|---|---|---|
| 头形 | 三角形、心形 | 近圆形 |
| 吻形 | 吻尖、吻端上翘 | 吻端圆、不上翘 |
| 尾形 | 突然变细 | 逐渐变细 |
| 体色 | 鲜艳、常具纹、斑 | 暗淡、斑纹不显著 |
| 颈部 | 可以竖立、有变化 | 不竖立、无变化 |
| 攻击性 | 攻击性较强 | 攻击性差 |

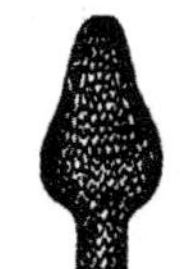
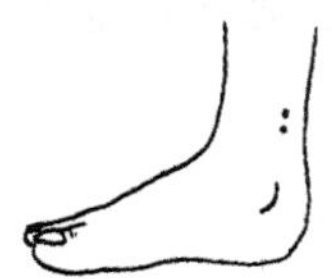

毒蛇头型与咬痕

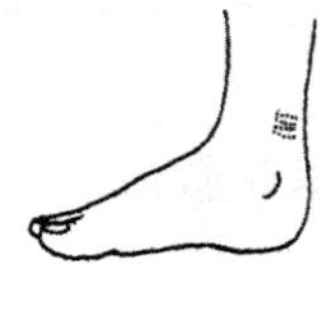

无毒蛇头型与咬痕

图 12–2–13

中毒症状如下。

（1）被毒蛇咬伤的普遍症状一般表现为局部充血、水肿，时间稍长，伤口逐渐变黑。伤口胀痛，附近淋巴结肿大。

（2）被神经毒液的毒蛇咬伤的症状一般表现为伤口无红肿迹象，稍感疼痛，主要症状是麻木。但很快就出现头晕、发汗、胸闷、视觉模糊、低血压、昏迷，最后因呼吸麻痹而死亡。

（3）被血液毒素的毒蛇咬伤的症状一般表现为伤口剧烈疼痛，有灼烧感，并伴有局部肿胀、出现水泡、发热、流鼻血、尿血、吐血等症状，最后休克、循环衰竭而导致死亡。

（4）如果是被混合毒液的毒蛇咬伤，则两方面的症状都可能出现，最后注意力多会下降。

处理方法如下。

（1）判断：被咬后，首先确定是否被毒蛇咬伤。如果可以确定是被毒蛇咬伤，伤者应立刻安静下来。过多的活动会导致毒液迅速扩散。

（2）结扎：结扎伤口应靠近心脏方向的一端，阻止毒液扩散。一般情况下，被咬伤的部位多为手、脚、小腿等部位。

手指：结扎手指根。

手掌：结扎手腕。

小臂：结扎肘关节附近。

足部：结扎脚腕。

小腿：结扎膝关节。

结扎的原则，阻止淋巴液回流，因为蛇毒在淋巴液的扩散是快速的、致命的。结扎的时间可以持续8～10个小时，并且要每30分钟放松1～2分钟，以防止肢体坏死。

如果伤者在这段时间里不能到达医院，要根据具体情况适当放松结扎部位，以防止肢体坏死。

（3）冲洗伤口：用清水反复冲洗伤口，任凭血液外流。

（4）排除毒素：想办法尽可能地排出毒液。可以在伤口处做“十”字形的切开使毒液流出。如果手上有罐头瓶或水杯，可以用“拔火罐”的方法，加快毒液的排出。

另一种方法是用燃烧的木炭灼烧伤口，因为高温可以使毒液变性，降低毒性。

注意，不要用嘴来吮吸毒液，这样很容易使吮吸者中毒，尤其是口腔中有溃疡面或牙龈有破损者，这样做十分危险。

（5）药物：咨询医生后，将蛇药溶解涂抹患处。另外，也可以将草药半边莲捣碎外敷，煎汤内服。

（6）送至医院救治。

## 第三节　极限飞盘运动

### 一、极限飞盘概述

极限飞盘自诞生之日起，在短短的40多年的发展历史中吸引了世界上无数的爱好者投身于其中。它之所以如此迷人，是因为该项运动集足球、篮球和美式橄榄球的优点于一身，更重要的是它的技术易于掌握，强调团队的配合，便于用来娱乐和消遣。极限飞盘运动是一项团体性的竞技运动，对参赛队员无性别要求。同时，队员在比赛中除了需要表现出速度、耐力、灵敏性和弹跳力之外，还需要有各种巧妙的抛盘、飞身鱼跃接盘技术和默

契的团队配合。

### （一）极限飞盘的起源和发展

1968年，在美国哥伦比亚高中就读的乔尔·希尔弗介绍了极限飞盘运动的想法。最初，他们把它称作飞盘橄榄球，每场比赛可以上场20～30名队员，队员可持盘跑以及摔抱等。随着运动的发展，希尔弗等人对规则进行了改变，并制定了新的防守规则，使比赛变成了7人制。此时的极限飞盘运动强调的是休闲娱乐，参与的人员也非专业运动员，无性别限制，更重要的是，运动员在比赛中不允许有任何身体接触，并进行自我裁判。但“极限飞盘的精神”在当时未被提出。这就是极限飞盘运动的雏形。

1970年，哥伦比亚高中和麦尔布恩高中进行了世界上第一次校际间的极限飞盘比赛。最后，哥伦比亚高中以43：10获胜。1971年，新泽西州的5所高中成立了极限飞盘队会，其中包括哥伦比亚高中和麦尔布恩高中。1972年11月6日，罗格斯大学和普林斯顿大学举办了美国首届高校极限飞盘赛。最终，罗格斯大学赢得了冠军。1975年4月25日，八所高校在耶鲁大学举办了首届美国大学极限飞盘联赛。最终，罗格斯大学以28：24战胜伦斯勒理工学院获得冠军。1976年，耶鲁大学锦标赛的规模进一步扩大，并更名为美国极限飞盘锦标赛，罗格斯大学再次获得冠军。

之后，极限飞盘运动也得以在世界各国迅速发展起来。瑞士在1974年成立了欧洲第一个飞盘协会，日本也在1974年成立了亚洲第一个飞盘社团；随后，在1976年，澳大利亚也成立了大洋洲第一个飞盘协会。在这期间，飞盘运动的发展以欧洲最为迅速。1977年，比利时和奥地利相继成立了飞盘协会。随后，芬兰和丹麦也在1978年相继成立了飞盘协会和飞盘运动协会。随着极限飞盘运动的快速发展，美国于1979年成立了极限飞盘运动员协会，这是个极限飞盘运动的第一国家政府组织；1980年，法国巴黎举办了第1届欧洲极限飞盘冠军赛。最后，芬兰、英国和瑞典队分获冠军、亚军和季军。

1984年，世界飞盘联合会的成立推动了极限飞盘运动的发展，其于1986年在英国的科尔切斯特举办了第1届世界极限飞盘冠军赛。两年后，又在德国的科隆举办了第1届世界极限飞盘俱乐部冠军赛。而后，极限飞盘运动在30多个国家和地区以惊人的速度迅速发展起来。2001年是极限飞盘运动发展具有里程碑意义的一年。在日本举办的第6届世界运动会中，极限飞盘运动正式成为世界运动会的比赛项目，这标志着极限飞盘运动正式步入国际体坛的舞台。

### （二）中国极限飞盘运动的发展

极限飞盘运动在20世纪70年代末80年代初就已在中国出现。随着我国经济的迅速发展和对外交流的日益频繁，极限飞盘运动亦如其他新兴运动一样，在多年的时间里得到了快速发展。在中国，已知最早的极限飞盘赛事是2000年在上海开始举办的上海公开赛。这是一个以环太平洋为主的世界俱乐部之间交流的赛事，已成功举办过多届，也增加了多个队伍。

香港在每年10月都会举办一次国际飞盘公开赛。近年来，内地也有队伍参加。2007年5

月，由北京、上海、天津和香港等7支队伍参加的首届全国极限飞盘公开赛在天津举行，代表着中国极限飞盘运动发展的起点。2008年5月，第2届全国极限飞盘公开赛的参赛队伍已扩大为14支，并增加了大连、青岛、深圳、通州和武汉等几个地区的队伍。2009年5月，第3届全国极限飞盘公开赛的参赛队伍扩大到了35支。同年8月于台湾举办的世界运动会吸引了国人的关注，再次推动了极限飞盘运动在中国的发展。之后，全国各地相继开展了极限飞盘公开赛，并于2013年5月18日在深圳举办了中国极限飞盘公开赛。极限飞盘运动在国内蓬勃发展起来。2019年3月21日，2019中国极限运动协会新闻发布会在北京先农坛体育场举办，会议将极限飞盘列为了5类新兴项目赛事之一。这是极限飞盘运动首次进入中国官方名录。2020年“战马杯”极限飞盘长沙公开赛于2020年10月17日在长沙贺龙体育中心隆重举行。赛事组织者除了让参赛者在赛事过程中能够体验竞技之乐外，还增添了赛事趣味性、观赏性、社交性，力求将其打造成在国内有影响力的飞盘赛事。

### （三）极限飞盘的精神

极限飞盘是一项极具娱乐性的团体比赛项目。比赛的参赛队伍为双方各7名队员，每支队伍的目标是在比赛场地内将一张飞盘传递到对方的得分区内，攻击方在对方得分区内接住盘为得1分，先得到17分一方为获胜者（现在的比赛一般为13分制）。极限飞盘的玩法是足球、篮球和美式橄榄球的综合。它们同为集体项目，但极限飞盘不允许队员在比赛中有任何的身体接触，并且规定队员在比赛中进行自我裁判。极限飞盘是一项追求公平、公正的团体竞技运动，尤其强调对运动员精神的培养。“极限飞盘的精神”就是让所有参赛者知道如何在比赛中进行自我裁判和互相尊重。

（1）极限飞盘是一个没有身体接触、自我判罚的体育运动。每名参赛的队员都有责任管理和遵守规则。极限飞盘依靠“极限飞盘的精神”来让每名队员自觉、公正、公平地进行比赛。

（2）参与极限飞盘的运动员一般不会故意犯规，不会不遵守规则，因此，极限飞盘的规则中，对于犯规行为没有过于严厉的处罚。

（3）每名比赛队员在比赛中要做到公正，因为他们也是场上的裁判员。所以每名队员需要做到以下几点。

• 熟悉规则。

• 公平和客观。

• 诚实。

• 使用文明的语言。

（4）鼓励队员进行激烈的高水平比赛，但是双方队员必须要相互尊重，不可破坏比赛规则和比赛最基本的乐趣。

（5）以下表现被认为是好的行为。

• 当队友给出了一个错误的或不必要的示意，以及出现了犯规或违例行为时，应当及时给他以提醒。

• 当对手有出色表现时，应该给予鼓励、赞扬。

• 向对手做自我介绍。

• 当遇到争议时，千万不要生气或着急，要保持冷静。

（6）需要避免的违反“极限飞盘精神”的行为如下。

• 危险或幅度过大的行为。

• 故意犯规或违例的行为。

• 嘲笑或欺负对方队员。

• 误导对方的选手将飞盘传给自己。

（7）每个队伍都必须遵循“极限飞盘的精神”，并需做到如下几点。

• 有责任向本队队员讲解比赛规则，倡导良好的竞技精神。

• 对一些有较差竞技精神的队员给予批评和惩罚。

• 给予其他队伍客观的建议，使他们知道如何提高自身的竞技精神。

（8）如果有新手不了解规则而犯规，有经验的队员就有责任向他们解释所违反的规则。

（9）有经验的队员可以观察新手或年轻选手的比赛，然后主动地教授他们一些规则和在场上比赛的经验和建议。

（10）在比赛中，比赛规则由参赛队员直接执行，或是让拥有最佳视觉角度的队员来执行。除了队长之外，不在场上的队员应该避免参与讨论。如果解决不了矛盾和争议，则应该把飞盘交还给前一个无争议的传盘队员。

## 二、极限飞盘的入门之道

极限飞盘运动的基本技术主要由掷盘和接盘两大技术组成。极限飞盘技术并不复杂，但如果想成为一名高超的极限飞盘运动员，就需要了解飞盘飞行的基本原理，并能够在不同的天气情况下，合理而又熟练地运用极限飞盘的基本技术。这里主要介绍极限飞盘运动的入门技术，为下一步提高技术水平打下坚实的基础。

### （一）反手掷盘

#### 1. 握法（图12-3-1）

握法见图12-3-1。

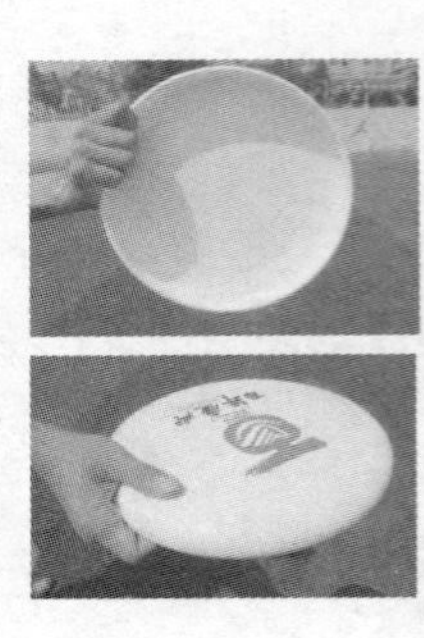

图 12-3-1

2. 掷法

反手掷盘是极限飞盘比赛中比较常用的一种传盘方式（图12-3-2）。传递的飞盘要尽量平，如果倾斜得太厉害就会造成接的困难。反手掷盘时，右手持盘的选手，右脚在前（左手持盘则相反），飞盘尽量保持在低位出手。扔出的飞盘要尽量旋转，以降低风对飞盘线路的影响（图12-3-3）。

图 12-3-2

图 12-3-3

（二）正手掷盘

1. 握法

握法见图12-3-4。

大拇指扣紧飞盘的正面，四指则扣紧飞盘的边缘。握住边缘的四指中的食指、中指应紧扣住飞盘内边缘，无名指、小指要卷曲并扣住外边缘，以使能够紧紧地握住飞盘。

图 12-3-4

**2. 掷法**

当正手掷飞盘时，队员可以通过半蹲或将右腿后撤一步（如果是用右手扔的话）来降低身体重心。虽然这样不能快速地将飞盘传出，但却可以使传的盘更加有力量，也可以通过后撤一步来避开防守队员的封堵。当然，不通过降低身体重心而直接将飞盘传出，往往可以有效地提高进攻速度，更好地把握战机。但是这种方法由于力量小，一般用于短传。（图12-3-5和图12-3-6）

图 12-3-5

用盘缘抵住虎口，中指和食指并拢，并贴住盘沟。屈腕后，中指和食指拨动盘缘，掷出飞盘。出手瞬间，盘面保持水平，同时飞盘外缘要略低于内缘。低位出盘更稳定。向侧后方迈开一大步，更易于避开防守。

图 12-3-6

（三）双手接盘

双手接盘由于较稳定，在所有的接盘技术中最常被使用。

## 1. 双手夹盘

双手夹盘见图12-3-7。

图 12-3-7

## 2. 双手腰上接盘

双手腰上接盘见图12-3-8。

图 12-3-8

## 3. 双手腰下接盘

双手腰下接盘见图12-3-9。

图 12-3-9

（四）进攻和防守的站位与技巧

进攻和防守是组成比赛的主要因素，站位是否合理决定着进攻和防守质量的高低。因此，对于初级选手来说，掌握进攻和防守的站位与技巧是提高实战能力的关键。

**1. 掷盘手的站位与技巧**

掷盘手的站位与技巧见图12-3-10。

掷盘手的任务是将盘合理地传给接盘手。当面对防守队员时，掷盘手以一只脚为轴，向两侧迈步。迈步的幅度决定着出手的范围和传盘角度的大小。因此，掷盘手在面向前方站位的同时，应通过上身快速的虚晃和脚下大幅度的两侧迈步来寻找传盘的机会。

图 12-3-10

【练习方法】

（1）无防守传接盘练习。

要求：一次正手传盘，一次反手传盘；传盘时，左右上步幅度要大，尽量传低位盘。

（2）两人模仿练习。

要求：两人模仿摆脱防守掷盘练习，练习10次后互换。注意步法和站位。

（3）三人练习传接盘。

要求：一人防掷盘手的传接盘练习，传盘失败后进行互换，失误者进行防守。

**2. 防掷盘手的站位与技巧**

防掷盘手的站位与技巧见图12-3-11。

一盘来说，防掷盘手的站位以防其反手为主，逼迫对方传正手盘。同时，其他防守队员也需要注意掷盘手传出正手盘的路线，并封锁对方的传盘。另外，防掷盘手的队员要也掷盘手之间保持一盘的距离，防守时应降低身体重心，张开两臂，扩大防守范围。

图 12-3-11

【练习方法】

（1）一对多人练习。

要求：一人防掷盘手，注意防守反手，一轮之后进行换人练习。

（2）两人模仿练习。

要求：两人间模仿防守技术，10次后互换。

（3）三人练习传接盘。

要求：一人防掷盘手的传接盘练习，防守成功后进行互换，失误者进行防守。

**3. 接盘手的站位与技巧**

接盘手的站位与技巧见图12-3-12。

接盘手要选择站位，同时侧身向前，用余光关注飞盘和防守队员，在活动区域摆脱防守，寻找空间，进行接应。

图 12-3-12

【练习方法】

（1）一对多人练习。

要求：一人掷盘，多人按顺序在跑动中接盘。一次反手位接盘，一次正手位接盘，一轮之后进行互换。

（2）三人练习。

要求：一人防接盘手，接盘成功后继续，防守成功后互换。

**4. 防接盘手的站位与技巧**

防接盘手的站位与技巧见图12-3-13。

图 12-3-13

【练习方法】

（1）二对二练习。

要求：两人一组进行攻防练习，一组进攻，一组防守，进攻失败后进行互换。

（2）三人练习。

要求：一人防接盘手，接盘成功后继续，防守成功后互换。

（五）短传

短传是战术组成的基础，也是极限飞盘初级选手必备的基本技能之一。比赛中，短传的稳定性直接决定着队员整体控盘的能力。同时，区域间的短传配合也是调动对方防守、打开防守空间的有力武器。

比赛中，短传可以采用正手、反手和上手传盘，但多数情况下，掷盘手应传出弧线盘，这样可以防止防守队员的拦截。短传配合是控盘手经常运用的技术手段。掷盘手与控盘手之间穿插接应，通过直传、斜传、回传来转移和控制飞盘。控盘手也可以通过短传配合进行2～3人的快速推进。

**1. 初学者练习短传的方法**

（1）两人短传练习。

两人相距15米左右并相视站立，进行各项技术的传接盘练习。

（2）两人移动短传练习。

两人为一组进行行进间的半场地短传练习（100米左右）。传盘时要求一人正手传盘，一人反手传盘，同时注意传盘的时机和位置。到达底线后，两人互换位置，继续传盘返回起点。

（3）多人传盘练习。

多人传盘练习（图12-3-14），可以进行一人对多人的传接盘练习，也可以进行两组间的传接盘练习。一人对多人的传接盘练习，要求接盘队员接到盘后，迅速掷回，并返回到排尾的位置进行轮换；两组间的传盘练习，要求组员每隔一人手持一盘，接到盘后，迅速持盘返回到排尾进行轮换。

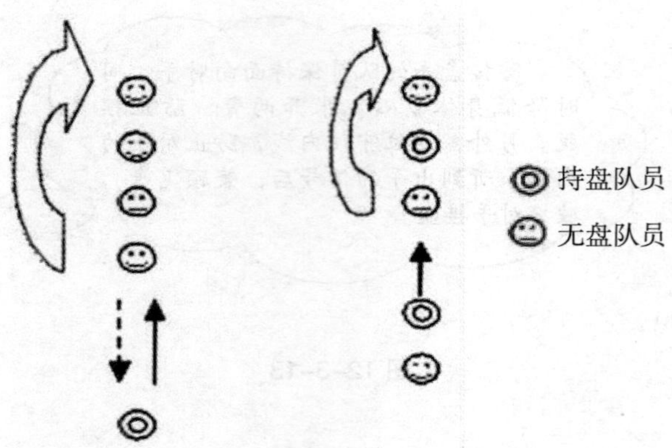


图 12-3-14　多人传盘练习

**2. 提高者练习短传的方法**

（1）两人短传练习。

已经具有稳定的传接盘技术的选手，在进行两人短传练习时（图12-3-15），持盘队员传盘到接盘队员的侧方，接盘队员接到盘后迅速传回，然后，持盘队员再将盘传到接盘队员身体的另一侧。要求传出的落点与接盘队员的跑位正好合拍，注意把握节奏和力度。

（2）多人传盘练习。

多人传盘练习（图12-3-16）要求队员跑前接应，在接应的同时要做假定的摆脱防守。接盘队员接到盘后，迅速跑向对方队列后进行轮换。此项练习均在移动中完成，要求传盘队员把握好传盘的时机，并且传盘稳定、准确；接盘队员摆脱防守后的跑动要及时，接盘要迅速、稳定。

（3）捉兔子。

捉兔子（图12-3-17）一般采用五打二的练习方式（人数可随机而定）。持盘队员不能传盘给相邻的队员，只能传给隔一人的队员。练习中，一名防守者负责防守持盘队员，另一名防守者负责封锁传盘队员的传盘路线，争取断盘。断盘后，失误队员进去防守，里面的一名防守者替换失误队员的位置（防守者按照先后顺序进行替换）。练习继续进行，以此类推。

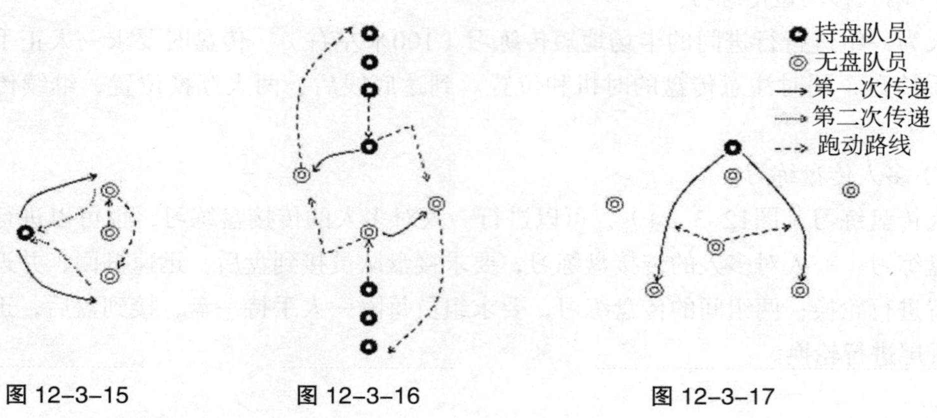


图 12-3-15　　图 12-3-16　　图 12-3-17

（六）长传

长传是战术的组成部分之一，也是掌握基本传接盘技术的初级选手需要进一步提高的技术。比赛中，长传是发动快攻的有力武器，也是破解密集防守有效的方法，但不宜在刮风天气中使用。

极限飞盘比赛中，强队经常采用长传技术突破防守和得分。另外，在对方采用区域防守，中路防守比较密集时，本队往往可以通过长传边路，利用边锋队员的速度来打破对方的防守。掷盘手可以采用正手或反手掷出弧线盘，从高位出手，同时增加飞盘的速度，越过邻近的防守队员，防止飞盘被拦截。长传进攻需要在有把握的情况下进行。另外，接盘队员还需要有一定的身高和良好的速度，否则容易被断盘。

练习长传的方法如下。

**1. 两人长传练习**

两人进行远距离传接盘练习。

**2. 三人长传练习**

一人防守，两人进行长传的传接盘练习。练习中，防守成功后轮换掷盘。

**3. 四人长传练习**

二对二的练习需要结合防守与摆脱。从图12-3-18中可以看到，当进攻方摆脱防守后，掷盘手迅速掷出飞盘，接盘手应判断准确、果断。接到飞盘后，组员继续进行练习。失误后，轮换进攻。

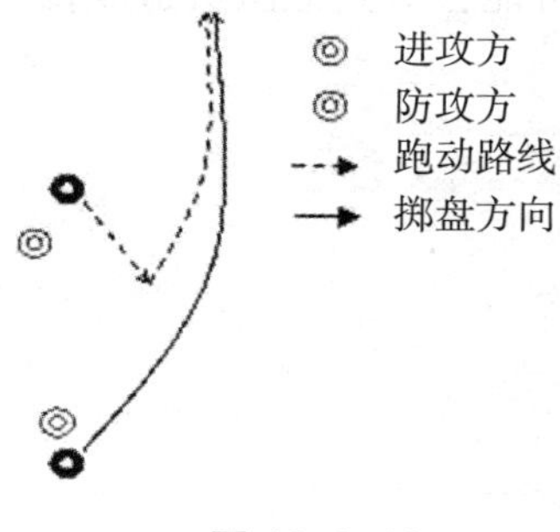


图 12-3-18

## 三、比赛场地和装备

（一）比赛场地

（1）比赛场地为长100米、宽37米的长方形场地（图12-3-19）。

（2）比赛场地周围的边线由两条与比赛场地等长的边线和两条与比赛场地等宽的底线组成。场上所有边线的宽度应该在75～120毫米。

（3）比赛场地分为长64米和宽37米的中间正式比赛场地，以及长18米和宽37米的两端的两个得分区。

（4）两条得分线划分了正式比赛场地和两个得分区，得分线属于正式比赛场地。

（5）标点是由两条1米长的线交叉所形成的点。其位置在正式比赛场地中，离两条得分线的中点20米远的距离。

（6）8个颜色鲜艳、质地柔软的物体（如塑料角标）用来标示正式比赛场地和得分区的边角。

（7）在练习赛或其他一些非正式的飞盘比赛中，比赛场地的边界可以不划定。

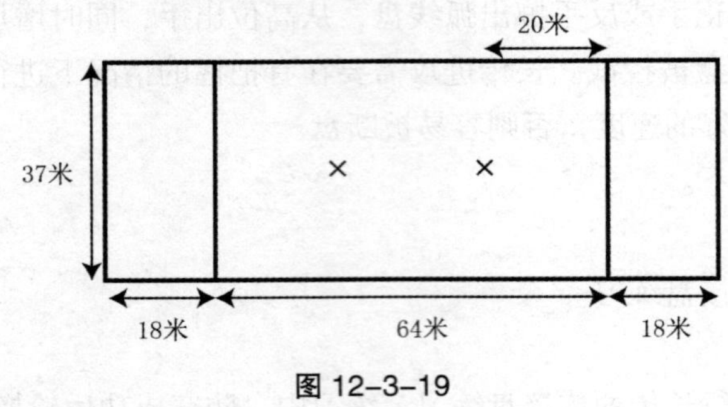


图 12-3-19

（二）比赛装备

（1）允许使用任何一种经过世界飞盘联合会批准的飞盘。

（2）每一位上场的队员都必须穿着能够区分于其他队伍的队服。

（3）比赛队员不允许穿戴有可能会对其他队员造成伤害的物件，如手表、搭扣、带长钉或尖钉的鞋、突出的首饰等。